STARK

ABITUR

Prüfungsaufgaben
mit Lösungen

2014

Deutsch

Grundkurs
Gymnasium • Gesamtschule
Hessen

2010–2013

STARK

ISBN 978-3-8490-0544-3

6. neu bearbeitete und ergänzte Auflage
www.stark-verlag.de

Inhalt

Abiturprüfungsaufgaben Grundkurs 2010

Abiturprüfungsaufgaben Grundkurs 2011

Abiturprüfungsaufgaben Grundkurs 2012

Abiturprüfungsaufgaben Grundkurs 2013

Jeweils zu Beginn des neuen Schuljahres erscheinen die neuen Ausgaben der Abiturprüfungsaufgaben mit Lösungen.

Autorin: Gisela Wand (Bensheim)

Vorwort

Liebe Schülerinnen und Schüler,

im Frühjahr 2014 werden Sie das **Landesabitur im Grundkurs Deutsch** ablegen. Der vorliegende Band möchte Sie bei der **optimalen Vorbereitung** auf die Abiturprüfung im Fach Deutsch unterstützen. Dazu werden wir Ihnen zunächst in den **Hinweisen und Tipps** zum Landesabitur die allgemeinen Rahmenbedingungen der Abiturprüfung und Informationen zu Inhalten und Struktur der Aufgaben sowie zur Bewertung vorstellen.

Des Weiteren geben wir Ihnen Hilfen zur Auswahl und Bearbeitung der Prüfungsaufgaben. Dabei spielen die Arbeit mit Materialien und der Umgang mit den **Operatoren** eine besondere Rolle.

Sie finden im vorliegenden Buch eine **umfangreiche Auswahl an Übungsaufgaben** zu den prüfungsrelevanten Pflichtlektüren. Struktur und Schwierigkeitsgrad der Aufgabenstellungen basieren auf den Anforderungsniveaus der schriftlichen Prüfung im Grundkurs.

Weiterhin enthält dieser Band die offiziellen, vom hessischen Kultusministerium gestellten **Abitur-Prüfungsaufgaben der Jahre 2010 bis 2013** für den Grundkurs. Zu jeder Aufgabe hat unsere Autorin **detaillierte Hinweise zu den erwarteten Lösungsansätzen** sowie **ausführliche und vollständige Lösungsvorschläge** verfasst. Versuchen Sie aber zunächst, die einzelnen Aufgaben selbstständig zu lösen.

Sollten nach Erscheinen dieses Bandes noch wichtige Änderungen in der Abiturprüfung 2014 vom Kultusministerium bekannt gegeben werden, finden Sie aktuelle Informationen dazu im Internet unter:
www.stark-verlag.de/info.asp?zentrale-pruefung-aktuell

Wir wünschen Ihnen eine effektive Abiturvorbereitung und eine erfolgreiche Abiturprüfung!

Die Autorin und der Verlag

Stichwortverzeichnis

Sachregister

Werkregister

Personenregister

Hinweise und Tipps zur schriftlichen Abiturprüfung

1 Grundlagen

1.1 Vorgaben für das Hessische Landesabitur 2014

Die schriftlichen Prüfungsaufgaben richten sich in Format und Inhalt nach:
- den bundesweit verbindlichen *Einheitlichen Prüfungsanforderungen in der Abiturprüfung* (EPA), im Internet zu finden unter: http://www.kmk.org/doc/beschl/epa_deutsch.pdf,
- den *Fachspezifischen Prüfungsanforderungen* (FaPa) als Anlage 11 der *Verordnung des Hessischen Kultusministeriums über die Bildungsgänge und die Abiturprüfung in der gymnasialen Oberstufe und dem beruflichen Gymnasium* (VOGO/BG) in der Fassung vom 13. Mai 2004
- dem hessischen Lehrplan Deutsch/Gymnasialer Bildungsgang
- und dem jeweils aktualisierten Erlass des Hessischen Kultusministeriums zum Landesabitur.

1.2 Zeitrahmen und Hilfsmittel

In der Abiturprüfung im Fach Deutsch werden Ihnen drei unterschiedliche Aufgaben vorgelegt, von denen Sie eine auswählen müssen. Zum Einlesen und für die Auswahl des Themas haben Sie 45 Minuten Zeit. Für die Bearbeitung des Themas stehen dem Grundkurs 180 Minuten zur Verfügung. Als Hilfsmittel ist ein Wörterbuch der deutschen Rechtschreibung zugelassen. Für eine Reihe von Themen liegen die Lektüren, auf die Bezug zu nehmen ist, zur Benutzung bereit.

2 Prüfungsinhalte

Mit Erlass vom 20. Juni 2012 – *Hinweise zur Vorbereitung auf die schriftlichen Abiturprüfungen im Landesabitur 2014* – wurde eine Leseliste für den Arbeitsbereich „Umgang mit Texten" festgelegt, die für die schriftliche und die mündliche Abiturprüfung des Jahres 2014 die inhaltliche Grundlage bildet. Mit den darin genannten Werken sollten Sie sich daher im Verlauf der Sekundarstufe II und während der Vorbereitung auf das Abitur gründlich auseinandersetzen. Es handelt sich um folgende Autoren und Titel:

Dramatik
- Johann Wolfgang von Goethe: *Faust I*
- Heinrich von Kleist: *Prinz Friedrich von Homburg*

Epik
- Georg Büchner: *Lenz* und Briefe
- Theodor Fontane: *Frau Jenny Treibel*
- Franz Kafka: *Die Verwandlung*
- Patrick Süskind: *Das Parfum*

Lyrik
- Lyrik zum Menschenbild der Klassik
- Lyrik der Romantik
- Lyrik des Expressionismus

Die im Lehrplan formulierten verbindlichen Hinweise zum *Arbeitsbereich III: Reflexion über Sprache* werden für das Landesabitur 2013 wie folgt konkretisiert: Grundkategorien der Redeanalyse.

3 Aufgabenarten

Die EPA unterscheiden drei wesentliche Erschließungsformen von Texten: das Untersuchen, das Erörtern und das Gestalten. Die daraus kombinierten vier Aufgabenarten, die Ihnen aus dem Unterricht bekannt sind und im Abitur vorgelegt werden können, sind

- die Textinterpretation
- die literarische Erörterung
- die gestaltende Interpretation
- die – auf Sachtexte bezogene – Textanalyse

3.1 Die Textinterpretation

Die häufigste Aufgabenart, sozusagen der Arbeitsalltag und Regelfall, ist die Textinterpretation. Sie basiert – wie alle anderen Aufgabenarten auch – auf der Textuntersuchung (oder Textanalyse) und strebt darüber hinaus einen Verstehensentwurf an. Zugrunde gelegt werden kann ein Textausschnitt aus einem bekannten Werk oder ein unbekannter Text, der meistens inhaltlich zusammenzufassen, zu erschließen, zu interpretieren und mit Bekanntem zu vergleichen ist. Es geht darum, den Text in seiner Besonderheit zu verstehen und dieses Verständnis sprachlich zum Ausdruck zu bringen.

Es ist ratsam, den Text zunächst mehrfach zu lesen, Auffälliges zu markieren, Beobachtungen zu notieren, Fragen an ihn zu stellen und sich zu überlegen, was charakteristisch und wesentlich daran ist. Die Interpretation (die Deutung) soll aus solchen Beobachtungen heraus entwickelt und mit Zitaten belegt werden. Als dritte Aufgabe schließt sich meistens noch eine persönliche Auseinandersetzung mit dem Erkannten an, in der es oft auch darum geht, ein eigenes Urteil zu formulieren. Eine beliebte Interpretationsaufgabe ist der Gedichtvergleich, bei der zwei Gedichte unterschiedlicher Autoren und Epochen einander gegenüberstehen und unter einem bestimmten Gesichtspunkt in Beziehung zueinander gesetzt werden sollen.

3.2 Die literarische Erörterung

Die literarische Erörterung geht über die Untersuchung (Analyse) und Interpretation des Textes hinaus. Das Verständnis der Vorlage ist hier nicht die Hauptsache, sondern Grundlage für die nun im Zentrum stehende Erörterung. Bei dieser Aufgabenart sollte man recht beweglich argumentieren und Gesichtspunkte gegeneinander abwägen können, um daraus ein eigenes Fazit zu gewinnen.

3.3 Die gestaltende Interpretation

Bei der gestaltenden Interpretation liegt der Schwerpunkt – statt auf analytischem Arbeiten – auf der eigenen Kreativität. Da der eigene Text aber eine (möglichst einfallsreiche, stilsichere und treffsichere) Antwort auf die Vorlage sein soll, muss man die Vorlage auch bei dieser Aufgabenart zuvor verstanden haben. Häufig besteht die Aufgabe darin, ein Textfragment fortzusetzen oder umzuschreiben, vorgegebene Figuren in ein fiktives Gespräch zu verwickeln, sie einen Brief an einen bestimmten Adressaten schreiben, einen Monolog sprechen oder einen Tagebucheintrag verfassen zu lassen. Immer wird dabei erwartet, dass Formen, Problemlage und Personenkonstellation so aufgegriffen und weiterentwickelt werden können, dass das eigene Produkt zum Bezugstext und seinem setting passt. Eine angeschlossene Aufgabe enthält oft die Aufforderung, das eigene gestalterische Vorgehen zu begründen.

3.4 Die Textanalyse

Die Textanalyse bezieht sich auf pragmatische Textsorten (auf Sachtexte), die in ihrer Struktur, ihrer Argumentation und Intention zu erschließen und in ihren Thesen oder spezifischen Positionen zu erläutern und zu erörtern sind. Üblicherweise handelt es sich um journalistische Texte, Berichte, Kommentare, Kritiken, Reden und Essays. Im Unterschied zu literarischen Texten sind sie nicht fiktional: Nicht ein lyrisches Ich oder ein erdachter Erzähler, sondern reale Persönlichkeiten ergreifen um einer spezifischen Botschaft (Intention, Wirkungsabsicht) willen das Wort. Sie wollen appellieren und überzeugen, manchmal aber auch provozieren. Die für das Abitur ausgewählten Sachtexte setzen sich meistens mit kultur- und gesellschaftspolitischen Fragen und Standortbestimmungen auseinander.

3.5 Tipps zur Arbeit mit Texten

Jeder gelungene Deutschaufsatz entsteht aus einem Zusammenspiel von genauem Eingehen auf die Aufgabenstellung und individuellem Zugang, also der Fähigkeit, den Text „zum Sprechen“ zu bringen. Für die Prüfungssituation ist es nützlich, über ein **Repertoire an Fragen** zu verfügen, mit denen man sich Texte erschließt.

Interpretation einer dramatischen Szene
Hier sollte man – sofern die Aufgabenstellung nicht ausdrücklich einen spezifisch anderen Untersuchungsaspekt vorgibt – nach Kommunikationssituation, Redeanteilen und Redeweise fragen, da die Protagonisten durch ihr Reden und Schweigen erkennbar werden. Weitere Fragen, die bei der Erschließung der Szene helfen können, sind:

- Welche Spannung liegt in der Szene? Wie spitzt sich die Auseinandersetzung zu? Wo ist eventuell ein Höhe- und Wendepunkt?
- Welche Rolle spielt der Schauplatz und eventuell ein Requisit oder ein Gang oder eine Geste?
- Was tragen die Regieanmerkungen zum Verständnis bei?
- Was bleibt hinter dem gesprochenen Wort unausgesprochen und ist mitzudenken und lässt uns ahnen, wie es in der Figur wirklich aussieht und was sie vielleicht plant?
- Über die Textimmanenz hinaus ist von entscheidender Bedeutung, welchen Platz die Szene im Handlungszusammenhang hat und welche Funktion ihr zukommt (was wäre, wenn sie gestrichen wäre?)

Gedichtinterpretation

Gedichte brauchen Zeit. Deshalb sollte man in der ersten halben Stunde einer Gedichtinterpretation noch nicht schreiben, sondern erst einmal hinhören und in sich aufnehmen, wie das Gedicht klingt und wirkt, um sich dann am Text entlang zu überlegen, wodurch diese Wirkung zustande kommt. Man sollte zum Beispiel nicht mechanisch das Metrum bestimmen, wenn man nicht weiß, was es ausdrückt und bewirkt. Nützliche Fragen sind:

- Aus welcher Perspektive und von welchem Standort aus wird im Gedicht gesprochen?
- Da auch in Gedichten etwas passiert: Was entwickelt sich vom ersten bis zum letzten Vers?
- Welche Versgruppen gehören zusammen?
- Wie ist ein Motiv durchgeführt und inwieweit wandelt es sich? Welche Bilder und Metaphern fallen auf?
- Was ist mit dem Ich, das explizit oder implizit sich und seine Sicht der Welt zum Ausdruck bringt? Wie spricht es? Welche Sprache wählt es?
- Ergibt sich eher fließend (liedhaft) ein Gefühls- und Erlebniszusammenhang mit einer spürbaren Atmosphäre? Oder ist es ein eher spröder, intellektuell gedachter und gebauter Text, durchsetzt von Konjunktionen, Einsprüchen und Antithesen?

Legen Sie sich deutend nicht zu schnell fest. Wie das eine oder andere, was Sie bemerken, letztlich zu verstehen ist, ist nicht immer eindeutig zu entscheiden: Gedichte haben einen offenen Deutungsraum um sich herum.

Interpretation von epischen Texten

Bei erzählender Literatur sollte man sich vor der Gefahr hüten, in der Fülle des Stoffes zu ertrinken und zuviel Inhaltliches zu rekonstruieren. Man muss den gegebenen Textausschnitt zunächst im Kontext (des Romans, der Novelle oder Kurzgeschichte etc.) verankern (situieren) und eine Zusammenfassung geben, bevor man zur Untersuchung übergeht. Die Konzentration auf Wesentliches, auf den thematisierten Erzählstrang oder -aspekt und die Strukturierung der eigenen Darstellung sind hier besonders nötig.

- Entscheidend für das Verständnis ist es oft, die Erzählperspektive und Haltung des Erzählers zu erkennen und zu deuten. Weiß er nicht mehr, als die einzelne Person wissen kann, erzählt er gleichsam aus ihr heraus personal? Überschaut er allwissend alles äußere und innere Geschehen? Oder verschwindet er ganz hinter einem erzählenden Ich? Hegt der Erzähler Sympathie für seine Helden oder bleibt er ironisch distanziert?
- Wird linear-chronologisch erzählt oder gebrochen in Zeitsplittern, Facetten, Vorwegnahmen und Rückblicken?
- Wie ist das Verhältnis zwischen äußerer Handlung und inneren (seelischen, psychischen) Vorgängen?
- Entsteht ein Abbild unserer Wirklichkeit? Erscheint sie ins Artifizielle, Groteske, Absurde verfremdet? Verweist das Erzählte auf einen Bedeutungshorizont hinter dem konkreten Geschehen (wie im Gleichnis oder der Parabel)?
- Und welches Bild von der erzählten Zeit entsteht? Mit welchen Fragen setzt sich der Autor in seinem Text vermutlich auseinander?

Analyse von Sachtexten

- Bei Sachtexten ist es wichtig, Textsorte, Adressatenbezug und Kommunikationszusammenhang zu klären, denn oft reagieren Autoren auf ganz bestimmte Situationen, greifen mit ihrem Beitrag in eine öffentliche Debatte ein oder lösen eine öffentliche Debatte aus. Bei der Wahl solcher Themen sollte man also etwas Hintergrundinformation haben.

- Entscheidend ist es, das zentrale Problem zu erfassen, die Intention des Autors aus der Fülle der Aussagen herauszuschälen und die wichtigsten Argumente zu finden, die die vorgetragene Intention stützen.
- Bei Reden wäre zu fragen, ob überzeugend argumentiert oder ob eher überredet, manipuliert, verschleiert und mit Emotionalität und Suggestion Stimmung erzeugt wird. Aufschlussreich bei der Untersuchung von Reden ist es, nach Merkmalen zu suchen, die vielleicht eine Wir-Gruppe von einer Feind-Gruppe abgrenzen.
- Der Übergang zu literarischen Texten ist dann fließend, wenn die Autoren Dichter sind und in der Form des Essays schreiben.
- Bei Glossen und Polemiken kommt es sehr darauf an, Mittel der Ironie, der ironischen Übertreibung und Zuspitzung, nicht zu überlesen.

Handwerkszeug
Einen guten Eindruck macht es immer, wenn korrekt und geschickt **zitiert** werden kann. Man sollte nicht zu umfangreich zitieren oder dem Leser das Zitat wie den Stein der Weisen wortlos vor die Füße schieben. Zitate, oft nur ein Satzfetzchen oder ein besonderes Wort, werden gewählt, weil sie aufschlussreich und vielsagend sind: Man muss also damit arbeiten, sie erläutern und kommentieren. Überhaupt ist es das A und O aller Interpretation, in die eigene Sprache hereinzuholen, was man vorfindet. Wer sprachfaul nur wiederholt, was der Autor sagt, bleibt gleichsam erkenntnisblind. Die Anstrengung dagegen, Fremdes selbstständig in der eigenen Sprache wiederzugeben, wirft Fragen auf und bildet daher den ersten Schritt zum Verständnis eines Textes.

Sehr ratsam ist es, über ein paar **Fachbegriffe** so zu verfügen, dass über Erzähltes und Dargestelltes präzise gesprochen werden kann. Man sollte etwa schreiben können: „Die Peripetie erkenne ich in dem Moment, in dem …“. Oder: „Hier wird der Beziehungsaspekt wichtiger als der Inhaltsaspekt.“ Oder: In diesen Ellipsen, diesen Kurzsätzen ohne Prädikat, drückt sich aus, wie …“. – Sehen Sie zu, dass Sie Wortarten, Satzteile und Nebensatztypen korrekt ansprechen können. Üben Sie sich darin, die wichtigsten rhetorischen Figuren zu erkennen, die gestalteter Sprache ihre Wirkung verleihen. (Eine gute Übersicht über rhetorische Figuren findet sich in dem folgenden Band: Werner Winkler, *Prüfungswissen Oberstufe,* Freising: Stark Verlag 2000, Titel-Nummer: 94400, dort S. 18–21.)

4 Anforderungsbereiche und Operatoren

4.1 Anforderungsbereiche (AFB)

In den EPA werden **drei Anforderungsbereiche** definiert, die sich in jeder Aufgabe – in jeweils leicht variierenden Anteilen – wiederfinden. Die einzelnen Bereiche bauen aufeinander auf und verlangen von Ihnen einen zunehmenden Grad an Abstraktionsfähigkeit und Problemlösungsvermögen. In jedem Bereich gilt es, eine Verstehensleistung, eine Argumentationsleistung und eine Darstellungsleistung zu erbringen.

- **Anforderungsbereich I** betrifft die **Reproduktion:** die Wiedergabe von gelernten Sachverhalten sowie die wiederholende Zusammenfassung, die sehr oft in Teilaufgabe 1 der Abiturprüfung verlangt ist. Der im Unterricht erarbeitete Hintergrund an Lektüre- und Faktenwissen, fachspezifische Arbeitstechniken, Methoden der Texterschließung sowie Darstellungstechniken sollen zum Einsatz gebracht werden.

- **Anforderungsbereich II** zielt auf die Anwendung erworbener Arbeitsweisen, auf **Reorganisation von Bekanntem und Transferleistungen**. Meistens sind in der zweiten Teilaufgabe solche Anforderungen gestellt, die ein selbstständiges Auswählen, Ordnen, Erläutern, Interpretieren oder Vergleichen verlangen. Erwartet wird von Ihnen eine eigenständige, argumentativ begründete Interpretation bzw. Erörterung, die zeigt, dass Sie in der Lage sind, Gelerntes auch auf unbekannte Zusammenhänge anzuwenden. Auf dem AFB II liegt in der Abiturprüfung das Hauptgewicht, die Teilaufgabe wird auch entsprechend stark bewertet.
- **Anforderungsbereich III** betrifft die gedankliche Selbstständigkeit der Leistung, die oft besonders in der letzten Teilaufgabe nötig wird: Hier müssen Sachverhalte und Zusammenhänge eigenständig ausgewertet, durchdacht und begründet beurteilt oder gestaltet werden. Sie sollen zu einer differenzierten und kritischen Wertung von Texten und Sachverhalten gelangen und Ihre Fähigkeit zur **Reflexion und Problemlösung** beweisen.

Nicht alle Aufgabenstellungen müssen dreiteilig aufgebaut sein; oftmals wird nur ein umfassender Operator (Arbeitsanweisung) wie „erörtern“, „interpretieren“ oder „analysieren“ eingesetzt, der Leistungen in allen drei Anforderungsbereichen erfordert. Wird die Aufgabe nicht weiter differenziert, entfällt freilich auch eine erste Strukturierungshilfe, die die einzelnen Teilaufträge sonst bieten. Folglich haben Sie weniger Orientierungspunkte, aber auch mehr Freiraum beim Gliedern Ihres Aufsatzes.

4.2 Operatoren

Anforderungsbereich I (Reproduktion)

Operator	Definition	Beispiel(e)	AFB
beschreiben	einen Sachverhalt unter Zuhilfenahme des Vorwissens darstellen, ausführen	Beschreiben Sie die Epoche / das Gesamtwerk von …	I
einordnen / zuordnen	begründet in einen (literar-)historischen, literarischen oder thematischen Zusammenhang stellen	Ordnen Sie den vorliegenden Text in die Epoche der Romantik ein.	I–II
thesenartig zusammenfassen	den Text auf zentrale Textaussagen reduzieren (vollständige Sätze)	Fassen Sie die zentralen Ideen Schillers zu den Aufgaben des Theaters thesenartig zusammen.	I
wiedergeben / paraphrasieren	Informationen aus dem vorliegenden Material in eigenen Worten wiedergeben	Geben Sie die Passage Z. 13 bis Z. 20 aus der vorliegenden Rede wieder.	I
zusammenfassen	ausgehend von einem Einleitungssatz den Text kürzen und dabei auswählend gewichten	Fassen Sie die wesentlichen Inhalte der Rede zusammen.	I

Anforderungsbereich II (Reorganisation und Transfer)

analysieren (gegebenenfalls: in Bezug auf)	unter gezielten Fragestellungen sprachliche, inhaltliche und/oder strukturelle Merkmale eines Textes systematisch erschließen und im Zusammenhang darstellen	Analysieren Sie Kafkas Tagebuchnotiz in Bezug auf die Beziehung Kafkas zu seinem Vater.	II
begründen	einen Sachverhalt/eine Aussage durch nachvollziehbare (Text-)Argumente stützen	Begründen Sie, warum dieser Text der Epoche der Romantik zuzuordnen ist.	II
charakterisieren	eine Person oder Sache in ihrer Eigenheit darstellen, treffend und anschaulich schildern bzw. kennzeichnen	Charakterisieren Sie einen der Protagonisten in dem vorgegebenen Textauszug.	II
entwerfen	eine kreative Idee in Umrissen gestalten	Entwerfen Sie eine Idee für eine Szene/einen Dialog mit Überlegungen für eine angemessene Gestaltungsweise … (z. B. zwischen Effi und einer Figur aus einem anderen literarischen Werk)	II–III
erläutern	einen Sachverhalt, eine These, ggf. mit zusätzlichen Informationen (Beispiele, Belege, Begründungen), nachvollziehbar verdeutlichen	Erläutern Sie, inwiefern Alfred Ill am Ende des zweiten Aktes zu dem Schluss kommen kann, er sei „verloren".	II
gestalten	auf der Grundlage eines Textes und seiner inhaltlichen oder stilistischen Gegebenheiten eine kreative Idee in ein selbstständiges literarisches Produkt umsetzen	Gestalten Sie eine Dialogszene, in der Ferdinand von Walther und Luise über ihre jeweiligen Besuche bei Lady Milford sprechen.	II–III
interpretieren	auf der Basis methodisch reflektierten und sachangemessenen Auswertens von textimmanenten und ggf. textexternen Elementen und Strukturen die Gesamtdeutung eines Textes bzw. Textteils selbstständig erarbeiten und ein komplexes Textverständnis nachvollziehbar darbieten	Interpretieren Sie die Kurzgeschichte.	II–III
vergleichen	nach vorgegebenen oder selbst gewählten Gesichtspunkten Gemeinsamkeiten, Ähnlichkeiten und Unterschiede ermitteln und darstellen	Vergleichen Sie die Naturschilderungen in den vorliegenden Gedichten von Eichendorff und Heym.	II

Anforderungsbereich III (Reflexion und Problemlösung)

beurteilen	zu einem Sachverhalt bzw. Problem und unter Bezug auf eine Wertordnung angemessen und selbstständig Stellung nehmen	Beurteilen Sie, welche Bedeutung dem in der Textvorlage dargestellten Menschenbild heute zukommt, wo es an seine Grenzen stößt.	III
erörtern / diskutieren	eigene Gedanken zu einer Problemstellung entwickeln und ein abgewogenes Urteil fällen. Hierbei sind unterschiedliche Standpunkte auszuführen und zu begründen	Erörtern Sie, inwiefern sich das Menschenbild in Büchners *Woyzeck* von dem Menschenbild in Goethes *Faust* unterscheidet.	III
reflektieren	Behauptungen im Zusammenhang prüfen und anhand eigenständig gewählter Kriterien eine Aussage über Richtigkeit, Wahrscheinlichkeit, Angemessenheit in einer längeren Argumentationsreihe entwickeln	Reflektieren Sie, wie sich das Spannungsverhältnis zwischen Freiheit und Bindung an gesellschaftliche Zwänge seit der Zeit Fontanes geändert hat.	III
überprüfen	Hypothesen, Vermutungen, Inhalte anhand von Fakten oder einer Logik messen und eventuelle Widersprüche aufzeigen und zu einem eigenen Urteil führen	Überprüfen Sie die Geltung der These in Bezug auf Goethes Faust-Drama.	III

(Offizielle Operatoren-Liste des Hessischen Kultusministeriums)

5 Praktische Tipps

5.1 Die Auswahl der Aufgabe

Von Ihrer sorgfältigen Entscheidung, welchen der drei angebotenen Aufgabenvorschläge Sie wählen, hängt ein Teil des Erfolgs Ihrer Arbeit ab. Deshalb sollten Sie nicht nur die Textvorlagen (den Inhalt), sondern auch die Aufgabenstellung, die Verteilung der Bewertungseinheiten (BE) und besonders die Schwerpunktaufgabe genau ansehen und sich die folgenden Fragen beantworten:

- Wie hoch ist der Anteil der zu erbringenden Reproduktionsleistung im Verhältnis zur eigenständigen Texterschließung? Wie hoch wird gedankliche Selbstständigkeit honoriert? Liegt mir das Thema?
- Bei welcher Schwerpunktaufgabe kann ich am besten meine Stärken (mein Wissen?, mein methodisches Können?, meine geistige Beweglichkeit?, meine literarische Sensibilität?, meine Argumentationslust?, meine Lust am Gestalten? und so weiter) einbringen?
- Welche Aufgabe fordert mich heraus, etwas zu entdecken und vielleicht etwas zu riskieren? Bei welcher muss ich so viel Stoff bewältigen, dass ich in Gefahr gerate, mich zu lange bei der Reproduktion aufzuhalten?

Wählen Sie den für Sie sichersten, wenn auch etwas langweiligen Weg, wenn Sie im Fach Deutsch eher schwach sind. Wählen Sie die Aufgabe, die für Sie den größten Reiz besitzt, wenn Sie nicht ängstlich zu sein brauchen.

5.2 Die Zeitplanung

- Legen Sie sich einen Papierstreifen mit Ihrem Zeitplan an den oberen Rand des Tisches: Teilen Sie darauf die verfügbaren Schulstunden (Uhrzeiten) ab und ordnen Sie ihnen die zu bewältigende Arbeit so zu, dass die letzte halbe Stunde für die Durchsicht des Ganzen und für kleine Nachbesserungen (Anschlüsse überprüfen, Absätze machen, Zeichensetzung korrigieren) reserviert ist.
- Halten Sie die Zeit für die – der Aufgabe entsprechend zu veranschlagende – Vorbereitungsarbeit (Inhalte aufnehmen und durchdenken, Textmarkierungen setzen, Aspekte und Stichworte festhalten) unbedingt ein.
- Behalten Sie der Schwerpunktaufgabe den größten Anteil der verfügbaren Zeit vor, denn trotz sorgfältiger Vorarbeit können Sie nicht Vorgedachtes einfach niederschreiben. Vielmehr werden Ihnen schreibend neue Ideen kommen, die durchdacht, nachgewiesen, eingebaut und vor allem auch noch gut formuliert sein wollen.

6 Zum Gebrauch der Lösungshinweise

In den Übungsaufgaben dieses Bandes spiegelt sich hessische Unterrichtspraxis. In den **Lösungshinweisen** zu den Übungsaufgaben und zu den Prüfungsaufgaben des Landesabiturs wird nicht einfach das Maß an Erkenntnis und Gestaltungsfähigkeit nachgeahmt, das einer Abiturientin beziehungsweise einem Abiturienten abverlangt werden kann. Sie weisen auf mehr Aspekte hin, als ein Schüler in der Regel sehen kann. Von der Fülle der Beobachtungen, Aspekte, Deutungseinfälle und Problematisierungen kann ein Abiturient oder eine Abiturientin jeweils nur auf einiges selbst kommen. Was von Ihnen realistischerweise in der Abiturprüfung erwartet werden kann, steht nicht in den Lösungshinweisen, sondern unter „**Bewertung und Beurteilung**" am Schluss jedes Beispiels. Die Lektüre der entfalteten Lösungswege kann aber Textverstehen anleiten, bereichern und intensivieren und in Fragen der Herangehensweise (der Methode und Strukturierung) dazu anregen, ähnliche Ansätze oder Übergänge oder Schlussbilanzen auszuprobieren.

Zu empfehlen ist, bei dem einen oder anderen Thema nach der Lektüre der Aufgabenstellung und der gegebenen Texte (der Arbeitsgrundlagen) nicht gleich weiterzulesen. Der Übungseffekt ist entschieden größer, wenn man nicht nur rezeptiv folgt (Vorgesetztes aufnimmt), sondern selbst aktiv wird, wenn man also einige Zeit darauf verwendet, sich in Thema und Text einzudenken und auf einem Zettel (auch diese Fixierung ist wichtig!) erst einmal eigene Ansätze, Fragen und Gedanken zu Text und Thema skizziert. Sobald man sich selbstständig einen Verstehens- und Fragehorizont entwickelt hat, sieht man – im Vergleich damit – fremde Ausführungen kritischer und mit mehr Gewinn.

Hinweise und Tipps zur mündlichen Abiturprüfung

1 Allgemeines

Eine mündliche Abiturprüfung gibt es in jedem Fall im vierten Prüfungsfach. Im ersten bis dritten Prüfungsfach erfolgt eine mündliche Prüfung, wenn die Prüfungskommission sie aufgrund des Leistungsbildes des Prüflings beschließt, oder wenn Sie sich freiwillig zur Prüfung melden, um Ihren Notendurchschnitt zu verbessern. Die mündliche Prüfung im ersten bis dritten Prüfungsfach darf keine inhaltliche Wiederholung der schriftlichen Prüfung sein, sie darf sich nicht auf das Sachgebiet und die Lernziele nur eines Schulhalbjahres beschränken, sie kann aber, im Unterschied zur schriftlichen Prüfung, Sachgebiete des letzten Schulhalbjahres einbeziehen.

Für die Vorbereitung der mündlichen Prüfung haben Sie „mindestens 20 Minuten" Zeit (VOGO § 40). Sie erhalten eine Aufgabe, die ähnlich gegliedert ist wie die schriftlichen Abituraufgaben es sind, die aber auf die kürzere Zeit zugeschnitten ist, die zu ihrer Lösung zur Verfügung steht. Die Anforderung der Prüfung besteht darin, „sich in einem kurzen Vortrag zusammenhängend und in sprachlich korrekter und angemessener Weise zu äußern, ein themengebundenes Gespräch zu führen und dabei auf Fragen und Anregungen der Prüfenden einzugehen und gegebenenfalls eigene sach- und problembezogene Beiträge zu weiteren Aspekten einzubringen sowie den eigenen Standpunkt deutlich darzustellen und zu begründen." (FaPa 3.1)

Eine besondere Form der mündlichen Prüfung ist die vorbereitete, selbstständige Präsentation eines Themas, das seinen Schwerpunkt im gewählen Fach (hier: im Fach Deutsch) hat. An die 15-minütige Präsentation schließt sich ein ebenfalls 15-minütiges Kolloquium, also eine Befragung durch den Fachausschluss, an. „Folgende Kriterien fließen u. a. in die Bewertung einer Präsentation ein:

- Qualität und Umfang der vermittelten fachlichen Informationen, auch Vollständigkeit, exemplarisches Vorgehen, Aktualität, Kreativität,
- Strukturierung der Präsentation [...],
- sachgerechter Einsatz von Medien [...],
- Präzision und logische Nachvollziehbarkeit der Darstellung,
- kommunikative (einschließlich rhetorischer) Fähigkeiten,
- Reflexion über die gewählte Präsentationsmethode, der vorgetragenen Lösungen und Argumente." (FaPa 3.4)

2.1 Die Vorbereitung auf die Prüfung

Während der „mindestens 20-minütigen" Vorbereitung auf die mündliche Prüfung werden Sie sich ganz ähnlich wie bei der Vorbereitung schriftlicher Abiturklausuren mit Aufgabenstellung und gegebenem Material auseinandersetzen. Darüber hinaus muss der geforderte 10-minütige Vortrag, mit dem Sie die Prüfung vor der Kommission einleiten sollen, besonders bedacht werden. Im Deutschunterricht gibt es meistens nicht viel Gelegenheit, sich im zusammenhängenden, längeren Vortrag zu üben; mit einem guten Vortrag in der Abiprüfung machen Sie aber sofort Eindruck.

- Prüfen Sie genau Thema und Zielrichtung der gestellten Aufgaben, damit Sie während der Texterschließung nicht daran vorbeigehen. Stellen Sie fest, worin der Schwerpunkt der Aufgabe besteht. Konzentrieren Sie sich auf diesen Schwerpunkt und durchdenken Sie, was darin das Wesentliche ist. Kluge Leute haben die Fähigkeit, Wesentliches von Unwesentlichem klar unterscheiden zu können; sie treten nichts breit, halten sich also nicht lange bei dem auf, was auf der Hand liegt, sondern sie komprimieren und differenzieren und können das als wesentlich Erkannte sprachlich präzis vermitteln. Streben Sie solche Konzentration an.
- Gliedern und markieren Sie sich den Text zunächst so, wie Sie es gewohnt sind. Notieren Sie sich am Rand Erkanntes/Entdecktes in Stichwortform für den Vortrag. Nehmen Sie sich während des letzten Durchgangs durch den Text einen andersfarbigen Stift (Marker): Heben Sie mit ihm die Textstellen und Schlüsselbegriffe hervor, die Sie im Vortrag zitieren wollen. Seien Sie sparsam im Markern (siehe oben: es kommt auf die Auswahl des Wesentlichen an!).
- Notieren Sie groß und deutlich, in welcher Reihenfolge Sie die verschiedenen Stichworte und Aspekte ansprechen wollen. Setzen Sie Einfaches, Informierendes und Inhaltliches an den Anfang, um einen Sockel für das Anspruchsvollere zu haben; die meisten Aufgaben geben diese Gliederung bereits vor.
- Sie haben keine Zeit, eine Interpretation auszuformulieren. Die nummerierten Stichworte sind also das Skelett für ihren Vortrag: Es sind die Anhaltspunkte, die Sie in freier Rede erläutern und entfalten werden. Aber formulieren Sie sich einen ins Zentrum der Aufgaben- und Problemstellung zielenden Einleitungssatz aus. Vielleicht gelingt es Ihnen außerdem, ein sprachlich ebenso bündiges (vorläufiges) Fazit auszuformulieren.

2.2 Der Vortrag innerhalb der Prüfung

- Rücken Sie sich ohne Hetzte Ihr Material und Ihren Stuhl zurecht, atmen Sie einmal bewusst durch, schauen Sie die Kommission und Ihren Lehrer oder Ihre Lehrerin grüßend an und nehmen Sie auch während des Fortgangs der Prüfung immer wieder Blickkontakt auf. Man wird Ihnen wohlgesonnen sein: Es befreit, das zu bemerken.
- Legen Sie Ihre Uhr auf den Tisch und stellen Sie die Zeiger auf 12: So fällt es bei aller Aufregung am leichtesten, die Zeit zu kontrollieren.
- Teilen Sie einleitend knapp mit, worin Ihre Aufgabe bestand/besteht und wie Sie vorzugehen gedenken. Bei kurzen Texten ist es oft erwünscht (und für Sie hilfreich), dass Sie den Text vorlesen, bevor Sie zu Ihrem Einleitungssatz und anschließend zur möglichst frei vorgetragenen Inhaltsübersicht und zur Darstellung Ihrer aufgabenbezogenen Beobachtungen, Erkenntnisse und weiterführender Einsichten oder Hypothesen kommen.
- Die Textanalyse oder Textinterpretation muss durch Zitate belegt werden. Wenn Sie nicht sofort die benötigte Textstelle finden, so hat die Kommission Verständnis dafür,

wenn Sie einen Augenblick lang suchen müssen. Kommentieren Sie Ihr Suchen (etwa: „Entschuldigung, Ich finde gerade die Stelle nicht, aber es muss hier im letzten Drittel sein, sinngemäß steht da ...; – hier ist es wörtlich: ...").

- Sprechen Sie immer wieder mit erhobenem Kopf klar und deutlich und nicht zu schnell. Auch hier gilt: Hetzen Sie nicht. Machen Sie sich Ihren Zuhörern in gutem (elaboriertem) Deutsch verständlich und sprechen Sie so, dass Sie selber mitkommen (mitdenken können!). Greifen Sie auf Fachbegriffe zurück, durch die sich weitschweifige Erklärungen oft erübrigen. Sprechen Sie immer wieder begründend statt additiv in Satzreihen („Und dann ... Und dann ..."). Sie haben Zeit, gleichsam laut nachzudenken. Gerade das ist es, was die Kommission hoch bewertet: dass der Prüfling auf der Grundlage seines Wissens selbstständig denken und urteilen kann. Am deutlichsten stellt sich im Prüfungsgespräch heraus, wie gut er das kann.

2.3 Das Prüfungsgespräch

- Der zweite Teil der mündlichen Prüfung soll die Form des Gesprächs haben. Ein Gespräch ist kein Ping-Pong zwischen Frage und Kurzantwort und kein Abgefragtwerden. Schießen Sie also nicht knappe Lösungssätze, isolierte Begriffe oder Ja-Nein-Antworten ab; antworten Sie stattdessen in vollständigen Sätzen, nehmen Sie die gestellten Fragen auf und gehen Sie umsichtig erläuternd und themenbezogen darauf ein. Bevor man das zu Sagende ausführt, empfiehlt es sich bei etwas komplizierteren oder komplexeren Fragen, zunächst zu formulieren, wie man die Frage verstanden hat („Sie fragen also danach, ob.../ wie ...?"). Treten Sie in einen kommunikativen Zusammenhang ein.
- Haben Sie eine Frage einmal nicht verstanden, so wird Ihr Blick den Prüfer dazu veranlassen, seine Frage neu zu formulieren.
- Auch der Prüfer geht in dem von ihm vorbereiteten Gespräch in der Regel vom Einfachen zum Schwierigeren und vom konkreten Beispiel zum Allgemeineren. Er wird über den gegebenen Text hinaus nach Vergleichbarem, Entgegengesetztem und seiner möglichen Einordnung in einen größeren Zusammenhang fragen. Wenn Ihnen selbst passende literarische oder theoretische Bezüge einfallen, so bringen Sie sie aktiv (von sich aus) ein.
- Wenn Sie Zweifel an einer Zuordnung oder Setzung haben oder wenn Ihnen eine Interpretation zu glatt oder aber verrenkt erscheint, so artikulieren Sie Ihre Bedenken: Unterdrücken Sie Problembewusstsein nicht, wenn es denn echt ist.
- Manchmal unterbricht ein Prüfer. Der Grund dafür kann sein, dass er Sie von einem Nebenweg zurückholen will, oder dass er abkürzt, weil er Ihnen Gelegenheit geben will, sich noch zu einem wichtigen Punkt zu äußern, dass er Ihnen also noch mehr zutraut. Meist drängt nur schlicht die Zeit.
- Eine Abiturprüfung ist eine Veranstaltung mit offiziellem Charakter. Es muss Sie also nicht irritieren, wenn Ihr Prüfer Ihnen ein wenig förmlicher begegnet, als Sie es vom Unterricht her gewohnt sind. Seien Sie überzeugt, auch er will bestehen: Ihn leitet der Wunsch, dass Sie glänzen – und so ein helles Licht auf die Qualität seines Unterrichts werfen.

Grundkurs Deutsch (Hessen) – Übungsaufgabe 1: Textinterpretation

Zwei Gedichte zum Thema Wald

Arbeitsgrundlage:
1. Joseph von Eichendorff, *Abschied*
2. Kurt Drawert, *Der Wald. Katalogtext und Ausstellungshinweis*

Aufgaben:

1. Interpretieren Sie Eichendorffs Gedicht *Abschied.* Berücksichtigen Sie Sprache, Haltung, Gedanklichkeit, Natur und Weltverständnis des lyrischen Ichs und zeigen Sie, inwiefern dieser Text lyrisch und romantisch ist. – Bezüge zu anderen Beispielen der Romantik sind erwünscht. (35 BE)

2. Vergleichen Sie die Gedichte von Drawert und Eichendorff besonders bezüglich der Distanz zwischen ihnen. Achten Sie darauf, wie sich mit Wahrnehmung und Weltverständnis auch Ton und Sprache ändern. (45 BE)

3. Erörtern Sie:
   a) Ist *Der Wald. Katalogtext …* Ihrer Meinung nach ein überzeugendes lyrisches Gedicht?
   b) Ist für Sie Drawert ein Autor, der das Bewusstsein Ihrer Generation zum Ausdruck bringt? (20 BE)

Erlaubte Hilfsmittel: ein Wörterbuch der deutschen Rechtschreibung

Joseph von Eichendorff
Abschied (um 1810)

O Täler weit, o Höhen,
O schöner, grüner Wald,
Du meiner Lust und Wehen
Andächtger Aufenthalt!
Da draußen, stets betrogen,
Saust die geschäftge Welt,
Schlag noch einmal die Bogen
Um mich, du grünes Zelt!

Wenn es beginnt zu tagen,
Die Erde dampft und blinkt,
Die Vögel lustig schlagen,
Daß dir dein Herz erklingt:
Da mag vergehn, verwehen
Das trübe Erdenleid,
Da sollst du auferstehen
In junger Herrlichkeit!

Da steht im Wald geschrieben
Ein stilles, ernstes Wort
Von rechtem Tun und Lieben,
Und was des Menschen Hort.
Ich habe treu gelesen
Die Worte, schlicht und wahr,
Und durch mein ganzes Wesen
Wards unaussprechlich klar.

Bald werd ich dich verlassen,
Fremd in der Fremde gehn,
Auf buntbewegten Gassen
Des Lebens Schauspiel sehn;
Und mitten in dem Leben
Wird deines Ernsts Gewalt
Mich Einsamen erheben,
so wird mein Herz nicht alt.

In: Joseph von Eichendorff: Werke in einem Band. Herausgegeben von Wolfdietrich Rasch. München und Wien: Carl Hanser Verlag 1984 (3. Auflage), S. 31f.

Kurt Drawert
Der Wald. Katalogtext und Ausstellungshinweis (2002)

Der Wald, im schweren Grün
seiner Innenausstattung, und still
wie ein Jäger, ehe er abdrückt,
ist mir entschieden zu vormilitärisch.

Überall Stacheldraht im roten Kleid
vergifteter Hagebutten. Der Boden,
mit Pilzen vermint. Dann die Befehle
der Amsel, hart, aus einem Hinterhalt

in der Schonung gepfiffen: liebe dich
jetzt! Aber das lassen wir besser
und bleiben aufgeklärt zugeknöpft,
vom Laufschuh bis zum Gesichtstuch.

Immerhin, die Natur ist ein sehr ernster
Zustand, unclean. Nicht zu vergleichen
mit dem niedlichen Mäuschen
zwischen Mousepad und Spielhand,

wenn es zum CD-Laufwerk flitzt
und Brehms Tierleben startet.
Hier draußen herrscht Echtzeit,
Geliebte, bis zur Zecke im Haarteil,

alles im Schlachtstand. Andererseits,
inmitten dieser septischen Landschaft,
frühgewarnt und hochausgebildet,
gehen wir arglos spazieren.

Man muß es nur etwas freundlicher
angehn, wie Wilhelm Müller.
Gesprochen wird ausnahmslos
Wirtschaftsenglisch. Auch die Soldaten-

ameisen, im Nahkampf um eine Lache
von Eiweiß, noch im Zipfel
ihrer Gummiverpackung: keine
Fremdvokabeln, politisch betrachtet

super gut drauf. Das schmutzige Holz,
eben noch Stamm mit beschnittener Rinde,
aus der gelbes Blut in den Harztopf tröpfelt,
dort bereits eine Kindersitzgruppe,

ein Doppelstockbett oder Schreibtisch.
Sehr überzeugend, dieser Anblick
künftiger Gebrauchsgegenstände.
Am Ende landet das alles, ob es kneift

oder stachelt, im neuen IKEA-Katalog,
nichts zu machen, ihr pissenden Ungeheuer,
wir dampfen euch ein. Für diese Einsicht
ist so ein Ausflug also immer auch Freizeit.

Die Trachtenkolonne mit Volkschor
am Ausschank, das kann ja später
noch nachgerückt werden. Entscheidend
ist nur dieser erste gewaltige Eindruck,

wie der Mensch in die Gumpe stolpert,
die Kamera auspackt und handelt.
Der Rest ist Alltag. Bauplan,
Zuschnitt, und ab auf die Laderampe.

In: Kurt Drawert: Frühjahrskollektion. Gedichte. Frankfurt am Main: Suhrkamp Verlag 2002, S. 10

Worterklärungen:
Zeile 18 Brehms Tierleben: populäres zoologisches Werk
Zeile 22 septisch: Fäulnis erzeugend, voller Keime
Zeile 26 Wilhelm Müller: Dichter des romantischen Liederzyklus „Winterreise“
Zeile 49 Gumpe: Schlammloch

Hinweise und Tipps

1. ***Aufgabenart***: *Textinterpretation*
2. ***Voraussetzungen gemäß Lehrplan***: *Der erste Teil der Aufgabe setzt die Beschäftigung mit der deutschen Romantik und romantischer Lyrik voraus (im Lehrplan verbindlich vorgeschrieben für das Halbjahr 12.1). Vorausgesetzt wird, dass methodische Wege zur Herangehensweise an ein Gedicht eingeübt wurden und Motive und Formelemente romantischer Lyrik bekannt sind.*
   Drawerts Text setzt die Beschäftigung mit den Ausdrucksmitteln modernen lyrischen Sprechens voraus; Kenntnisse hierzu sind durch die verbindliche Beschäftigung mit dem Expressionismus in 13.1 vorhanden. Bertolt Brecht und Gottfried Benn, lyrische Portalfiguren für wichtige deutsche Lyrik nach 1945 (etwa von Günter Eich, Günter Kunert, Hans Magnus Enzensberger, Peter Rühmkorf und bis hin zu Durs Grünbein), haben Formen des ironischen und reflektierenden Sprechens und das freirhythmische Gedicht mit neuem Ton und Vokabular etabliert und auch Drawert beeinflusst.
3. ***Anmerkung***: *Drawerts Text wirkt zunächst sperrig. Aber gerade seine Krassheit provoziert Erkenntnisse; seine Inhaltsfülle macht es jedem möglich, etwas für sich „herauszufinden", sofern nur methodisch gelesen und hineingefragt werden kann. Die scharfe Entgegensetzung von Eichendorff und Drawert demonstriert, wie ungeheuer sich Zeitgeist und Literatur im Laufe von fast 200 Jahren verändert haben.*
4. ***Tipps***: *Die Arbeit verlangt, zwei Gedichte zu interpretieren und miteinander zu vergleichen. Das ist viel; aber in Teilaufgabe 1 und 2 werden eine Reihe von Beobachtungskriterien angegeben, die bei der Lösung der Aufgaben helfen. Da Ton und Inhalt des ersten Gedichts unverkennbar romantisch sind, dürfte seine Erschließung recht zügig gehen. Es ist also ratsam, dem zunächst sicher befremdlichen Text von Drawert mehr Zeit zu widmen, sehr gründlich zu markieren und Gedankenblitze, Fragen, erkannte Zusammenhänge, Motivketten, Bezüge und so fort deutlich lesbar zu notieren. Die Benutzung verschiedenfarbiger Stifte erleichtert den Überblick. Weil man in die schriftliche Gedichtinterpretation nicht immer alles einarbeiten kann, was man vorher analytisch herausgefunden hat, können gute Vorarbeiten auf dem Textblatt die Notenfindung des Lehrers positiv beeinflussen. Falls die Novelle „Aus dem Leben eines Taugenichts" bekannt ist, könnte man den Bezug zu Guidos Lied („Schweigt des Menschen laute Lust …") finden, in dem ebenfalls die Erde – gleichsam im Rauschen der Bäume – wunderbar spricht. Zu denken wäre etwa an des Taugenichts mangelnde Neigung, des Vaters Mühle zu betreiben oder als Zolleinnehmer alt zu werden. – Wissen zu Eichendorffs Biografie ist nicht unbedingt erforderlich. Dass „draußen" gerade auch Napoleons Armee durch Deutschland stampft, braucht nicht in den Sinn zu kommen, steigert aber durchaus das Verständnis für das ungeliebte „Draußen".*
   Teilaufgabe 2 setzt voraus, dass man Drawerts Gedicht erschlossen hat, bevor man sich vergleichend äußert. Da es sich um Gedichte handelt, hängt die Qualität der Leistung in besonderem Maß davon ab, dass man etwas zur Sprache der Texte zu sagen weiß (Teilaufgabe 2, zweiter Satz).

Lösungshinweise

1. Eichendorff besingt die Landschaft (Täler und Höhen), vor allem aber den Wald in vier langen Strophen (jede Strophe gleichsam ein Doppelquartett in durchweg gleichmäßigem Metrum und durch Kreuzreim gebunden). Das lyrische Ich preist Landschaft und Wald und redet Natur vertraut und emphatisch an: *O …* (V. 1 und 2), Verben und Pronomina in der 2. Person Singular: *Du/du* (V. 3, 8), *dich* (V. 25), *deines Ernsts Gewalt* (V. 30). Wären Vokabular und Stil nicht so schlicht, sanglich und volksliedhaft, so könnte man den Text als Hymne auf den Wald oder als „Waldchoral" ansehen.

   Gedanklich ist der Wald dem lyrischen Ich Heimat, *Zelt* (V. 8), Trost, Hort und so etwas wie Kirche und steht in prägnantem Gegensatz zur *geschäftgen Welt*, in die es aufbrechen muss. Diese **Antithetik** bestimmt die Strophen 1, 2 und 4: vermutlich gehört auch das *trübe Erdenleid* (Strophe 2, V. 14) zur Welt draußen mit ihren *buntbewegten Gassen* (Strophe 4, V. 27).

   Die *geschäftge Welt [s]aust* (V. 6). Tempo, Lärm, Betrieb und – so muss man schließen – oberflächliches Leben, die Jagd nach Geld, der Markt, sind bezeichnend für das bürgerliche Leben und damit für eine Tüchtigkeit, die vielen Romantikern als seelenlos erscheint. Der Ausdruck *[d]es Lebens Schauspiel* (V. 28) ist etwas ambivalent: da draußen ist buntes Leben, aber eben nur als Theater und Schein. Wer da mitspielt, ist *betrogen* (V. 5).

   Draußen ist Flüchtiges, was wieder vergeht (Strophe 2), also *vanitas.* Der **Wald** dagegen besteht, sich immer wieder verjüngend, auferstehend mit jedem Morgen (Strophe 2). Er ist alt, beständig, zuverlässig und gleichbleibend *still, ernst, treu* und *wahr* (Strophe 3) und gleichzeitig grün und schön und ohne Schwere (Strophe 1); zu ihm zieht es das lyrische Ich, wenn es glücklich, aber auch, wenn es bedrückt ist (Strophe 1, V. 4 f.). Und der Wald lehrt, was recht ist (Strophe 3: *rechte[s] Tun und Lieben,* V. 19). Eichendorff setzt ihn also in starker moralischer Wertung in Opposition zum Trug und Betrug und – wie man wohl schließen muss – Unrecht der Welt „draußen". Der Wald schenkt Klarheit und fast mütterliche Geborgenheit (Strophe 1). Draußen ist *Fremde* (V. 26).

   Der Wald und damit die Natur tragen **Züge des Göttlichen**, **Heiligen**. Das Ich empfindet in diesem Naturraum Andacht (V. 4); sein innerstes Wesen wird hier berührt, *erh[o]ben* (V. 31) und gegen die Welt draußen gleichsam gefirmt. Denn der Wald spricht, und zwar zweifach. Er spricht durch sein schieres Sein Worte, die zum Vermächtnis werden und an die sich der in die Fremde Aufbrechende erinnern wird (Strophen 3 und 4). Und der Gesang der Vögel weckt wie Eichendorffs *Zauberwort* (vgl. das Gedicht *Wünschelrute*) das Herz des Poeten (Strophe 2): Resonanz ist hier möglich, Widerklang.

   Zum **Stil** wäre etwa darzulegen, dass das Gedicht in der Syntax schlicht ist und leicht und sanglich daherkommt; nur einmal (Strophe 3) ein Satzgefüge, sonst **Parataxe**. Was zu sagen ist, kommt aus dem Gemüt: Zentralorgan ist das *Herz*

(V. 12 und 32): ein einfältiges, frommes und gleichsam reines Poetenherz. Dem Charakter dieses lyrischen Ichs entspricht der **Wortschatz** besonders in den vielen kleinen (einsilbigen) Adjektiven: *alt* (V. 32) und *jung* (V. 16), zweimal *grün* (V. 2, 8); besonders kindlich wirkend: *schön* (V. 2) und *lustig* (V. 11); dann *still* (V. 18), *treu* (V. 21), *wahr* (V. 22), *klar* (V. 24), mit zum Teil altertümlich nachgestelltem Epitheton: *Täler weit* (V. 1), *die Worte schlicht und wahr* (V. 22). Zu dieser Haltung passen die schlichten Reime *(wahr/klar, -wehen/-stehen; gehn/ sehn, geschrieben/lieben)*. Das Gedicht kommt ganz ohne Fremdwörter aus.

Der Volksliedton transportiert eine große Naturinnigkeit und -frömmigkeit mit pantheistischen Zügen (Gott verschmilzt mit der Natur). Typisch romantische Charakteristika sind zudem Innerlichkeit sowie die Sehnsucht nach Sammlung, Tiefe, Identität mit sich und der Natur, Weltinnenraum. Die regressive Haltung des lyrischen Subjekts verrät eine Aversion gegen die „Moderne“ um 1810, in die das Ich aber unweigerlich aufbricht. Es ist sich dessen bewusst, dass jenseits der Ratio und des Verbalen wunderbare Weisheit ist. In seinen Enthusiasmus mischt sich aber auch die Wehmut des Abschieds (statt Lust und Sehnsucht, in die Ferne zu wandern!).

2. Zu sehen ist sofort: Bei Drawert gibt es weder unmittelbare Ergriffenheit noch Gesang, sondern **Mittelbarkeit**. Zwar scheinen das Ich und die *Geliebte* (V. 20) sich im Wald zu bewegen. Aber der Wald ist weder erhaben noch erhebend. Es gibt kein Einvernehmen, keine Kommunikation zwischen Natur und Mensch, keine Sensibilität, keine Achtung. Der Wald wird mehr bedacht und zitiert als erlebt. Das Gedicht gibt sich als *Katalogtext* ... zu einer Ausstellung zum Thema *Wald* (Titel). Am Ende wird der *IKEA-Katalog* genannt (V. 41): Prosa beziehungsweise Prosaisches setzen sich durch.

   Dennoch wirkt die äußere Form des Gedichtes von Drawert traditionell. Es besteht aus 13 Strophen, die jeweils vier Verszeilen aufweisen und damit regelmäßig aussehen. Die Verse sind reimlos, aber rhythmisch (freirhythmisch: überwiegend vierhebig mit unregelmäßigen Senkungen).

   Der Ton ist ironisch, zynisch, sarkastisch und selbstironisch. Das Ich charakterisiert sich samt der Geliebten – den Leser in den Plural „wir“ wohl einschließend (vgl. etwa V. 43) – als *aufgeklärt* (V. 11) – *zugeknöpft, / vom Laufschuh bis zum Gesichtstuch* (V. 11 f.) – und *hochausgebildet* (V. 23). Es notiert Eindrücke und konstatiert, kommentiert, urteilt, räsonniert, argumentiert (ab Strophe 3: *Aber ... Immerhin ... Nicht zu vergleichen mit ..., wenn ..., Andererseits ...*) und scheint sich seines Bezuges zur verlorenen Romantik bewusst zu sein: Wilhelm Müller wird angesprochen (V. 25 f.). Gleich die erste Strophe nennt Eichendorffs Attribute *grün* und *still,* desillusioniert sie aber umgehend. Die brutalste **Brechung romantischer Wald- und Lyrik-Tradition** vollzieht sich am Schluss: nicht die Natur ist ein *gewaltiger Eindruck* (V. 48), sondern der sie ausschlachtende Mensch. Einen Augenblick lang werden die Bäume auch – wie bei Eichendorff – angesprochen (V. 42), jedoch nur, um ihnen die Vernichtung anzukündigen (Strophe 11).

Insgesamt inszeniert Drawert die Begegnung eines der Natur völlig entfremdeten Menschen (beziehungsweise eines Paares) mit dem Wald. Vertraut ist die digital vermittelte mediale Kunstwelt. Wer etwas über Waldtiere etwa wissen will, informiert sich am PC (Strophen 4 und 5). Der paradoxe Hinweis wird nötig, dass „hier draußen" *Echtzeit* herrsche (V. 19). Die verfügbaren Denkmodelle und Wortfelder gehören im Übrigen den Bereichen „Militär/ Krieg" und „Wirtschaft" an.

Drawert verkehrt also **Eichendorffs Relation** zwischen der vertrauten Waldeinsamkeit und der geschäftigen Fremde draußen. Sein lyrisches Ich ist mit allen Wassern der geschäftigen Welt gewaschen. Fremd ist der Wald. Er wirkt auf ihn bedrohlich (Strophen 1–3); er ist *vergiftet* (V. 6), *unclean* (V. 14), *septisch* (V. 22), *schmutzig* und insgesamt ein Schlammloch – die Bezeichnung *Gumpe* (V. 49) dient als pars pro toto. Die auftretenden Tiere sind die *Zecke im Haarteil* (V. 20) und die *Soldatenameisen* (V. 28 f.). Sichtbar wird Ekelhaftes (Strophe 8). Bäume sondern *gelbes Blut* ab (V. 35) und werden – wohl in Anlehnung an Brechts *Gedicht vom armen B. B. – pissende Ungeheuer* genannt (V. 42). Drawert steigert ironisch den Widerwillen gegen Natur (der manchen vielleicht an die Dschungelpartien des *Homo faber* erinnert).

Die **Gliederung** des Gedichts ist nicht ganz eindeutig. Es liegt aber nahe, je drei Strophen als Sinneinheit zu verstehen:
- Wald als paramilitärisches Gelände: Strophen 1–3;
- Wald als Gegenteil des sauberen Platzes am PC, eventuell als zweimal drei Strophen: 4–8/9;
- die Verwertbarkeit des Holzes: Strophen 9–12;

Strophe 13 als Fazit und Pointe.

Entscheidend ist der **Schluss**, auf den das Gedicht hingearbeitet ist: Natur ist radikal verdinglicht und nurmehr in ihrem Nutzwert und ihrer Verwertbarkeit gesehen. Seelisch haben Mensch und Natur nichts miteinander zu schaffen. Die Einsicht des Ausfluges ist es, *künftige Gebrauchsgegenstände* (V. 39), *Kindersitzgruppen* (V. 36), *Doppelstockbett oder Schreibtisch* (V. 37) noch gleichsam roh und in situ erfasst zu haben. Der Gipfel des Zynismus ist wohl die Zitation des IKEA-Katalogs (V. 41): Mit ihm ist man wieder auf vertrautem Gelände, da die Firma den schmutzigen Gegenstand Natur und Baum mehr oder weniger überzeugend zu verwandeln versteht.

Der **Sprecher gibt sich intellektualistisch und kalt**. Entsprechend nassforsch-zynisch ist die **Sprache** mit Jargonausdrücken versetzt – *super gut drauf* (V. 33), *pissende Ungeheuer* (V. 42) –, mit Fremdwörtern, die als *Wirtschaftsenglisch* (V. 28) deklariert werden – *Mousepad* (V. 16), *unclean* (V. 14) –, mit Plastikwörtern – etwa *Fremdvokabeln* (V. 32), *Echtzeit* (V. 19), *Freizeit* (V. 44) – und mit einer Fülle von Floskeln und Versatzstücken aus lässiger Konversation: *Immerhin* (V. 13), *politisch betrachtet* (V. 32), *Man muß es nur etwas freundlicher / angehn* (V. 25 f.), *nichts zu machen* (V. 42).

Als **Fazit** lässt sich folglich festhalten: Für **Eichendorff** ist Wald Andachtsraum, dort ist das Ich sich selbst und dem Wesen der Dinge nah. Nicht die stolze, kluge Welt spricht Wahrworte, sondern der heimatliche Wald mit seinen Bäumen. Statt den Weg der Aufklärung und des technisch-wirtschaftlichen Fortschritts zu schätzen, schätzt es die sprachlose Sprache der lebendigen Natur. Sein lyrisches Ich hat ein kindliches Herz und eine kindliche Sprache.

Drawert setzt sich auf seine Weise mit der Aufklärung auseinander. Er zeigt einen Endpunkt, in dem *aufgeklärt* und *hochausgebildet* (nicht: gebildet!) Kälte, Leere, Beziehungslosigkeit und Ignoranz bedeuten. Statt der alten Poesie passt dazu die kaputte Sprache: ein bewusst eingesetztes Gerede, das alles kommentiert und nichts versteht außer der Hyperrealität des Netzes und des Angebots der Möbelfirma. Hinter der vorgeblichen Überlegenheitsattitüde und sogar hinter dem gelegentlichen Witz solcher Sprache kommt am Ende die Bitterkeit eines Autors zum Ausdruck, der seine Zeit verachtet. Es überrascht nicht zu erfahren, dass Drawert aus Leipzig in den Westen (nach Darmstadt) übergesiedelt ist. Sein Gedicht zeigt einen Teil seiner Auseinandersetzung mit der westlichen Gesellschaft; es zeigt seine gründliche Enttäuschung.

3. Zu Frage a) wird keine ausführliche fachwissenschaftliche Einordnung erwartet, sondern eher ein schlüssig begründetes Mutmaßen. Vielleicht wird der hier und da zerrissene oder fragwürdige Zusammenhang des Textes bemerkt, vielleicht stößt auch der kalte Witz der Drawert'schen Sprache auf Interesse und Verständnis.

   Für die Beantwortung von Frage b) spielt sicher die halb journalistisch-essayistische, halb ausgenüchterte lyrische Sprache des Gedichtes eine Rolle. Man kann sie als eher unsympathisch empfinden, oder aber als reizvoll. Im Hinblick auf die Fragestellung ist es wichtig, hierzu nicht nur Stellung zu beziehen, sondern auch zu erläutern, ob und inwiefern diese Sprache das Bewusstsein der eigenen Generation widerspiegelt – Thematisch wird man Drawert vielleicht gern als Sprecher der eigenen Generation akzeptieren, da Umweltverschmutzung und allumfassende Vermarktung viele junge Menschen beschäftigen. Es wird vielleicht nicht ganz erfasst, wie ironisch Drawert schreibt, sodass man gegen ihn glaubt für mehr Umweltschutz und Achtung vor der Natur plädieren zu müssen. Entscheidend sind die Qualität der Argumentation und der Verweise auf Beispiele.

Bewertung und Beurteilung

- „**Gut**" (**11 Punkte**) ist eine Leistung zu nennen, in der es gelungen ist, wahrnehmungsdicht und mit Sensibilität beide Gedichte zu interpretieren und begründet ihrer Epoche zuzuordnen. Nötig ist dabei, neben inhaltlichen Gesichtspunkten Beobachtungen zur jeweiligen sprachlichen Gestaltung einzubeziehen. Die bei der Interpretation verwendete Sprache sollte einigermaßen feingliedrig, klar, flüssig und dem Gegenstand angemessen sein.
  Für Eichendorff muss der das Gedicht konstituierende Gegensatz differenziert erläutert werden; für Drawert muss einiges zur Entsprechung von Vokabular und Welt- beziehungsweise Waldverständnis dargelegt werden. Die Leistung kann „gut" sein, ohne dass der bittere ironische Gestus Drawerts erläutert ist. Von Belang ist das aus dem Vergleich gezogene Resümee.
  Teilaufgabe 3 muss als eigenständige Denk- und Urteilsleistung überzeugen.
- „**Ausreichend**" (**5 Punkte**) kann gegeben werden, wenn trotz etlicher Ausdrucksungeschicklichkeiten doch für Eichendorff die „Naturverbundenheit" im Gegensatz zum Leben in der Stadt erkannt und zitierend nachgewiesen wird. Zumindest die Beschäftigung der jeweiligen Epochen mit dem Kontrast zwischen poetischem und prosaischem Gemüt oder Künstlertum und Arbeitswelt (Stadt) sollte als Analogie anklingen. Die Einfachheit des romantischen Gedichts sollte von der Sprache Drawerts ansatzweise abgegrenzt worden sein. Dass der Wald gegen die virtuelle Welt gestellt, als hässlich empfunden und auf seinen Gebrauchswert reduziert ist, sollte gesehen und ansatzweise als Kritik aufgefasst worden sein.

Grundkurs Deutsch (Hessen) – Übungsaufgabe 2: Textinterpretation

Das Motiv des Abends im Spiegel der Lyrik

Arbeitsgrundlage:
1. Oskar Loerke, *Blauer Abend in Berlin*
2. Joseph von Eichendorff, *Der Abend*

Aufgaben:

1. Interpretieren Sie das Gedicht *Blauer Abend in Berlin* von Oskar Loerke. (35 BE)
2. Vergleichen Sie, ausgehend von einer Interpretation des Gedichts *Der Abend* von Joseph von Eichendorff, die motivgleichen Gedichte. Arbeiten Sie dabei heraus, wie die Schriftsteller das Thema *Abend* jeweils aufgefasst und dichterisch gestaltet haben. (35 BE)
3. Ordnen Sie die Gedichte und das sich in ihnen ausdrückende Lebensgefühl literarischen Epochen zu und begründen Sie Ihre Entscheidung. (20 BE)

Erlaubte Hilfsmittel: ein Wörterbuch der deutschen Rechtschreibung

Oskar Loerke
Blauer Abend in Berlin (1911)

Der Himmel fließt in steinernen Kanälen;
Denn zu Kanälen steilrecht ausgehauen
Sind alle Straßen, voll vom Himmelblauen;
Und Kuppeln gleichen Bojen, Schlote Pfählen
Im Wasser. Schwarze Essendämpfe schwelen
Und sind wie Wasserpflanzen anzuschauen.
Die Leben, die sich ganz am Grunde stauen,
Beginnen sacht vom Himmel zu erzählen,

Gemengt, entwirrt nach blauen Melodien.
Wie eines Wassers Bodensatz und Tand
Regt sie des Wassers Wille und Verstand

Im Dünen, Kommen, Gehen, Gleiten, Ziehen.
Die Menschen sind wie grober bunter Sand
Im linden Spiel der großen Wellenhand.

In: Waltraut Wende (Hrsg.): Großstadtlyrik.
Stuttgart: Reclam Verlag 1999, S. 81 f.

Worterklärung:
Zeile 5: Essen: Schornsteine von Industrieanlagen
Zeile 10: Tand: wertloses Zeug

Joseph von Eichendorff
Der Abend (1826)

Schweigt der Menschen laute Lust:
Rauscht die Erde wie in Träumen
Wunderbar mit allen Bäumen,
Was dem Herzen kaum bewußt,
Alte Zeiten, linde Trauer,
Und es schweifen leise Schauer
Wetterleuchtend durch die Brust.

Aus: Joseph von Eichendorff: Aus dem Leben eines Taugenichts.
In: Joseph von Eichendorff: Werke in einem Band. Herausgegeben von Wolfdietrich Rasch.
München und Wien: Carl Hanser Verlag 1984 (3. Auflage), S. 33 und 825

Hinweise und Tipps

1. ***Aufgabenart**: Textinterpretation*
2. ***Voraussetzungen gemäß Lehrplan**: Im ersten Halbjahr der Jahrgangsstufe 12 ist die Behandlung von Gedichten der deutschen Romantik verbindlich vorgeschrieben. In den Textanregungen sind neben der Novelle „Aus dem Leben eines Taugenichts“ auch Gedichte von Eichendorff aufgeführt. Kenntnisse zum romantischen Selbst-, Welt- und Naturverständnis können also vorausgesetzt werden.*
   Die Interpretation von Loerkes Gedicht setzt die Beschäftigung mit dem Expressionismus voraus. Expressionistische Gedichte stehen auf der Leseliste; Epochenbegriff und markante Gestaltungsmittel expressionistischer Schriftsteller dürften in 13. 1 erarbeitet worden sein. Loerke gehört nicht in den Kreis dieser Berliner Avantgarde um 1910, aber sein Gedicht „Blauer Abend in Berlin“ erschien zeitgleich mit den ersten expressionistischen Texten und ist ihnen in manchen Zügen verwandt.
3. ***Tipps**: Verlangt ist, zwei motivgleiche Gedichte zu interpretieren, miteinander zu vergleichen und literarischen Epochen zuzuordnen. – Die erste Teilaufgabe erfordert eine umfassende Erschließung und Deutung des Gedichts nach Form, Inhalt und sprachlicher Gestaltung (vgl. Teilaufgabe 1, zweiter Abschnitt). Die Arbeitsanweisung nennt keinen besonderen Schwerpunkt, der die Perspektive der Untersuchung verengt. Da in die schriftliche Gedichtinterpretation nicht alles aufgenommen werden kann, was man erkannt hat, ist es sinnvoll, sich von dem vorgegebenen Thema, das sich auch in den Überschriften beider Gedichte widerspiegelt, leiten zu lassen. Die zweite Teilaufgabe enthält zwei Arbeitsschritte: Zunächst sollen Sie das zweite Gedicht textimmanent interpretieren und in einem zweiten Zugriff auf den Vergleichsaspekt „Abend“ hin untersuchen. Es ist hilfreich, erkannte Zusammenhänge, Bezüge, Gemeinsamkeiten und Unterschiede in unterschiedlichen Farben auf dem Textblatt zu markieren und zu notieren. Die dritte Teilaufgabe verlangt von Ihnen eine Einordnung der Gedichte in die Epoche ihrer Entstehung und eine Begründung für diese Zuordnung. Dabei müssen Sie das jeweils Typische betonen und vom anderen Gedicht absetzen.*
   Die Interpretation des Gedichts kann mit der inhaltlichen und formalen Gliederung anfangen oder mit Beobachtungen zur Perspektive, zur Bildhaftigkeit oder Stimmung. Es ist aber darauf zu achten, dass in der Deutung die verschiedenen Merkmale und Facetten zu einem Verständnisentwurf zusammenwachsen.

Lösungshinweise

1. **Oskar Loerkes** Gedicht *Blauer Abend in Berlin* aus dem Jahr 1911 gibt ein Bild von der Hauptstadt des Expressionismus in der Abenddämmerung. Es ist in der klassischen **Form des Sonetts** geschrieben: Auf zwei Quartette folgen zwei durch den Reim eng verschränkte Terzette.

   In Loerkes Gedicht *Blauer Abend in Berlin* findet sich kein lyrisches Ich, wohl aber ein Blick von sehr hoch oben auf die konkret benannte Stadt. Aus dieser **Vogelperspektive** verschieben sich alle Maßstäbe. Straßenschluchten, Fabrikan-

lagen mit ihren Schornsteinen oder die großen Kuppeln der Berliner Paläste und Kirchen werden so klein, dass die „Kuppeln“ wie „Bojen“ und die „Schlote“ wie „Pfähle“ (V. 4) aussehen. Beherrschend ist die starke Bildhaftigkeit und durchgängige **Wassermetaphorik** in diesem Gedicht. Die Großstadtstraßen sind als „steilrecht ausgehauen[e]“ Kanäle (V. 2) aufgefasst. Bojen und Pfähle gehören zu dieser Wasserlandschaft, wie sich aus der zweiten Strophe ergibt (V. 5). Der Rauch aus den Essen (Industrieschornsteinen) sieht von oben aus wie das Geschlinger von „Wasserpflanzen“ (V. 6).
Es zeigt sich, dass der Blick von höchster Warte bis auf den Grund dieses Wassers reicht. Ganz unten auf diesem Grund sind die Menschen. Sie „stauen“ sich dort (V. 7), sie werden dem „Bodensatz und Tand“ (V. 10) des Wassers verglichen und „wie grober bunter Sand“ (V. 13) gesehen. Dass wirklich die „Menschen“ gemeint sind, ergibt sich deutlich erst aus der vorletzten Zeile. Vorher heißt es stattdessen: „Die Leben, die …“ (V. 7). Eigenschaften wie Wille und Verstand, die nach allgemeiner Auffassung zum Menschen gehören, gehören hier dem Wasser. Subjekt ist der „Wille und Verstand“ des Wassers (V. 11); die Menschen, die Leben also, sind lediglich dessen Objekt. Nicht die Menschen bestimmen ihren Weg, sondern Wille und Verstand des Wassers „regt“ (bewegt) sie (V. 11). Nicht die Menschen nehmen ihr Leben in die Hand, sondern die große „Wellenhand“ spielt mit ihnen (V. 14).

Eine Stadt, erbaut aus Steinen, könnte man für hart und starr halten, aber entsprechend der Wassermetaphorik ist in Loekes Großstadtgedicht alles **in fließender Bewegung**. Inhaltlich sprechen besonders die substantivierten Verben der zwölften Verszeile von der sachten, gleichmäßigen, wellenförmigen Bewegung, die keinem Ziel entgegenströmt, sondern sich „Im Dünen, Kommen, Gehen, Gleiten, Ziehen“ eher wie Ebbe und Flut verhält.
Klanglich unterstützt das **Enjambement**, das von Strophe 1 zu Strophe 2 führt, besonders aber das, das die beiden Terzette miteinander verbindet (V. 11 zu 12), den Eindruck des Fließens.

Es fließt aber nicht nur das Wasser und zieht die Menschen wie Sand hin und her: „Der Himmel fließt“ (V. 1) durch diese Straßenkanäle, sodass sich eine Beziehung und **Korrespondenz zwischen dem Oben und Unten**, dem hohen Himmel und dem Bodensatz am Grunde ergibt. Während der Widerschein des Abendhimmels die Straßen füllt, sodass sie „voll vom Himmelblauen“ (V. 3) sind, beginnen die Leben ganz unten „vom Himmel zu erzählen“ (V. 8). Man kann an dieser Stelle grammatisch nicht genau zuordnen, ob die Leben (V. 7) oder ihr Erzählen „nach blauen Melodien“ gemengt und „entwirrt“ (V. 8) sind, aber das Blau dieses Abends gehört dem Himmel und zugleich den Melodien derer, die von ihm erzählen. Die **Tageszeit** in Loerkes Gedicht ist die immer als etwas geheimnisvoll empfundene „**blaue Stunde**“, die Dämmerungstunde zwischen Tag und Nacht; aber die Farbe verweist nicht nur auf eine Tageszeit, sondern erinnert auch an die deutsche Romantik, in der die blaue Blume (aus Novalis‘ Roman *Heinrich von Ofterdingen*) zum Symbol einer ganzen Epoche wurde und als Ausdruck der nie ans Ziel kommenden Sehnsucht des Menschen interpretiert werden kann.

In den beiden ersten Strophen (den Quartetten) wird vor allem das Bild der von oben aus großer Distanz gesehenen Stadt entwickelt und ab Vers 7 zu den Terzetten (den Strophen 3 und 4) übergeleitet, die den Menschen dieser Stadt gelten. Auch **klanglich** stehen die **Quartette** für sich. Mit ihren gleichlautenden inneren Paarreimen („-hauen", „-blauen"; „-schauen", „stauen") und dem ebenfalls gleichen umarmenden Reim (V. 1 und 4 sowie 5 und 8) wirken sie wie zwei Klangquader verfugt, während die Terzette durch Syntax, Enjambement und Reimform (abb–abb) ineinander zu gleiten scheinen. Dennoch lässt sich das letzte Verspaar wie eine Sentenz und wie das Ergebnis aller Erfahrung vom Gedicht ablösen.

Loerkes Gedicht zeigt Großstadt nicht unkritisch: „steinern", „ausgehauen", „schwelend" (vgl. V. 1, 2 und 5) und die Farbe „Schwarz" (V. 5) verweisen auf bedrohliche und **hässliche Folgen der Industrialisierung**. Das Verb „stauen" (V. 7) verweist zudem auf die hohe Anzahl der in der Großstadt zusammengedrängten Menschen. Aber zu dieser Stunde dominieren das Blau (Titel, V. 3 und 9) und ein Abendfrieden, dessen Stimmung die Adjektive „sacht" (V. 8) und „lind" (V. 14) vermitteln. Es gibt gleichsam keinerlei Geräusch außer der sanften Dünung und dem sachten Erzählen der Menschen.

Auch die Menschen sind nicht unkritisch gesehen. Der **Einzelne** ist **ein Nichts**, ein Sandkorn unter vielen. Das Adjektiv „bunt" (V. 13) deutet an, dass sich die Menschen äußerlich durchaus voneinander unterscheiden, aber alle sind sie „grob" (V. 13), alle zusammen sind sie „Tand" (V. 10), nutz- und wertloser „Bodensatz" (V. 10) des Daseins und in ihrer ganzen Geschäftigkeit doch nichts als Spielfiguren, die ein fremder Wille lenkt.

Dennoch kommt in Loerkes Gedicht keine Bitterkeit über das Los der Menschen auf. Im Unterschied zu den expressionistischen Dichtern formuliert Loerke **keine Anklage**. Das Gedicht bleibt in einer gleichsam schwebenden, ein wenig melancholischen Stimmung. Trotz seiner Anonymität ist – so könnte man das abschließende Verspaar verstehen – der Mensch in einer gütigen Hand geborgen. Sicher ist das bei Loerke nicht die Hand eines persönlichen Gottes, aber vielleicht gibt es so etwas wie eine zuverlässige Naturgesetzlichkeit oder eine Art kosmischer Aufgehobenheit, von der die „blauen Melodien" wissen und die im gleichbleibenden Spiel von Sand und Welle wirkt.

2. Auch in **Joseph von Eichendorffs** kleinem Gedicht, das dem als Maler Guido verkleideten jungen Fräulein in der Erzählung *Aus dem Leben eines Taugenichts* (1826) in den Mund gelegt ist, kommen die Menschen nach ihren Alltagsverpflichtungen, ihrem geschäftigen Treiben oder ihrem Feiern abends zur Ruhe, zur Einkehr und zum inneren Frieden. Das **Liedchen** setzt mit einem verkürzten Konditionalsatz ein; für alles, was nach dem Doppelpunkt folgt und wichtig ist, wird als Bedingung genannt, dass es still sein muss: W e n n „der Menschen laute Lust" schweigt, d a n n ... (V. 1).
   Wenn also der laute Tag verstummt, ist anderes zu empfinden und zu hören: Das lyrische Ich erfährt dann das **Sprechen der Erde** im Rauschen aller Bäume „wie

in Träumen“ (V. 2 f.), das heißt ohne eine Begrenzung durch Zeit und Raum. Aber zum **Erlebnisraum** wird nicht nur die Natur, die Erde mit all ihren Bäumen, sondern ein innerer Raum tut sich auf: der des Herzens (V. 4) und – was letztlich dasselbe besagen will – der eigenen Brust (V. 7). Es offenbart sich dem Ich die **beseelte, sprechende Natur** und gleichzeitig scheint das Rauschen, die geheimnisvolle Melodie des Abends, den Zugang zum ‚Kaum-Bewussten' (vgl. V. 4) im eigenen Innern zu öffnen. Nicht Gegenwart regiert mehr, sondern aus tieferen Schichten der Seele steigt Vergangenes („Alte Zeiten“, V. 4) und schwermütiges Erinnern, „linde Trauer“ (V. 4). Das Wetterleuchten (vgl. V. 7) wird zur Metapher für Irritationen und ängstigende oder nicht recht deutbare Ahnungen in der Tiefe der Seele.

Eichendorff gestaltet das kleine Gedicht so, dass sich die **syntaktischen Beziehungen** nach dem Doppelpunkt verwischen. Er setzt keine Punkte, sodass „Was dem Herzen kaum bewußt“ (Z. 4) als Akkusativ zum Prädikat rauschen (V. 2) aufgefasst werden kann. Ebenso kann „Alte Zeiten, linde Trauer“ (V. 5) noch an das Rauschen angeschlossen gedacht sein oder als nachgestelltes Subjekt zum Nebensatz „Was dem Herzen kaum bewußt.“ Die Leistung dieser poetischen Syntax ist es, die **Grenzen zwischen Außen und Innen** aufzuheben und wie im Traum zu einem Erlebnisraum zu verbinden. Es gibt nach dem Doppelpunkt nur diese beiden Prädikate: rauschen und schweifen. Darin gleiten auch die Sinneswahrnehmungen ineinander, denn das akustische Rauschen ist zugleich etwas unbestimmt Dynamisches; „leise Schauer“ (V. 6) sind eine kleine Bewegung, aber auch ein akustischer Gegenklang zu „laute Lust“ (V. 1), und das ferne Zucken eines Wetterleuchtens ist ein ebenso optisches wie dynamisches Phänomen (V. 7). In der **Synästhesie**, dem Ineinanderspielen verschiedener Sinneswahrnehmungen, heben sich also ebenso die definitiven Grenzen auf wie in der Syntax und im inhaltlichen Erleben, das dem Träumen gleicht („wie in Träumen“, V. 2); und auch der **Kettenreim** „Lust [...] bewußt [...] Brust“ (V. 1, 4, 7) trägt zu dem Ineinandergreifen kaum noch unterscheidbarer Bereiche bei. Klanglich wirkt „rauschen“ **lautmalerisch** (man könnte das Wort mit Handbewegungen begleiten), und es knüpft sich ein **Klanggewebe** aus Vokalen und dem Klang von *sch* und *schw,* in dem „schweifen“ auf „schweigen“ und „Schauer“ auf „rauschen“ antworten.

Insgesamt, so könnte man zusammenfassen, ist die Erfahrung der abendlichen Natur für den romantischen Menschen eine Möglichkeit, die Grenzen seines irdischen Seins zu transzendieren (zu übersteigen) und in Augenblicken eines ozeanischen Gefühls von **Allverbundenheit** zu sich selbst zu kommen.

Oskar **Loerkes** *Blauer Abend in Berlin* ist ein Abendgedicht und zugleich ein **Stadtgedicht**. Loerke wählt als Ort die künstliche und naturferne Großstadt und zeigt die Geringfügigkeit des Menschen darin. **Eichendorff** dagegen stellt seinen Menschen in die **freie Natur** und betont die Bedeutung des von ihr ergriffenen Individuums. Obwohl Topos (der Ort) und Menschenbild bei Eichendorff und Loerke verschieden sind, gibt es Gemeinsamkeiten in der Gestaltung und Auffassung des **Abend-Motivs**: Erst zu dieser Tageszeit kommen die Menschen zur

Ruhe und erleben Momente der Besinnung. Der Abend weckt ihre Sehnsucht nach einer Dimension, die größer ist als sie selbst. Beide Gedichte sind **still**; das Wort „lind" („linde Trauer"; „im linden Spiel der [...] Wellenhand") kommt sogar in beiden Gedichten vor. Im romantischen Gedicht ist der Abend mit Entgrenzung, mit der Erfahrung der Natur und dem Einblick in die eigene Seele verbunden. Voraussetzung dafür ist bei Eichendorff das einsame Individuum, während Loerke mit dem Erzählen der Menschen etwas Dialogisches andeutet.

Das **Menschenbild** selbst hat sich radikal geändert. Auch wenn bei Eichendorff die erste Person Singular, das Ich, nicht vorkommt, spricht hier ein Ich, denn das Herz, von dem die Rede ist, und die Brust gehören einem sehr individuell Erlebenden. Das Ich kann sich, sofern es nur seine Sinne aufschließt, gleichsam zum All erweitern und das Rauschen der Erde in sich aufnehmen; es kann aktiv erleben und ist fähig, sich ergreifen zu lassen und darin das Umfassende zu fassen. So erlebend, wird es zu einem volleren, reicheren Menschen. – Nicht einmal hundert Jahre später ist Loerkes Mensch diese Fähigkeit abhanden gekommen. Er hat nicht einmal mehr eine individuelle Gestalt. Er hat keinen Willen, sondern ist Objekt der Natur.

3. Oskar Loerkes Gedichtband, in dem er *Blauer Abend in Berlin* veröffentlichte, erschien im selben Jahr 1911, in dem erste expressionistische Gedichte Furore machten, aber seine Lyrik kommt aus anderen weltanschaulichen Wurzeln als der Expressionismus. Dennoch ähnelt manches in seinem Text dem neuen Stil. Wie zum Beispiel Georg Heym oder Paul Zech reagiert auch er auf die veränderte Stellung des Menschen am Beginn der modernen Massengesellschaft und der städtischen Ballungsräume in Deutschland. Wie Heym *(Der Gott der Stadt)*, Zech *(Fabrikstraße tags)* oder Alfred Wolfenstein *(Städter)* gestaltet er das **Motiv der Stadt** und zeigt sie in ihrer modernen Künstlichkeit. Auch bei ihm sind die Städter als Masse und Gewimmel wahrgenommen und haben ihre Individualität, ihre Autonomie und Selbstbestimmung eingebüßt.

   Die **stilistische Nähe Loerkes zu den Expressionisten** zeigt sich besonders darin, dass die Verhältnisse zwischen Dinglichem und Menschlichem paradox verkehrt erscheinen. Zwar geht Loerke nicht über **Vergleiche** hinaus: Die Menschen sind „wie grober bunter Sand" (V. 13), „wie [...] Bodensatz und Tand" (V. 10), und dennoch erscheinen sie nicht nur **entpersonalisiert** und immer nur als Plural genannt (die Leben, die Menschen), sondern auch **verdinglicht**, während die Dinge – das Wasser, die Welle – handeln und dadurch vermenschlicht erscheinen. Während aber etwa im Georg Heyms groteskem Gedicht *Der Gott der Stadt* die „Millionen" vom bösen Dämon der Stadt hingerissen sind, scheint bei Loerke die Stadt eher in die Natur zurückgeholt zu sein, da der Himmel wie Wasser in ihr spielt.

   Man könnte auf den Gedanken kommen, dass Loerke mit seinem Gedicht eine ironische Antwort auf Größenwahn und Allmachtsträume des modernen Menschen gibt, denn Deutschland um 1911, nicht mehr weit weg vom Ersten Welt-

krieg, ist eine vor Selbstbewusstsein strotzende Großmacht und Berlin ihre stolze Kapitale, die Macht und Glanz der Wilhelminischen Gesellschaft demonstriert. Loerkes Gedicht aber lässt den Leser beides, die stolze Stadt und die stolzen Menschen, als klein und gering erleben. Der Blick von oben aus großer Distanz zeigt die Stadt gleichsam *sub specie aeternitatis*, also aus der Perspektive der Ewigkeit, in der der Herr der Welt sich als ebenso ameisenklein und unbedeutend ausnimmt wie sein Werk.
Nicht ohne weiteres vereinbar mit einer solchen Deutung will aber die gar nicht ironische, sondern eher **versöhnliche Stimmung** und Stille des Gedichts erscheinen. Expressionismus ist oft Schrei und Aufbegehren. Loerkes Menschen, denen die Terzette gelten, wissen davon nichts, sie sind wohl weder Opfer noch Täter, sondern – auch sie selbst – nur wasserpflanzenhafte Wesen, zugehörig zum universalen Sein. Versöhnlich wirkt, dass in ihre Enge und Gefangenheit der Himmel dringt, der in „blauen Melodien" (V. 9) wiederklingt, sodass Mensch und All miteinander verbunden sind. Zweifellos zeigt Loerke einerseits, wie klein der Mensch samt seiner Stadt unter dem Himmel ist, aber er ist ein Dichter und weiß, dass die Menschen Melodien haben, dass sie singen können und damit an blauen Abenden an den Himmel rühren.

In **Eichendorffs** Gedicht verweisen der Abend als Tageszeit, die Poetisierung und Personifikation der Natur, das wunderbare Rauschen der Erde als Chiffre der Entgrenzung, das Motiv des Traumes und das Gefühl, zu einer Welt jenseits unserer Welt zu gehören, auf die Epoche der **Romantik**. Ebenso wie die Fantasie eine andere Dimension eröffnet als der Verstand, öffnen sich am Abend oder in der Nacht die Sinne für einen Erlebnisraum, der jenseits der realen, täglichen und unbefriedigenden Zustände liegt. Zumindest ahnungsweise und im Konjunktiv kann dann die Seele ihre Flügel ausbreiten wie in Eichendorffs *Mondnacht,* dem Gedicht, in dem am vollkommensten magische Entgrenzung und die vom Menschen ersehnte Vereinigung mit dem Göttlichen zum Ausdruck gebracht ist.

Bewertung und Beurteilung:

- Als „**Gut**" (**11 Punkte**) ist eine Leistung zu beurteilen, in der die Vorstellungen des Abends und die von Loerke und Eichendorff verwendeten inhaltlichen und sprachlichen Merkmale in ihrer Funktion für die Darstellung differenziert erfasst und miteinander verglichen sind. Merkmale der jeweiligen Epoche sollen erkannt, fachspezifische Verfahrensweisen und Begriffe dabei sicher angewendet sein. Die Arbeit muss gedanklich und sprachlich überzeugen.
- „**Ausreichend**" (**5 Punkte**) ist die Leistung, in der die in den Gedichten entfalteten Bilder des Abends und die inhaltlichen und sprachlichen Merkmale der beiden Texte in Grundzügen zutreffend erfasst, zentrale Gemeinsamkeiten erkannt und grundlegende fachspezifische Verfahrensweisen und Begriffe angewendet sind.

Grundkurs Deutsch (Hessen) – Übungsaufgabe 3: Textinterpretation und gestaltende Interpretation

Nach dem Fest

Arbeitsgrundlage:
Rainer Maria Rilke, *Damen-Bildnis aus den Achtziger-Jahren*

Hintergrundtext:
Theodor Fontane, *Frau Jenny Treibel*

Aufgaben:

1. Interpretieren Sie das Gedicht von Rainer Maria Rilke (Material). Erarbeiten Sie Lebenssituation und Gefühlswelt der darin vorgestellten Dame. (35 BE)

2. Gestalten Sie einen Tagebucheintrag Corinnas, der Figur aus Fontanes Roman *Frau Jenny Treibel.*
   Gehen Sie von der Fiktion aus, dass sich Corinnas Plan, Leopold Treibel zu heiraten, doch verwirklichen ließ. Nach gut einem Ehejahr findet sie Rilkes Gedicht. Sie liest es. Es gibt ihr den Impuls, sich jetzt selbstkritisch zu besinnen. – Einzubeziehen in ihre Niederschrift sind Bezüge zur Schwiegermutter Jenny, zu Marcell und zum Gedicht. (40 BE)

3. In der Novelle *Der fremde Freund (Drachenblut)* von Christoph Hein fällt der Hauptfigur Claudia ihr altes Hochzeitsfoto in die Hand. Als sie später andere Hochzeitsfotos anschaut, erkennt sie sich auch in ihnen wieder:

   „Erst viel später, beim Betrachten anderer Hochzeitsfotos, entdeckte ich hinter den verängstigten Gesichtern die Anarchisten. Es sind ratlose, verschüchterte Umstürzler [...]. Sie wollten die bedrückenden Umstände, die sich auf dem Foto übermütig um sie gruppieren, fliehen, vernichten, verbessern. Und die ihnen einzig denkbare Alternative verstrickt sie rettungslos in die alten Unerträglichkeiten. Der Tag der Revolte ist bereits ihr Ende. [...] die aufdringlichen Insignien der Niederlage: Vertrag, Unterschrift, Gruppenfoto. Willkommen im Schoß aller unserer Gestern, daheim im unschuldigen Würgegriff. Und es wird sein, wie es war: in Ordnung."

   Aus: Christoph Hein: Der fremde Freund. Drachenblut. Berlin: Aufbau Verlag 1982.

   Vergleichen und beurteilen Sie Claudias Einstellung zu Hochzeit und Ehe mit dem Ehekonzept, auf das Rilkes Gedicht schließen lässt, und mit den Motiven zum Eheschluss in *Frau Jenny Treibel* (Jenny und Treibel; Corinna und Marcell). (25 BE)

Erlaubte Hilfsmittel:
Wörterbuch zur deutschen Rechtschreibung
Theodor Fontane, *Frau Jenny Treibel*

Material
Rainer Maria Rilke (1875–1926):
Damen-Bildnis aus den Achtziger-Jahren (1908)

WARTEND stand sie an den schwergerafften
dunklen Atlasdraperien,
die ein Aufwand falscher Leidenschaften
über ihr zu ballen schien;

seit den noch so nahen Mädchenjahren
wie mit einer anderen vertauscht:
müde unter den getürmten Haaren,
in den Rüschen-Roben unerfahren
und von allen Falten wie belauscht

bei dem Heimweh und dem schwachen Planen,
wie das Leben weiter werden soll:
anders, wirklicher, wie in Romanen,
hingerissen und verhängnisvoll, –

daß man etwas erst in die Schatullen
legen dürfte, um sich im Geruch
von Erinnerungen einzulullen;
daß man endlich in dem Tagebuch

einen Anfang fände, der nicht schon
unterm Schreiben sinnlos wird und Lüge,
und ein Blatt von einer Rose trüge
in dem schweren leeren Medaillon,

welches liegt auf jedem Atemzug.
Daß man einmal durch das Fenster winkte;
diese schlanke Hand, die neuberingte,
hätte dran für Monate genug.

Aus: Rainer Maria Rilke: Gesammelte Gedichte.
Frankfurt a. M.: Insel Verlag 1962, S. 379 f.

Hinweise und Tipps

Rainer Maria Rilke (1875–1926) schrieb das Gedicht „Damen-Bildnis aus den Achtziger-Jahren" 1908 als eines seiner „Dinggedichte" während seiner Zeit in Paris. Es findet sich in der Sammlung „Der neuen Gedichte anderer Teil". Im vorangegangenen Teil („Neue Gedichte") von 1907 steht der berühmte, Ihnen vielleicht bekannte Text „Der Panther". Beachten Sie Zeichensetzung und Syntax (Satzbau) im Verhältnis zur Gliederung des Gedichts. Fragen Sie nach dem Verhältnis von Dinglichkeit (Ausstattungsgegenständen) und Psyche.

Für die gestaltende Interpretation (Aufgabe 2) ist Rilkes Gedicht (anachronistisch) so zurückdatiert zu denken, dass Corinna es lesen kann. Tagebücher sind intim. Verfassen Sie Corinnas Tagebucheintrag als eine Art Zwiegespräch mit sich selbst. Stilistisch sind Sie nicht durchweg an vollständige Sätze, wohl aber an die Anforderungen der Schriftsprache gebunden. Entwickeln Sie etwas Fantasie zu der Frage, wie Corinnas Ehe zustande gekommen und im ersten Jahr verlaufen sein könnte. Welche Probleme sind ihr wohl bewusst geworden und präzisieren sich ihr durch die Lektüre des Gedichts vielleicht weiter? Arbeiten Sie differenziert, denn: Die Dame in Rilkes Gedicht unterscheidet sich sehr von Corinna. Das Fazit Ihrer Corinna muss schlüssig sein, aber es kann anders ausfallen als im Lösungshinweis.

Aufgabe 3 fragt nach verschiedenen Ehemodellen (Ehekonzepten) und den Motiven, eine Ehe einzugehen. Arbeiten Sie die indirekt vorliegenden Konzepte also vergleichend und möglichst trennscharf aus den Texten heraus. Heins Text werden Sie vielleicht als erfrischend modern empfinden. Er erinnert daran, dass man in der alten DDR sehr jung heiratete, weil die Eheschließung dazu berechtigte, eine eigene Wohnung zu bekommen. Der Lösungshinweis sieht von dieser nicht zwingenden Verortung des Textes ab. Es steht Ihnen frei, in welcher Reihenfolge sie vorgehen. Der Vergleich setzt aber voraus, dass der Text von Christoph Hein auch in eigenen Worten wiedergegeben und in Sprechhaltung und Metaphorik verstanden wird.

Lösungshinweise

1. Zum Gedicht *Damen-Bildnis aus den Achtziger-Jahren* kann man sich vorstellen, dass sich der Dichter **R. M. Rilke** 1908 (zum Beispiel im Louvre) tatsächlich ein **Damenbildnis** angeschaut hat, das ihn irritierte und innerlich weiterbeschäftigte. Sein Text beginnt wie eine Art Nacherzählung des Gesehenen im Präteritum (Strophe 1: „Wartend stand sie" bis „schien"). Eine junge Frau steht in einem Interieur von schwerer Pracht. Als Hintergrund für ihr Porträt ist dunkle Atlasseide üppig so um sie herum dekoriert (drapiert), dass sich Luxus und Vornehmheit ihrer sozialen Klasse mitteilen. Auch Frisur und Kleidung, die anspruchsvolle Hochfrisur und die „Rüschen-Roben" (V. 8) der Porträtierten, sind aufwendig hergerichtet, kostbar und passend zum Hintergrund. Sie selbst ist **Dekoration**. Und wohl darin liegt die Irritation. Die noch nicht lange zurückliegende Vermählung (s. ihre „neuberingte" Hand: V. 24) hat die junge Frau in eine Dame verwandelt, die die Natürlichkeit ihrer „noch so nahen" (V. 5) Mädchenjahre vermisst und sich in der neuen Rolle nicht wohl fühlt. Sie entspricht ihr noch nicht.

Rilkes Gedicht hat kein lyrisches Ich, sondern der Dichter versetzt sich zunehmend in Lebenssituation und Gefühlswelt der jungen Frau auf dem Bild hinein. Anfangs spricht noch der Beobachter. Er erkennt, dass die Atlasdraperien des Gemäldes **Leidenschaften** nur **inszenieren**. Sie sind theatralisch und falsch und scheinen die junge Frau fast zu bedrohen: Sie „ballen" sich über ihr (V. 4). Die Haare lasten auf ihr, sie fühlt sich von „allen Falten" ihres Kleides „wie [feindlich] belauscht" (V. 9), und auch das Medaillon macht, so scheint es, ihr das Atmen schwer (vgl. V. 21 f.). Das Gedicht hat sechs Strophen. Die zweite, um einen Vers längere Strophe ist (auch was die Reimschemata betrifft) eine Zone des Übergangs, in der der Bildbetrachter allmählich hinter der jungen Frau und ihren unmittelbaren Empfindungen verschwindet. Das äußere Bild wird zum inneren, zum **Seelenporträt**. Den Dingen und äußeren Zeichen von Wohlhabenheit (Atlasdraperien, Kopfputz, Rüschen-Roben, Schatullen, Medaillon) stehen Gefühle antithetisch entgegen. Den durchschauten ‚falschen Leidenschaften' folgen die wahren Gefühle und heimlichen **Wünsche** der Jungvermählten. Sie äußern sich ab Vers 14 in einer viergliedrigen Kette konjunktivischer Konsekutivsätze („daß … daß …[daß: V. 20]… Daß …"). Die Dinge sind repräsentativ und **schwergewichtig**; was sie dagegen braucht für ein bisschen Glück (einen Duft, ein Rosenblatt, eine Geste) hat gar kein Gewicht, es ist **leicht** und zart und bleibt Andeutung.

Das Gedicht ist sehr kunstvoll geformt. Es **besteht aus einem einzigen Satz**. (Der Punkt am Ende von Vers 22 ist wirkungsästhetisch, nicht grammatisch gerechtfertigt, denn auf ihn folgt ein weiterer dass-Nebensatz.) Gleichmäßig wie eine Schleppe ziehen die auftaktlosen, ziemlich langen (fünf- und vierhebigen) trochäischen Verse zum letzten knappen Reimwort hin. Aber nicht nur das Metrum und nicht der Wechsel von stumpfen und klingenden Versenden erzeugt den Eindruck von Gleichförmigkeit und müder Melancholie, sondern vor allem der reiche Gebrauch des Enjambements. Die Sätze überschreiten nicht nur die Versgrenzen, sondern auch **alle Strophen sind durch Enjambement** zu einem unaufhörlichen Empfindungsstrom fast ohne Akzent und Sprechpause **verbunden**. Es gibt keine wirklichen Zäsuren, Abschlüsse, Neuanfänge. So vermitteln Verse und Strophen, das Auftaktwort lyrisch umsetzend, das Gefühl eines sich immer weiter fort dehnenden Zustands des Wartens.

Die junge Frau ist gefangen wie ein Ziertäubchen im goldenen Käfig. Ihr Leben ist wie irreal; es steht still oder hat noch gar nicht begonnen. Sie muss noch sehr jung sein und ist dennoch schon müde (vgl. V. 7), denn sie erlebt nichts. Sie besitzt kostbare Kästchen, in denen man Erinnerungen sammeln könnte, aber in ihren Kästchen ist nichts. Sie hat ein Tagebuch mit weißen Seiten, weil es nichts wahrhaft sie Bewegendes aufzuschreiben gibt. Auf ihrer Brust liegt das schwere Medaillon, aber es ist leer. Sie selbst, so lässt sich das Bild der ersten Strophe deuten, ist in ihrem Salon verwahrt wie in einer mit Atlasseide ausgeschlagenen Schmuckschatulle. Sie hat Heimweh (vgl. V. 10) und plant vage (‚schwach', ebd.) in die Zukunft hinein. Sie weiß nicht, wie, sondern nur dass sich **ihr Leben ändern** muss. Es müsste „wirklicher" (V. 12) werden, denkt sie; bewegt von großen Gefühlen und Gefahren müsste es sein. Sie würde gern ein Schicksal haben. Aber ihren Traum von wirklichem Leben und echter Leidenschaft bezieht sie ausgerechnet aus Romanen, also aus Fiktionen, in denen es aufregender zugeht als in der Realität. In Vers 13 drückt sich – auch rhythmisch etwas lebhafter und akzentuiert – der emotionale Höhepunkt ihres Wünschens aus, dann ermattet wieder ihr Mut. Eine Romanze, an die ein Duft oder ein Rosenblatt erinnerte, wäre Leben; aber sie will nicht etwa ausbrechen. Als Verbindung zur Welt draußen reicht ihr schon **das Fenster**. Das Fenster ist kein Ausstattungsgegenstand oder Requisit mehr wie die zuvor erwähnten Dinge, sondern das Symbol der Verbindung und Trennung zwischen Innenraum und Außenwelt. Aber gerade ihr letzter Wunsch (vgl. V. 23 ff.) lässt erkennen, wie verzagt die junge Frau ist und wie **traurig** ihre Situation. Das Äußerste an Ereignis, was sie sich auszudenken wagt, wäre – sogar verzichtend auf Duft und Rosenblatt – eine kleine Geste des Zuwinkens durch das Fenster. Sie bliebe dabei innen und geschützt. Es ergäben sich daraus keine Folgen in der Wirklichkeit, und doch ließe es ihr Herz schneller schlagen und sie hätte daran „für Monate genug“ (V. 25).

Die junge Frau also ist, was das erste Wort sagt, **eine** in Konventionen gebannte **Wartende**. Sie hat keine Freude am Reichtum, der sie umgibt. Sie lebt nicht (hat wohl auch gar nichts zu tun), sondern wartet passiv und dornröschenhaft auf Erlösung aus dem Zustand ihrer Nichtexistenz. Man kann den langen Satz des Gedichts auf den Kernsatz konzentrieren: „Wartend stand sie …, [d]aß man einmal durch das Fenster winkte“.

2. **Corinnas Tagebuch**

Köpnicker Straße, am 21. August

Früher habe ich Tagebuch geführt, aber seit über einem Jahr, seit ich Leopolds Frau bin, ist es verschlossen geblieben. Reisetagebuch schreibe ich, aber das ist etwas anderes. Nun ist es an der Zeit, dass ich vor diesen weißen Seiten endlich zu dem stehe, was ich bin und was aus mir und meinem Leben geworden ist. Ein Gedicht gibt den Anstoß, heute zu beginnen und mich, schreibend, dabei vor Lüge und Beschönigung zu hüten.

Vor einem Jahr war noch alles Rausch und Glanz – und das wunderbare Gefühl der Genugtuung in mir, die Festung **Jenny bezwungen** zu haben. Eigentlich war es Treibel, der sie bezwungen hat. Er war mir gewogen von Anfang an und hat sie so lange damit hochgenommen, dass sie als geborene Bürstenbinder eine geborene Schmidt für nicht gut genug halte für Treibel Junior, bis sie am Ende kapitulierte. Sogar die **Hochzeitsreise** nach Capri haben sie uns bewilligt. Wie schön das war! Ein Glücks- und Siegeszug durch den Mai! Leopold immer zärtlich und aufmerksam an meiner Seite, ich mit Reiherfeder am Hut und blitzendem kleinen Brillanten (Hochzeitsgeschenk von Treibel Senior) im Ohr. Und die ehrerbietigsten Empfänge durch die Direktion jedes Mal wie für Hochwohlgeborene, wenn wir in den Grandhotels abstiegen auf unserer Route südwärts. (Auch herrlich versnobte Engländer getroffen unterwegs und etwas geplaudert und geflirtet auf Hotelterrassen.) Leopold doch eine elegante Erscheinung, und ich das reizende Frauchen, sprühend vor Witz und guter Laune. Und dann das blaue-blaue Meer und wandelnd unter Pinien und Palmen mit dem hübschesten aller Sonnenschirmchen. Aber ich kann nicht immer allein der Motor des Gesprächs und einiger Munterkeit sein, und **der Glanz wird stumpf**. Wir haben uns in einer kleinen Villa neben Otto und Helene eingemietet. Und als das getan war, ließ der Zauber allmählich nach. Ich male, aber mir fehlt das Talent dazu. Ich lerne Italienisch. Das Beste sind noch die gemeinsamen Ausritte auf den temperamentvollen Fuchsstuten aus Treibels Stall. Aber wie sehr deprimiert mich mittlerweile der Small Talk der immer gleichen Abendgesellschaften mit den immer gleichen schelmischen Anspielungen auf das Bildchen von Cupido und Venus in unserer Obstschale (Geschenk von Jenny). Nein, ein Kind will sich nicht einfinden, und ich weiß wohl, dass L. weiß, dass es mir in Wahrheit an Herz und Liebe gebricht. Da sitzt der **Gewissensbiss**. Da sitzt das Arge! Ich habe, was ich wollte, aber ich tue ihm weh und finde selber die rechte Freude nicht mehr. Schon höre ich in mir die Worte meiner törichten Schwiegermama, dass Geld das Herz nicht wärmen könne, – und ich denke an den klugen, guten Marcell und seine Warnung, das eigentliche Lebensglück nicht leichtfertig wegzuwerfen um einer Villa willen. Das eigentliche Lebensglück!? Mit Marcell wäre Langeweile nie aufgekommen … Ich habe es darauf angelegt, herauszutreten aus den kleinen Verhältnissen und weg von Speck und Wrunken; und nun habe ich Stuck und Goldleisten dafür und Marcell auf dem Gewissen und den liebenswürdigen L. dazu. Und dann fand ich gestern dieses in Verse gesetzte *Damen-Bildnis* im Magazin für die höheren Stände: Bin ich das, die junge Frau darin, die, umgeben von großartigen Dingen, einsam ist, denn die Dinge sind kalt, aber sie sehnt sich nach Abenteuern des Herzens? Bin ich das denn? Sie hat so viel und braucht so wenig: einen Hauch nur, eine Geste. Natürlich bin ich das nicht, denn ich habe Wohlstand über die Liebe gesetzt. Nun trifft es mich, dass der Dichter den sie umgebenden Pomp einen „**Aufwand falscher Leidenschaften**" nennt. Eine geniale Formulierung und mir ein Stachel im Fleisch! Der große Faltenwurf, der Hochgefühle vortäuscht, Stuck und Goldleisten als Lüge. Ich habe mich verirrt. Die Dame im Gedicht will „den Aufwand" nicht, er bedrückt sie. Ich dagegen habe ihn partout gewollt.

Die Dame im Gedicht ist gänzlich unselbstständig und preisgegeben und viel jünger als ich. Ihre Träume sind romantisch. Ich dagegen bin doch so ziemlich ein emanzipiertes Frauenzimmer, fast der Junker *generis feminini,* wie Vater einmal spottete. *Ich* habe gewollt und gehandelt, *ich* habe meinen Kopf durchgesetzt, – und gerade das macht es so schlimm. Ich bin nicht das blutjunge Opfer wie die in Schönheit Leidende im Gedicht. Wenn aber Opfer, so das meines eigenen Ehrgeizes und meiner **Unredlichkeit** Leopold gegenüber. Es steht mir nicht zu, am Fenster zu schmachten wie die Schöne. Keine Sentimentalitäten! Ich muss mich hüten, nicht am Ende wie Jenny zu werden! Wie aber soll „das Leben weiter werden"?? – Ich will nur noch ehrliche und sinnvolle Dinge ins Haus holen, keinen Plüsch mehr, keine Kordeln mit goldenen Fransen, kein Bologneser Hündchen … Und ehrliche Freunde suchen … Vor allem muss ich mich zusammennehmen, freundlicher zu L. sein, verständnisvoller, ihn beruflich mehr unterstützen und ihn so nehmen, wie er nun einmal ist. Er ist ein an sich so gütiger und anständiger Mensch. Liebe ist etwas für Romane, aber Takt und Zartgefühl lassen sich im wirklichen Leben lernen. Ich habe Leopold gewählt und will folglich zu ihm stehen ohne zu viel Egozentrik. (Und traure doch sehr um Marcell.)

3. Rilke und Hein setzen sich in den vorliegenden Texten, jeweils aus der Perspektive einer Frau gesehen, mit der Institution der Ehe auseinander; und indem Fontane in *Frau Jenny Treibel* von Jennys zeitlich zurückliegender Entscheidung für Kommerzienrat Treibel erzählt und den Roman mit der Hochzeit Marcells und Corinnas enden lässt, tut er es auch. Die träumerische, frisch vermählte und doch schon unglückliche Dame in Rilkes Gedicht scheint aus einem ganz anderen, früheren Jahrhundert nicht nur als Claudia (Hein), sondern sogar als Fontanes Frauen zu stammen. Sie liebt ihren Mann nicht und wird nicht geliebt. Vermutlich hat ihr Vater ihre Ehe mit dem vielleicht viel älteren und vermögenden Bräutigam vertraglich vereinbart, ohne auf ihre Zustimmung groß Rücksicht zu nehmen. Man kann annehmen, dass die gesellschaftliche Stellung der Familien und wirtschaftliche Interessen ausschlaggebend für diese Art des **Ehevertrags** waren. Im bürgerlichen Milieu von Fontanes Roman sind die Frauen selbstständiger und selbstbewusster als in Rilkes Gedicht. Sie bestimmen aktiv die Partnerwahl mit. Eine Liebesheirat findet sich auch bei Fontane nicht, wohl aber der **Konsens zwischen Mann und Frau**. Die junge Jenny hatte es auf Treibels Besitz abgesehen, und Treibel nahm sie zur Frau, weil sie hübsch und verführerisch war: Sie wurden sich einig. Corinna und Marcell, der junge Oberlehrer und Archäologe, kennen sich seit ihrem fünften Lebensjahr. Sie sind Vetter und Kusine. Marcell weiß, dass er in ihr keine „lichterlohe Leidenschaft“ (Kapitel 7) entzünden kann nach so langer Zeit der Vertrautheit, aber sie passen gut zusammen und ergänzen sich. Sie ist, in Vater Schmidts Einschätzung, spontan und genialisch, er ist „eine von Grund auf ethische Natur“, ein Mann von Bildung und Charakter, der ihr Halt geben wird. Schmidt ist sich sicher, dass diese beiden eine **partnerschaftliche**, bürgerlich-gute **Ehe** miteinander führen werden.

In **Christoph Heins** Ausschnitt aus der Novelle *Der fremde Freund* von 1982 haben Hochzeit und Ehe, anders als bei Fontane oder Rilke, auch eine sozialrevolutionäre und **politische Dimension**. Die Hauptfigur Claudia hat ihr altes Hochzeitsfoto wiedergefunden. Als sie später noch andere Hochzeitsfotos anschaut, erkennt sie, dass es anderen ähnlich gegangen ist wie ihr und ihrem Bräutigam damals. Sie kommentiert sarkastisch, dass die jungen Paare, die auf den Bildern zu sehen sind, an sich große Träume hatten. Sie wollten heiraten, um sich aus den als unerträglich empfundenen Lebens- und Familienverhältnissen zu befreien. Sie hatten sich vorgenommen, durch ihren Entschluss zum Zusammenleben die alten Strukturen aufzusprengen und in revolutionärem Akt (als „**Anarchisten**“ und „Umstürzler“) **eine** neue, wahrhaftigere, **bessere Welt** zu **schaffen**. Elan und Optimismus beflügelten sie. Aber am Tag der Eheschließung besiegelt das Paar mit Vertrag und Unterschrift unbeabsichtigt seine Rückkehr in die bestehende Ordnung und in den Schoß der Familie, deren Mitglieder (metaphorisch-witzig „die bedrückenden

Umstände“ genannt) sich auf den Fotos fröhlich triumphierend um sie gruppieren. Hein erzählt weder von einem Ehekontrakt, noch von einer Vernunftehe oder einer partnerschaftlichen Lebensgemeinschaft. Claudia und ihr Mann haben wohl anfangs an die anarchische Kraft ihrer **Liebe** geglaubt und daran, dass sie stärker wären als Spießigkeit und Muff, Heuchelei und Konvention. Aber es kommt umgekehrt: Das ewig Gestrige vereinnahmt sie; die Liebe unterliegt.

Claudia ist verbittert, weil sie ihr Vertrauen in die Liebe verloren hat. Dennoch gefällt mir Heins Ansatz viel mehr als die Ehekonzepte, die bei Rilke und Fontane zu erkennen sind. Die förmliche und kalte Ehe, die bei Rilke zu ahnen ist, ist entsetzlich, und auch Fontane scheint an richtige Liebe nicht zu glauben, jedenfalls kommt sie in *Frau Jenny Treibel* nicht vor. Jenny ist berechnend, Corinna sehr kühl. Nur Marcell gibt eine echte Probe seiner Liebe zu Corinna, indem er ihr ihre Eskapaden und Kränkungen verzeiht. Junge Paare können, sofern sie sich lieben, mit und ohne Trauschein ein wunderbares Leben beginnen. Sie sollten nur weit genug weggehen von der Familie und sich konventionellen Strukturen nicht unbedacht anvertrauen. Ohne Zukunftspläne und Optimismus, ohne Mut, Liebe und Enthusiasmus wäre das Leben einfach nur trist. Es wäre kläglich, das Projekt eines glücklichen Zusammenlebens aus Angst vor einem möglichen Scheitern von vornherein gleich aufzugeben.

Bewertung und Beurteilung:

- **„Gut“ (11 Punkte)** ist eine Arbeit, wenn eine differenzierte, in angemessener Sprache verfasste Gedichtinterpretation vorliegt, in der Beobachtungen zu Struktur und Stimmung, zu Klang, Syntax (samt Modus), Bildhaftigkeit und Erlebnisperspektive des Gedichts schlüssig miteinander verbunden sind. Art und Bedeutung der Dinge in diesem Dinggedicht sollten reflektiert zur Charakterisierung der Lebenssituation der Frau herangezogen und ins Verhältnis zu ihren Gefühlen und Wünschen gesetzt sein. Auf dem Materialblatt zutreffend vermerkte lyrische Elemente, die sprachlich nicht in die Interpretation eingebunden werden konnten, werden mit gewürdigt. – In der gestaltenden Arbeit (Aufgabe 2) muss sich die von Fontane im Roman dargestellte Figur der Corinna in entscheidenden Zügen ihres Wesens widerspiegeln. Die fingierte Tagebuch-Niederschrift muss eine detailreiche, einfallsreiche und plausible Vorstellung von ihrem Leben mit Leopold entwickeln und – der Textsorte entsprechend – nachdenklich und sprachlich beweglich sein. In Corinnas Rezeption des Gedichts sollte die Spannung zwischen materieller und psychischer Situation zum Thema werden. Von der Lösung der Aufgabe 3 wird erwartet, dass darin die unterschiedlichen Ehekonzepte erkannt, begrifflich gut voneinander abgegrenzt und ebenso eigenständig wie klug reflektiert sind.
- Die Leistung ist **„ausreichend“ (5 Punkte)**, wenn bezüglich des Rilke-Gedichts zum Ausdruck gebracht ist, dass die dargestellte Dame trotz ihres Reichtums unglücklich ist. Merkmale des Reichtums müssen aus dem Text zusammengetragen und ebenso charakterisiert sein wie die Seelenverfassung der Frau und ihre Wünsche. Einige Elemente des lyrischen Sprechens müssen analysiert und in ihrer Funktion oder Wirkung ansatzweise zutreffend beschrieben sein. Grundsätzlich muss sich aus der Interpretation ein Bewusstsein für die Textsorte Lyrik bezeugen. – Die Lösung der Aufgabe 2 muss sprachlich weitgehend überzeugen und auf solider Textkenntnis beruhen. Sie fällt vielleicht etwas zu stoff- oder inhaltsreich und erzählend aus, aber die Fiktion (Wie ist es zur Ehe mit Leopold gekommen?) muss plausibilisiert und die kritische Selbstüberprüfung Corinnas muss in einigen Aspekten stichhaltig sein und insgesamt auch in der Rezeption des Rilke-Gedichts überzeugen. – Dass Rilkes Gedicht und Fontanes Roman unterschiedliche Ehemodelle erfahrbar machen, muss sicher erkannt und annähernd zutreffend erläutert sein. Hein muss ansatzweise verstanden sein. Eine eigene begründete Stellungnahme muss vorliegen.

Grundkurs Deutsch (Hessen) – Übungsaufgabe 4: Textinterpretation

Widerstand

Arbeitsgrundlage:

1. Johann Wolfgang von Goethe, *Feiger Gedanken / Bängliches Schwanken …* (M 1)
2. Thomas Mann, *[Der Herr aus Rom]:* Ein Ausschnitt aus der Erzählung *Mario und der Zauberer* (M 2)

Hintergrundtext:

Heinrich von Kleist: *Prinz Friedrich von Homburg,* insbesondere Szene IV,4

Aufgaben:

1. Erläutern Sie Inhalt, Art und Intention der Goethe-Verse (M 1) und stellen Sie Vermutungen über den geistesgeschichtlichen Hintergrund der darin zum Ausdruck kommenden Haltung an. (25 BE)
2. Fassen Sie den Ausschnitt aus *Mario und der Zauberer* (M 2) inhaltlich zusammen und interpretieren Sie die Szene themenbezogen. (30 BE)
3. Erläutern Sie, was Ihrer Meinung nach den Prinzen von Homburg (in Szene IV,4) befähigt, Nataliens Verführung zur raschen Unterschrift unter den kürfürstlichen Brief zu widerstehen, und vergleichen Sie Homburgs Position mit der des Herrn aus Rom (M 2). (25 BE)
4. Begründen Sie, wessen Beitrag und Auffassung zur Widerstandsfähigkeit des Menschen Sie besonders überzeugt. (20 BE)

Erlaubte Hilfsmittel:
Wörterbuch zur deutschen Rechtschreibung
Thomas Mann: *Mario und der Zauberer*
Heinrich von Kleist: *Prinz Friedrich von Homburg*

Material 1
Johann Wolfgang v. Goethe (1749–1832)

Feiger Gedanken
Bängliches Schwanken,
Weibisches Zagen,
Ängstliches Klagen
Wendet kein Elend,
Macht dich nicht frei.

Allen Gewalten
Zum Trutz sich erhalten,
Nimmer sich beugen,
Kräftig sich zeigen,
Rufet die Arme
Der Götter herbei.

Aus: Goethes Werke, Band 1, Hamburger Ausgabe, hrsg. v. Erich Trunz. Hamburg 1962, S. 134

Material 2
Thomas Mann (1875–1955): [Der Herr aus Rom]
Ein Ausschnitt aus der Erzählung „Mario und der Zauberer"

Thomas Manns Erzählung „Mario und der Zauberer" (erschienen 1929) geht auf ein Urlaubserlebnis im faschistischen Italien des Sommers 1926 zurück. In einem Saal des Strandorts Torre di Venere tritt der Cavaliere Cipolla als Unterhaltungskünstler auf. Allerdings erweist er sich bald als ungewöhnlich starker Hypnotiseur, der einzelne Zuschauer in Trance zu versetzen und zu Gesten und Handlungen zu bewegen vermag, die sie lächerlich machen. Am Ende erschießt ihn der Kellner Mario, da Cipolla ihn dazu verleitet hat, in ihm seine Freundin zu sehen und ihn zu küssen. Schon bei einer vorangegangenen Kartentrick-Nummer hat sich ein junger Mann aus Rom gegen den Zauberer aufgelehnt. Er wollte eine von ihm frei gewählte und nicht die Karte ziehen, die Cipolla ihm suggerieren würde. Er unterlag. Nach der Pause und einem weiteren Bravourstück hat sich der Cavaliere sein Publikum bereits so willfährig gemacht, dass immer mehr Gäste hemmungslos und im wörtlichen Sinn nach seiner Pfeife zu tanzen beginnen. Hier schließt der folgende Textausschnitt an.

Offenbar war das vergnüglich, und es dauerte nicht lange, bis er Zuzug fand und zwei weitere Personen, ein schlicht und ein gut gekleideter Jüngling, zu seinen beiden Seiten den ‚Step' vollführten. Hier nun war es, daß der Herr aus Rom sich meldete und trotzig anfragte, ob der Cavaliere sich anheischig mache, ihn tanzen zu lehren, auch wenn er nicht wolle.

„Auch wenn Sie nicht wollen!" antwortete Cipolla in einem Ton, der mir unvergeßlich ist. Ich habe dies fürchterliche „Anche se non vuole!" noch immer im Ohr. Und dann also begann der Kampf. Cipolla, nachdem er ein Gläschen genommen und sich eine frische Zigarette angezündet, stellte den Römer irgendwo im Mittelgang auf, das Gesicht der Ausgangstür zugewandt, nahm selbst in einiger Entfernung hinter ihm Aufstellung und ließ seine Peitsche pfeifen, indem er befahl: „Balla!“ Sein Gegner rührte sich nicht. „Balla!“ wiederholte der Cavaliere mit Bestimmtheit und schnippte. Man sah, wie der junge Mann den Hals im Kragen rückte und wie gleichzeitig eine seiner Hände sich aus dem Gelenke hob, eine seiner Fersen sich auswärts kehrte. Bei solchen Anzeichen einer zuckenden Versuchung aber, Anzeichen, die jetzt sich verstärkten, jetzt wieder zur Ruhe gebracht wurden, blieb es lange Zeit. Niemand verkannte, daß hier ein vorgefaßter Entschluß zum entschiedenen Widerstande, eine heroische Hartnäckigkeit zu besiegen waren; dieser Brave wollte die Ehre des Menschengeschlechtes heraushauen, er zuckte, aber er tanzte nicht, und der Versuch zog sich so sehr in die Länge, daß der Cavaliere genötigt war, seine Aufmerksamkeit zu teilen; hier und da wandte er sich nach der Bühne und den dort Zappelnden um und ließ seine Peitsche gegen sie pfeifen, um sie in Zucht zu halten, nicht ohne, seitwärts sprechend, das Publikum darüber zu belehren, daß jene Ausgelassenen nachher keinerlei Ermüdung empfinden würden, so lange sie auch tanzten, denn nicht sie seien es eigentlich, die es täten, sondern er. Dann bohrte er wieder den Blick in den Nacken des Römers, die Willensfeste zu berennen, die sich seiner Herrschaft entgegenstellte.

Man sah sie unter seinen immer wiederholten Hieben und unentwegten Anrufen wanken, diese Feste, – sah es mit einer sachlichen Anteilnahme, die von affekthaften Einschlägen, von Bedauern und grausamer Genugtuung nicht frei war. Verstand ich den Vorgang recht, so unterlag dieser Herr der Negativität seiner Kampfposition. Wahrscheinlich kann man vom Nichtwollen seelisch nicht leben; eine Sache nicht tun wollen, das ist auf die Dauer kein Lebensinhalt; etwas nicht wollen und überhaupt nicht mehr wollen, also das Geforderte dennoch tun, das liegt vielleicht zu benachbart, als daß nicht die Freiheitsidee dazwischen ins Gedränge geraten müßte, und in dieser Richtung bewegten sich denn auch die Zureden, die der Cavaliere zwischen Peitschenhiebe und Befehle einflocht, indem er Einwirkungen, die sein Geheimnis waren, mit verwirrend psychologischen mischte. „Balla!“ sagte er. „Wer wird sich so quälen? Nennst du es Freiheit – diese Vergewaltigung deiner selbst? Una ballatina! Es reißt dir ja an allen Gliedern. Wie gut wird es sein, ihnen endlich den Willen zu lassen! Da, du tanzest ja schon! Das ist kein Kampf mehr, das ist bereits das Vergnügen!“– So war es, das Zucken und Zerren im Körper des Widerspenstigen nahm überhand, er hob die Arme, die Knie, auf einmal lösten sich alle seine Gelenke, er warf die Glieder, er tanzte, und so führte der Cavaliere ihn, während die Leute klatschten, aufs Podium, um ihn den anderen Hampelmännern anzureihen. Man sah nun das Gesicht des Unterworfenen, es war dort oben veröffentlicht. Er lächelte breit, mit halb geschlossenen Augen, während er sich ‚vergnügte‘. Es war eine Art von Trost, zu sehen, daß ihm offenbar wohler war jetzt als zur Zeit seines Stolzes …

Man kann sagen, daß sein ‚Fall‘ Epoche machte. Mit ihm war das Eis gebrochen, Cipolla’s Triumph auf seiner Höhe; der Stab der Kirke, diese pfeifende Ledergerte mit Klauengriff, herrschte unumschränkt.

Aus: Thomas Mann: Tonio Kröger/Mario und der Zauberer. Frankfurt a. M.: Fischer 1975, S. 118 f.

Hinweise und Tipps

Gedichte der Klassik und Heinrich von Kleists Schauspiel „Prinz Friedrich von Homburg" gehören zum verpflichtenden Unterrichtsstoff für das Abitur. Goethe schrieb seine beiden Strophen für das Singspiel „Lilie" 1777/1778, also auf der Schwelle zwischen Sturm und Drang und Klassik. Vielleicht hören Sie darin noch etwas vom Trotz des Prometheus und Faust nachklingen. Das Schauspiel „Prinz Friedrich von Homburg" von Heinrich von Kleist entstand 1810.

Die Bewertungseinheiten der vier Aufgaben sind fast gleich angesetzt, und auch die von Ihnen erwarteten Fähigkeiten zur textnahen Interpretation, zum Transfer (Vergleich) und zur selbstständigen Reflexion (Erörterung, Begründung) sind etwa gleichgewichtig. Überdenken Sie den Aufgabenzusammenhang und entwerfen Sie eine kurze übergreifende Einleitung, bevor Sie im Einzelnen arbeiten. Besonders das Textblatt zu Aufgabe 2 sollte vorweg mit sparsamen, klaren Markierungen und Stichworten so erschlossen sein, dass auch die sprachliche Gestaltung berücksichtigt ist. Mit der Erarbeitung von M 1 haben Sie eine Argumentationsbasis, die Ihnen Ansätze für die Interpretation von M 2 gibt. Vielleicht ist Ihnen bekannt, dass Hans Scholl, der wie seine Schwester Sophie 1942 hingerichtet wurde, die Verse 7 und 8 an der Wand seiner Zelle im Palais Wittelsbach in München hinterließ. Vom römischen Herrn kann man sich vorstellen, dass es nach seinem Erlebnis in Torre di Venere für ihn hilfreich sein könnte, einmal mit Kleists Prinz von Homburg sprechen zu können!

Aufgabe vier fordert zu Ihrem subjektiven Votum auf. Der Lösungsvorschlag bietet nur eine der möglichen Varianten. Schreiben Sie knapp, aber so, dass der Leser ihren Argumenten gerne folgt, um zu erfahren, wohin Sie tendieren.

Lösungshinweise

Das Thema „Widerstand" lässt spontan an politischen Widerstand denken. Vermutlich spielt der Gedanke des politischen Widerstands für alle drei Autoren, am deutlichsten wohl für Thomas Mann, eine Rolle, aber sie sind nicht nur darauf festgelegt. Interessant ist, wie unterschiedlich optimistisch oder skeptisch, idealistisch oder realistisch sie sich zu diesem Thema äußern. (Goethe war noch nicht dreißig, als er seinen Text verfasste, Kleist war dreiunddreißig, Mann über fünfzig Jahre alt.)

1. Johann Wolfgang von Goethes Verse, zweimal sechs Kurzzeilen aus jeweils zwei Takten (und immer mit schwungvollem Daktylus einsetzend), lassen sich als verkürztes Gedankengedicht oder als **Spruch** auffassen. Erörtert ist die philosophisch-ethische Frage der menschlichen **Freiheit und Selbstbestimmung**. Die erste Strophe setzt eine These. Ihr Modus ist die Verneinung. Die zweite Strophe zieht aus der These ein Fazit, das zu Rat und **Zuspruch** wird. Das angesprochene Du (V. 6) könnte das des Sprechers selbst sein. Der Spruch wäre dann eine **Selbstermutigung**. Zum Spruchcharakter passen der Nominalstil und die Generalisierung der Aussage durch Pluralbildung und absolute Bejahungen und Verneinungen („Gedanken … Schwanken … Zagen … Klagen … Elend … Gewalten; kein … nicht … Allen … Nimmer"). Der Gedankengang: Es hilft dem, der in einer elenden Lage steckt, gar nichts, wenn er mutlos, ängstlich, unentschieden und lar-

moyant (weinerlich) resigniert. Der Bedrängte soll sich **nicht als Opfer** empfinden und etwa Errettung von außen erwarten, sondern rebellieren. Er soll **zum Tätigen**, zum Handelnden **werden** und dem, was sich ihm feindlich entgegenstellt, stolz und entschieden den Kampf ansagen. Nur wer sich selbst behauptet und sich wehrt, kann Freiheit erlangen und seinem Leben eine neue Richtung geben.

Der deutsche Volksmund hat den sehr populären Rat Goethes auf die Formel verkürzt: „Hilf dir selbst, so hilft dir Gott."

Goethes Text beherzigt den **Auftrag der Aufklärung** zum Mut der Selbstemanzipation. Der Mensch kann sein eigener Souverän werden. Die Hindernisse sind nicht gering: Die Kollektivbildung „Gewalten" (V. 7) bedeutet Übermächtiges. Man kann sich darunter Unglück aller Art, Demütigungen, enttäuschte Hoffnungen, Untreue und vieles andere vorstellen, aber auch soziale Zwänge, Ungerechtigkeit, autoritäre Willkür, politische Intrigen oder die bornierte Adelsherrschaft, unter der Goethes Werther (*Die Leiden des jungen Werther;* 1774) litt. Aber jetzt beflügelt den Autor der Zeilen jugendliche Kraft und vitale Lust auf ein in Freiheit gestaltetes Leben. Das Erleiden hat sich in den trotzigen, fast existenzialistischen **Heroismus** dessen gewandelt, der dem Schicksal die Stirn zu bieten gewillt ist.

2. Der junge Mann in Thomas Manns Erzählung *Mario und der Zauberer,* der sich dem Zauberer Cipolla entgegenstellt, könnte geradewegs von Goethes Versen inspiriert sein. Auch er will „[a]llen Gewalten / Zum Trutz sich erhalten" (V. 7 f.) und sich fremdem Willen nicht beugen. Er fordert Cipolla mit der Frage heraus, ob dieser sich wohl zutraue, auch ihn zum Tanzen zu bringen, selbst wenn er es nicht wolle. Er ist stolz (vgl. Z. 4). Es empört ihn, dass Menschen sich widerstandslos dem fremden Willen unterwerfen und sich zu Marionetten erniedrigen lassen. Der Erzähler nennt ihn etwas ironisch den „Brave[n]" (Z. 18), der sich vorgenommen habe, „die Ehre des Menschengeschlechtes heraus[zu]hauen" (Z. 18 f.), doch er erkennt seine „heroische Hartnäckigkeit" (Z. 18) an. Tatsächlich entwickelt sich in einem Dorfsaal des faschistischen Italien vor den Augen der Menge ein exemplarischer **Zweikampf zwischen Diktatur und Freiheitsanspruch**. Es geht um Sieg und Niederlage. Die **Metaphorik des Kampfes** bestimmt die Episode von Beginn an (ab Z. 8 f.): Die Waffen Cipollas sind seine herrischen Befehle, seine unheimliche Willensstärke und die nicht klar zu erklärende Magie seiner bohrenden Blicke. Seine höhnische Menschenverachtung kommt durch die Peitsche zum Ausdruck, mit der er seine Kommandos wie ein **Raubtierbändiger** begleitet (vgl. Z. 11, 22). Der Klauengriff der Peitsche weist zudem auf die vogelartige **Kirke** (Circe) hin, die in Homers *Odyssee* die Gefährten des Odysseus in Schweine verzauberte (vgl. Z. 50 f.). Der junge Römer setzt alledem nichts anderes entgegen als sein „Nein": seinen „vorgefaßte[n] Entschluß zum entschiedenen Widerstande" (Z. 17 f.). Er versteift sich zur „Feste" (Z. 29), wird zur „Willensfeste", die der Feind berennt (Z. 26). Der Kampf ist schwer. Seine Glieder zucken, aber er zwingt sich immer wieder zur Standhaftigkeit.

Aber **Cipolla** hat noch einen Pfeil im Köcher, den Goethe nicht erwähnt. Er **operiert psychologisch**. Er unterhöhlt den Opponenten „seiner Herrschaft" (Z. 26) psychisch. Der Wille zur Freiheit ist ein **Akt des Geistes** und ein Gebot der Moral. Cipolla dagegen appelliert an den Willen der Glieder (vgl. Z. 38 ff.). Er spricht den jungen Herrn an, nennt dessen Kampf eine Selbstquälerei und Selbstvergewaltigung (Z. 39) und redet ihm mit geheucheltem Mitgefühl gut zu, sich doch endlich das „Vergnügen" eines Tänzchens zu gönnen. Freiheit entspringt der Idee des vernünftigen Individuums, des Einzelnen, der sich selbst zu verantworten und zu beherrschen bereit ist. Aber es ist anstrengend, sich selbst zu verantworten und ‚nimmer sich zu beugen'. Der Mensch trägt schwer an seiner Würde, denn sie vereinzelt und trennt. Bequemer ist es, dem **körperlichen Bedürfnis nach Entspannung**, Bewegung und Tanz nachzugeben, nicht zu wollen, sondern sich dem Kollektiv anzupassen wie ein Schwarmfisch im Schwarm und sich führen zu lassen. Cipolla, der raffinierte Rattenfänger, bezwingt also seinen Gegner nicht nur von außen, sondern er **verführt** ihn dazu, den geistigen Kraftakt des Widerstandes zugunsten der eigenen vegetativen Bedürfnisse aufzugeben: Der junge Römer bringt sich also selbst zum Einsturz. In dem Augenblick, in dem er sich endlich dem Tanzen hingibt, lächelt er „breit" (Z. 46). Das ist ein peinliches Glück für einen Freiheitshelden. Aus dem stolzen Ehrenmann ist ein Hampelmann unter „anderen Hampelmännern" geworden (Z. 45).

Thomas Mann beschreibt also die **tragische Schwäche des reinen Willens** zum Widerstand. Der Erzähler vermutet, dass man vom ethischen oder intellektuellen Nichtwollen alleine seelisch nicht leben könne (vgl. Z. 32 f.). Man muss wohl nicht nur wissen wogegen, sondern auch wofür man kämpft, und vermutlich muss man auch Halt an Gleichgesinnten finden und von starken Affekten geleitet sein. (Mario, der Kellner, kann Cipolla keine Minute lang widerstehen, ihn aber wohl im Affekt erschießen.)

3. Hat es **Prinz Friedrich von Homburg** leichter oder schwerer als der junge römische Herr? Auch er wird zum Nachgeben verlockt. Aber es lockt ihn kein bösartiger Cavaliere, sondern die geliebte Freundin und die Versuchung im Brief seines kurfürstlichen Herrn, mit einem Federstrich frei sein zu können. Denn Homburg, dem Sieger von Fehrbellin, ist seit Kurzem die Selbstbestimmung genommen, für die der junge Römer eintritt: Er ist ein **Gefangener**. Der Prinz hat eigenmächtig und verfrüht in die Schlacht von Fehrbellin eingegriffen und wurde darum entwaffnet und zum Tode verurteilt. Aber nun empfängt er von Natalie den Brief des Kurfürsten, der an sein Rechstgefühl appelliert: Wenn der Prinz das über ihn verhängte Urteil für ein Unrecht ansehe, so wolle er das Urteil kassieren, schreibt der Kurfürst, so sei Homburg wieder ein freier Mann. Homburgs Motivation zum Handeln ist ungleich elementarer als die des Cipolla-Gegners, denn er kämpft nicht für ein Prinzip, sondern ihn drängt der **Lebenstrieb** dazu, alles zu tun, was ihm das pure Dasein zu retten verspricht. Das Todesurteil hat ihn in kreatürliche **Todesangst** gestürzt. Unwürdig hat er um sein Leben gebettelt. Er ist zynisch und

bitter und daher voller Affekte. Er will im Kurfürsten seinen Gegner sehen und bezichtigt ihn der Willkür und der Flucht aus der Verantwortung.

Aber gerade weil Natalie, die Zeugin seiner Verzweiflung und Todesangst war, jetzt zur Eile treibt, hält er inne und tut, wovon Goethe abrät: Er setzt an zur Unterschrift und zögert, prüft den Briefinhalt, verwirft seine erste Antwort und will sich besser bedenken. Mit kühlerem Blut findet er heraus, dass er – ähnlich wie der römische Herr am Ende, der sich dessen aber nicht bewusst wird – **mit** niemandem als **sich selbst im Widerstreit** liegt. So ringt er sich **zu einer sittlichen Haltung** durch. Der römische Herr hat sein Bedürfnis nach Entspannung mit seinem Stolz bezahlt; Prinz Friedrich von Homburg widersteht der nackten Todesangst als Edelmann. Er richtet sich innerlich wieder auf und erkennt seine Verurteilung als Notwendigkeit eines gerechten Staates und Kriegsrechts an. Und in diesem Punkt hat er es leichter als der junge Römer, denn seine Kampfposition ist nicht die der Negativität, sondern die der konkreten Utopie eines reformierten Staates aus Freien und Gleichen, der den fremden Eroberer aus dem Land treiben wird. Auch die Anwesenheit der Freundin macht es ihm letztlich leichter als dem isolierten jungen Mann in Torre di Venere, denn er weiß sich mit ihr einem Kreis edler Menschen zugehörig, die ihm ein Maßstab sind.

4. Goethes Spruch hat etwas Mitreißendes, Taghelles und Festes. Für ein romantisches Sehnen nach einem höheren Sinn ist darin kein Raum, sondern ihn bestimmt das klare Ja zu einem tätigen Leben in seiner Diesseitigkeit. Wiederzuerkennen ist die Haltung Fausts, der sich zur Erde als Quelle aller seiner Freuden und Leiden bekennt (Vers 1 660 ff.).

   Aber auch der Prinz von Homburg nimmt für sich ein, da er die seelische Achterbahnfahrt, auf die ihn sein Dichter schickt, so menschlich besteht. Eben weil er keine Idealgestalt, sondern ein hochfahrender, ehrgeiziger, schwankender, irrender, lächerlich verwirrter, heftiger und plötzlich ganz zerstörter Held und Träumer ist, der sich dennoch wieder aufzurichten versteht, geht auch von ihm Ermutigung und Kraft aus. Kleists Held hat trotz aller Fragwürdigkeit ein großes Herz; das macht ihn liebenswürdig.

   Ganz anders sieht es bei Thomas Mann aus. Während Kleist im Zusammenhang seines Schauspiels viel differenzierter gestalten kann, gibt Mann mit dem Kampf zwischen Cipolla und dem jungen Römer nur eine Skizze, die erschreckt. Der Erzähler ist skeptisch und steht trotz einiger Sympathie nicht hinter seinem Helden wie Kleist. Seit Cipolla dessen Herausforderung mit seinem „fürchterliche[n]“ „Anche se non vuole!“ (Z. 7 f.: „Auch wenn du nicht willst!“) angenommen hat, glaubt er nicht mehr an die Widerstandskraft des Freiheitsgedankens. Das Fatale an Manns Skizze ist das Erscheinungsjahr 1929: Gegen Ende der schwachen Weimarer Republik also sieht der Schriftsteller nicht nur das Volk dem Nationalsozialismus anheimfallen, sondern auch dessen an sich ehrenwerte Gegner. Mit den Mitteln der Literatur gibt er eine illusionslose Zeitanalyse.

Bewertung und Beurteilung:

- **„Gut“ (11 Punkte)** ist die Arbeit, in der das themenbezogen Wesentliche des jeweiligen Inhalts erfasst, in eine angemessene eigene Sprache umgesetzt und sukzessive deutend erschlossen ist. Der Spruchcharakter von Goethes Versen, seine Intention und sein Zeitbezug müssen erkannt und annähernd differenziert erläutert sein. Veranlassten die beiden Schlussverse zur Problematisierung, so schlägt das durchaus als Positivum zu Buche. Methodisch von Belang ist die Formulierung der gedanklichen Übergänge zwischen den Aufgaben. Die Interpretation der Episode aus Thomas Manns Erzählung muss auf ihre politische und soziopsychologische Dimension stoßen und durch Beobachtungen zur Sprache und vielleicht auch zur Haltung des Erzählers abgestützt sein. Das Exemplarische des Falls sollte zumindest am Rand mitgedacht sein. Der Bezug zum *Prinz von Homburg* darf, da aus dem Gedächtnis hergestellt, pauschaler bleiben. Im Ergebnis soll sich das Verständnis von Widerstand differenziert haben (in zum Beispiel politischen, geistigen, moralischen oder psychischen Widerstand gegen Gewalt und äußere und/ oder innere Verführung). Aufgabe 4 muss Urteilsvermögen beweisen.
- **„Ausreichend“ (4 Punkte)** ist die Arbeit, in der sich solide Kenntnisse zum *Prinz von Homburg* und Verständnis für die Dramatik der Szene IV,4 bezeugen, Ausführungen nicht im Inhaltlichen stecken bleiben und insgesamt ein sprachlich nachvollziehbarer Argumentationszusammenhang vorliegt. Wenn Lösungen nicht fertig wurden, können gegebenenfalls Anmerkungen auf dem Konzeptblatt Mängel mildern. Zu M 1 muss zumindest verstanden sein, dass dem Handeln der Vorzug vor dem Jammern gegeben ist. Maßgeblich ist der Fähigkeitsnachweis zur methodisch und analytisch-hermeneutisch im Allgemeinen überzeugenden Textinterpretation und -reflexion im Umgang mit M 2.

Grundkurs Deutsch (Hessen) – Übungsaufgabe 5: Textinterpretation

Liebe und Liebelei. Beziehungen zwischen Mann und Frau im Vergleich

Textgrundlage:
Arthur Schnitzler, *Liebelei*; Szene aus Akt II (gekürzt)

Hintergrundtext:
Goethe, *Faust I*, Gretchentragödie: besonders die Szene „Abend" (V. 2686–2804)

Aufgaben:

1. Interpretieren Sie Schnitzlers Szene:
   - Charakterisieren Sie Fritz und Christine und ihre Beziehung zueinander aus der szenischen Gestaltung heraus.
   - Beziehen Sie insbesondere die Analyse der Sprache und der Kommunikationsabläufe in Ihre Interpretation mit ein. (45 BE)
2. Erläutern Sie im Vergleich von Fritz und Christine mit Faust und Gretchen an einigen wesentlichen Merkmalen, in welche Richtung Schnitzler das Sturm-und-Drang-Thema abgewandelt hat.
   Vergleichen Sie auch die jeweilige Rolle, die das Zimmer der Protagonistin für Faust beziehungsweise für Fritz spielt (in *Faust*: V. 2685–2728). (40 BE)
3. Erörtern Sie: Ist für Sie Gretchens oder Christines Schicksal ergreifender? (15 BE)

Erlaubte Hilfsmittel: ein Wörterbuch der deutschen Rechtschreibung; Goethe, *Faust*

Arthur Schnitzler (1862–1931)
Liebelei, Szene aus Akt II (gekürzt)

Die Erstaufführung von „Liebelei" 1895 am Burgtheater Wien brachte für Schnitzler den Durchbruch als Bühnenautor.

***Kontext**: Fritz Lobheimer, ein eleganter junger Mann der Wiener Gesellschaft, unterhält eine Liebesbeziehung zu einer verheirateten Dame. Um ihn davon abzubringen, hat ihn sein Freund Theodor mit Christine bekannt gemacht, einem „süßen Mädel" aus der Vorstadt, der Tochter eines Orchestergeigers.*
Das Verhältnis zu der Dame wird entdeckt; ihr Ehemann fordert Fritz zum Duell. Fritz ahnt, dass er fallen wird. Am Abend vor dem Duell vereinbart er mit Christine, die von alledem nichts erfahren soll, ein Treffen. Da er nicht kommt, kehrt Christine traurig in ihr Zimmer zurück. Die hier anschließende (gekürzt gegebene) Szene ist der Höhepunkt des Stückes.

FRITZ *ist eingetreten.*
FRITZ Guten Abend!
CHRISTINE *aufjubelnd* Fritz, Fritz! *Ihm entgegen, in seine Arme.*
[...]
FRITZ *sich losmachend* Aber –
CHRISTINE Alle sagen, daß du mich verlassen wirst! Nicht wahr, du tust es nicht – jetzt noch nicht – jetzt noch nicht ...
FRITZ. Wer sagt denn das? ... Was hast du denn ... *Sie streichelnd* Aber Schatz ... Ich hab' mir eigentlich gedacht, daß du recht erschrecken wirst, wenn ich plötzlich da hereinkomme. –
CHRISTINE Oh – daß du nur da bist!
FRITZ Geh, so beruhig' dich doch – hast du lang auf mich gewartet?
CHRISTINE Warum bist du denn nicht gekommen?
FRITZ Ich bin aufgehalten worden, hab' mich verspätet. Jetzt bin ich im Garten gewesen und hab' dich nicht gefunden – und hab' wieder nach Haus gehen wollen. Aber plötzlich hat mich eine solche Sehnsucht gepackt, eine solche Sehnsucht nach diesem lieben süßen Gesichtel ...
CHRISTINE *glücklich* Is' wahr?
FRITZ Und dann hab' ich auch plötzlich eine so unbeschreibliche Lust bekommen zu sehen, wo du eigentlich wohnst – ja im Ernst – ich hab' das einmal sehen müssen – und da hab' ich's nicht ausgehalten und bin da herauf ... es ist dir also nicht unangenehm?
CHRISTINE O Gott!
FRITZ Es hat mich niemand gesehn – und daß dein Vater im Theater ist, hab' ich ja gewußt.
CHRISTINE Was liegt mir an den Leuten!
FRITZ Also da –? *Sieht sich im Zimmer um* Das also ist dein Zimmer? Sehr hübsch ...
CHRISTINE Du siehst ja gar nichts. *Will den Schirm von der Lampe nehmen.*

FRITZ Nein, laß nur, das blendet mich, ist besser so … Also da? Das ist das Fenster, von dem du mir erzählt hast, an dem du immer arbeitest, was? – Und die schöne Aussicht! *Lächelnd* Über wieviel Dächer man da sieht … Und da drüben – ja, was ist denn das, das Schwarze, das man da drüben sieht?

CHRISTINE Das ist der Kahlenberg!

FRITZ Richtig! Du hast's eigentlich schöner als ich.

CHRISTINE Oh!

FRITZ Ich möchte gern so hoch wohnen, über alle Dächer sehn, ich finde das sehr schön. Und auch still muß es in der Gasse sein?

CHRISTINE Ach, bei Tag ist Lärm genug.

FRITZ Fährt denn da je ein Wagen vorbei?

CHRISTINE Selten, aber gleich im Haus drüben ist eine Schlosserei.

FRITZ O, das ist sehr unangenehm. *Er hat sich niedergesetzt.*

CHRISTINE Das gewöhnt man! Man hört's gar nicht mehr.

[…]

FRITZ So … *Stellt die Lampe hin* Ah, und da ist deine Bibliothek. *Setzt sich neben die kleine Bücherstellage.*

CHRISTINE Die schau' dir lieber nicht an –

FRITZ Warum denn? Ah! Schiller … Hauff … Das Konversationslexikon … Donnerwetter! –

CHRISTINE Geht nur bis zum G …

FRITZ *lächelnd* Ach so … Das Buch für Alle … Da schaust du dir die Bilder drin an, was?

CHRISTINE Natürlich hab' ich mir die Bilder angeschaut.

[…]

FRITZ *setzt sich* So gemütlich ist es da! –

CHRISTINE Gefällt's dir wirklich?

FRITZ Sehr … Was ist denn das? *Nimmt eine Vase mit Kunstblumen, die auf dem Tisch steht.*

CHRISTINE Er hat schon wieder was gefunden! …

FRITZ Nein, Kind, das gehört nicht da herein … das sieht verstaubt aus.

CHRISTINE Die sind aber gewiß nicht verstaubt.

FRITZ Künstliche Blumen sehen immer verstaubt aus … In deinem Zimmer müssen wirkliche Blumen stehn, die duften und frisch sind. Von jetzt an werde ich dir … *Unterbricht sich, wendet sich ab, um seine Bewegung zu verbergen.*

CHRISTINE Was denn? … Was wolltest du denn sagen?

FRITZ Nichts, nichts …

CHRISTINE *steht auf, zärtlich* Was? –

FRITZ Daß ich dir morgen frische Blumen schicken werde, hab' ich sagen wollen …

CHRISTINE Na, und reut's dich schon? – Natürlich! Morgen denkst du ja nicht mehr an mich.

FRITZ *abwehrende Bewegung.*

CHRISTINE Gewiß, wenn du mich nicht siehst, denkst du nicht an mich.

FRITZ Aber was red'st du denn?

CHRISTINE O ja, ich weiß es. Ich spür's ja.

FRITZ Wie kannst du dir das nur einbilden.

CHRISTINE Du selbst bist schuld daran. Weil du immer Geheimnisse vor mir hast! … Weil du mir gar nichts von dir erzählst. – Was tust du so den ganzen Tag?

FRITZ Aber Schatz, das ist ja sehr einfach. Ich geh' in Vorlesungen – zuweilen – dann geh' ich ins Kaffeehaus … dann les' ich … manchmal spiel' ich auch Klavier – dann plauder' ich mit dem oder jenem – dann mach' ich Besuche … das ist doch alles ganz belanglos. Es ist ja langweilig, davon zu reden. – Jetzt muß ich übrigens gehn, Kind …

CHRISTINE Jetzt schon –

FRITZ Dein Vater wird ja bald da sein.

CHRISTINE Noch lange nicht, Fritz. – Bleib noch – eine Minute – bleib noch –

FRITZ Und dann hab' ich … der Theodor erwartet mich … ich hab' mit ihm noch was zu sprechen.

CHRISTINE Heut?

FRITZ Gewiß heut.

CHRISTINE Wirst ihn morgen auch sehn!

FRITZ Ich bin morgen vielleicht gar nicht in Wien.

CHRISTINE Nicht in Wien? –

FRITZ *ihre Ängstlichkeit bemerkend, ruhig – heiter* Nun ja, das kommt ja vor! Ich fahr' übern Tag weg – oder auch über zwei, du Kind. –

CHRISTINE Wohin?

FRITZ Wohin? … Irgendwohin – Ach Gott, so mach' doch kein solches Gesicht … Aufs Gut fahr' ich zu meinen Eltern … na … ist das auch unheimlich?

CHRISTINE Auch von denen, schau, erzählst du mir nie!

FRITZ Nein, was du für ein Kind bist … Du verstehst gar nicht, wie schön das ist, daß wir so vollkommen mit uns allein sind. Sag, spürst du denn das nicht?

CHRISTINE Nein, es ist gar nicht schön, daß du mir nie was von dir erzählst … Schau, mich interessiert ja alles, was dich angeht, ach ja … alles – ich möcht' mehr von dir haben als die eine Stunde am Abend, die wir manchmal beisammen sind. Dann bist du ja wieder fort, und ich weiß gar nichts … Da geht dann die ganze Nacht vorüber und ein ganzer Tag mit den vielen Stunden – und nichts weiß ich. Darüber bin ich oft so traurig.

FRITZ Warum bist du denn da traurig?

CHRISTINE Ja, weil ich dann so eine Sehnsucht nach dir hab', als wenn du gar nicht in derselben Stadt, als wenn du ganz woanders wärst! Wie verschwunden bist du da für mich, so weit weg …

FRITZ *etwas ungeduldig* Aber …

CHRISTINE Na schau, es ist ja wahr!

FRITZ Komm daher, zu mir *Sie ist bei ihm* Du weißt ja doch nur eins, wie ich – daß du mich in d i e s e m Augenblicke liebst … *Wie sie reden will* Sprich nicht von Ewigkeit. *Mehr für sich* Es gibt ja vielleicht Augenblicke, die einen Duft von Ewigkeit um sich sprühen. – … Das ist die einzige, die wir verstehen können, die einzige, die uns gehört … *Er küßt sie. – Pause. – Er steht auf. – Ausbrechend* O, wie schön ist es bei dir, wie schön! … *Er steht beim Fenster* So weltfern ist man da, mitten unter den vielen Häusern ... so einsam komm' ich mir vor, so mit dir allein ... *Leise* so geborgen ...

CHRISTINE Wenn du immer so sprächst ... da könnt' ich fast glauben ...

FRITZ Was denn, Kind?

CHRISTINE Daß du mich so lieb hast, wie ich's mir geträumt hab' – an dem Tag, wo du mir den ersten Kuß gegeben hast ... erinnerst du dich daran?

FRITZ *leidenschaftlich* Ich hab' dich lieb! – *Er umarmt sie; reißt sich los* Aber jetzt laß mich fort –

CHRISTINE Reut's dich denn schon wieder, daß du mir's gesagt hast? Du bist ja frei, du bist ja frei – du kannst mich ja sitzen lassen, wann du willst ... Du hast mir nichts versprochen – und ich hab' nichts von dir verlangt ... Was dann aus mir wird – es ist ja ganz einerlei – ich bin doch einmal glücklich gewesen, mehr will ich ja vom Leben nicht. Ich möchte nur, daß du das weißt und mir glaubst: Daß ich keinen lieb gehabt vor dir, und daß ich keinen lieb haben werde – wenn du mich einmal nimmer willst –

FRITZ *mehr für sich* Sag's nicht, sag's nicht – es klingt ... zu schön ...

Es klopft.

FRITZ *schrickt zusammen* Es wird Theodor sein ...

CHRISTINE *betroffen* Er weiß, daß du bei mir bist –?

In: Arthur Schnitzler: Freiwild. Dramen 1892–1896 (Band 2 von: Arthur Schnitzler: Das dramatische Werk. In chronologischer Ordnung). Frankfurt am Main: Fischer Taschenbuch Verlag 1994, S. 161–166 (Fischer Taschenbuch Band 11502)

Hinweise und Tipps

1. ***Aufgabenart**: Textinterpretation*
2. ***Voraussetzungen gemäß Lehrplan**: Klassische Dramatik (12.1) und die Beschäftigung mit einem Drama des Naturalismus oder der Jahrhundertwende (12.2) sind verbindlich zu behandeln. „Faust" ist Pflichtlektüre. Kommunikationsanalyse ist während der Qualifikationsphase insgesamt Unterrichtsgegenstand. – Die Gretchenszenen können als bekannt vorausgesetzt werden. Schnitzlers Szene wird als unbekannter Text gegeben.*
3. ***Tipps**: Die Aufgabe hat zwei fast gleichgewichtige Teile: die Interpretation der (vermutlich) unbekannten Szene (Teilaufgabe 1) ist, als Grundlage für den anschließenden Vergleich (Teilaufgabe 2), noch etwas gewichtiger als der weiterführende Gesichtspunkt. Angesichts der Länge der Szene sollten Sie sehr ökonomisch arbeiten, indem Sie sich zum Beispiel eine Gliederung machen. Dabei hilft, was bei jeder dramatischen Szene von Belang ist: nach ihrer Spannung, ihrem Aufbau und dem Wendepunkt zu suchen. Da die Untersuchung und Interpretation des Schauplatzes eine gesonderte Aufgabe ist (Teilaufgabe 2, zweiter Satz), sollte man diesen Punkt während der Interpretation der Szene so weit wie möglich aussparen; Teilaufgabe 2 legt die Vermutung nahe, dass der Schauplatz zur Charakterisierung der Figuren und ihrer Beziehung zueinander beiträgt. Gesichtspunkte für die kleine Schlusserörterung (Teilaufgabe 3) stellen sich meistens während der Interpretation und des Vergleichs ein: Sie sollten sie sich während der Arbeit an den ersten beiden Teilaufgaben auf einem gesonderten Blatt notieren.*
   In Teilaufgabe 3 ist Platz für Geschmacksurteile und subjektives Dafürhalten. Abwägend sollte etwa zwischen der persönlichen Zuneigung zu den großen exemplarischen Menschenbildern des Idealismus und des klassischen Dramas oder der Bevorzugung der realistischen, psychologisch genau erfassten Alltagsmenschen Schnitzlers entschieden werden. Abzuwägen wäre eventuell zwischen dem, was tragisch ist und in seiner Tragik erhebt, und dem, was unter dieser Schwelle ohne Fallhöhe und Katharsis im Stimmungshaft-Untragischen bleibt und den Leser lediglich mitleidig stimmt.

Lösungsvorschlag

1. In einer langen Szene in Arthur Schnitzlers Theaterstück *Liebelei* nimmt der Protagonist Fritz Lobheimer von seiner Freundin Christine Abschied. Das Stück spielt im Wien des Fin de siècle kurz vor der Jahrhundertwende. Fritz hat eine Affäre mit einer Dame der Gesellschaft. Ihr Gatte hat ihn deswegen zum Duell gefordert. Das Vorstadtmädchen Christine weiß nichts von der anderen Frau und dem am nächsten Tag bevorstehenden Duell; sie weiß nicht, dass Fritz Abschied von ihr nimmt. Sie freut sich nur unbändig, dass er zu ihr gekommen ist und sie sehen will. Sie glaubt, sich freuen zu dürfen, obgleich es der Abschied für immer ist; das ist die Ironie, die über der ganzen Szene schwebt.
   Fritz und Christine gehören nicht nur unterschiedlichen gesellschaftlichen Schichten Wiens an, sondern haben auch **ganz unterschiedliche Gesprächsvorausset-**

zungen und Nebengedanken. Im Dialog wird deutlich, wie sehr sie aneinander vorbeireden und -denken.

Christine liebt Fritz seit ihrem ersten Kuss von ganzem Herzen (Z. 124). Sie hat immer Sehnsucht nach ihm, sobald er weg ist (Z. 108). *[A]ufjubelnd* (Z. 3) stürzt sie sich in seine Arme, als er eintritt. Zugleich weiß sie, dass sie nicht verlobt sind, dass Fritz frei ist und sie sitzen lassen kann, wann immer es ihm passt (Z. 127 f.). Am Anfang und am Ende der Szene bringt sie diese Befürchtung zum Ausdruck, die an ihr nagt, weil auch die Leute – *alle* – diese Beziehung als nicht von Dauer einschätzen (Z. 6 f.). Sie ahnt, dass sie, wie der Titel sagt, nur eine *Liebelei* und nichts Ernstes für Fritz ist, und würde so gern das Gegenteil hören. Sie ahnt auch, dass er eine Art Doppelleben führt und *immer Geheimnisse* vor ihr hat (Z. 76), und bittet ihn, mehr von seinem Leben zu erzählen. Weil sie ahnt, dass er gefühlsmäßig ganz anders zu ihr steht als sie zu ihm, ist sie unsicher, ängstlich und von seinen Liebesbeteuerungen abhängig. Als er am Anfang versichert, es vor Sehnsucht nach ihr nicht mehr ausgehalten zu haben (Z. 16 f., 21 f.), kann sie ihr Glück kaum fassen (Z. 18 und 23: *O Gott!*). Als er sie gegen Ende plötzlich von sich aus umarmt und nachdenklicher als sonst wird, ist ihr *fast* (Z. 121), als liebte er sie wirklich. Aber dann klopft Fritz' Freund Theodor an – vermutlich um Einzelheiten des Duells mit ihm zu besprechen. Die in seiner Person hereinbrechende Außenwelt zerstört die Intimität und Christines Illusion von Glück; sie steht *betroffen* (Z. 137), weil sie begreift, dass der Freund mehr weiß als sie, dass ‚draußen' etwas wichtiger ist als sie und dass es nicht spontanes Verlangen von Fritz, sondern eine Absprache zwischen ihm und dem Freund war, sie kurz zu besuchen.

Wie **Fritz** wirklich zu Christine steht, wird nicht ganz klar. Er schwankt gefühlsmäßig, macht sich aus ihrer ersten Umarmung gleich wieder los (Z. 5), weiht sie in nichts ein, was ihn innerlich bewegt, sondern speist sie mit Gleichgültigem ab (Z. 78 f.); aber am Ende wird er ganz leidenschaftlich (Z. 113 ff.). Zwischendurch wird ihm das bevorstehende Duell bewusst. Das Stichwort heißt: *morgen*. Als er beschließt, ihr morgen und in Zukunft frische Blumen zu schicken (Z. 62 ff.), unterbricht er seinen Satz (Z. 64) und widerruft sein Versprechen (Z. 69), weil ihm einfällt, dass er morgen vielleicht schon tot ist. Ihm fällt die Verabredung mit Theodor ein; er weiß: *Jetzt muß ich [...] gehn* (Z. 81 f.). Seine Todesahnung spricht aus allen folgenden Sätzen: *Ich bin morgen vielleicht gar nicht in Wien* (Z. 91), *Ich fahr' [...] weg* (Z. 94 f.), *Irgendwohin* (96).

Das sind eigentlich triviale Sätze. Aber Christine hat ein Gespür dafür, dass da etwas unheimlich ist (Z. 93 ff.), sie kennt nur keinerlei Zusammenhang. Um so merkwürdiger ist, dass sie mit ihrer Angst, verlassen zu werden, genau die Wahrheit trifft. Schnitzler legt den Dialog so an, dass Fritz und der Leser den Doppelsinn ihrer Worte verstehen, von denen sie selber nur die eine Bedeutung, die des um einer anderen willen verlassenen Liebchens kennt und fürchtet. Wenn sie nichts von ihm erfährt, komme es ihr so vor, sagt sie, als ob er *[w]ie verschwunden* sei, *so weit weg* (Z. 109 f.). Damit spricht sie wie von einem Toten und weiß es nur noch nicht.

Schnitzler gestaltet den Dialog also so, dass die Missverständnisse und Doppeldeutigkeiten ihn spannend machen und gleichzeitig die soziale Kluft und Fremdheit zwischen Mann und Frau charakterisieren.

2. Manches in der Beziehung zwischen Fritz und Christine erinnert an die Beziehung zwischen **Faust und Gretchen**. In beiden Fällen sind es Beziehungen zwischen sozial und intellektuell ungleichen Partnern: Es sind asymmetrische Beziehungen. In beiden Fällen hat ein gebildeter, überlegener Mann sich ein einfaches Mädchen als Freundin ausgesucht. Die Mädchen lieben und bewundern diese Männer und werden durch ihr Hingabe sehr unglücklich.
Auch für Faust ist die Liebe zu Margarete nur eine Episode, dennoch liebt er sie aufrichtig und entschieden. Er verehrt sie in ihrer Einfacheit und Unschuld, er achtet sie. Weil er sie leidenschaftlich liebt, flüchtet er zwischendurch in Wald und Höhle, um nicht ihr Leben zu zerbrechen. Weil aber Mephisto dahintersteht, nimmt die Tragödie Gretchens ihren Lauf. Am Ende greift Gott ein, eine Stimme von oben, die Gretchen für gerettet erklärt. Goethe zeigt also seine Menschen zwischen himmlischen und höllischen Mächten. Er zeigt auch, wie sehr die enge Moral und üble Nachrede der Gesellschaft die unehelich schwangere Frau ins Verderben treibt, denn ohne die panische Angst vor der Gesellschaft hätte Gretchen ihr Kind nicht umgebracht. Der junge Goethe der Sturm und Drang-Zeit und des *Urfaust* ergreift also Partei für Gretchen und klagt die Gesellschaft seiner Zeit an.

Christine ist nicht schwanger und fürchtet den Verlust des guten Rufes durch das Gerede der Leute nicht. *Was liegt mir an den Leuten!,* sagt sie ziemlich wegwerfend (Z. 26). Auch ein Gott oder ein Teufel nehmen keinen Einfluss. Schnitzlers Menschen scheinen ohne Oben und Unten allein für sich einstehen zu müssen. Sie wirken deshalb etwas flacher als Goethes Figuren. Die Szene aus *Liebelei* wirkt nicht so dramatisch und tragisch wie die sich entwickelnde Gretchenhandlung. Die Gesellschaft um 1900 herum scheint so beschaffen zu sein, dass unstandesgemäße Beziehungen ohne Schuldgefühle und ohne soziale Ächtung lebbar geworden sind. Aber es gibt leider auch keine echte Liebe. Christine ist nicht tragisch; aber sie ist *traurig,* wie Fritz bemerkt (Z. 107). Nach außen geschieht nichts Großes. Aber dass Fritz Christine gar nicht liebt, dass er wegen einer anderen sterben wird und nicht einmal davon reden kann, – dass Christine in ihrer Liebe einsam und irgendwie missbraucht und getäuscht zurückbleiben wird, das ist vielleicht noch viel schlimmer – und eben trauriger, deprimierender – als das Schicksal Gretchens im *Faust.* Christine wird nicht *gerettet* und auch nicht verdammt; sie bleibt nur irgendwie unbeachtet am Weg liegen. Sie ist nur das *Kind,* der *Schatz* auf Zeit, das Mädchen mit dem *süßen Gesichtel* (Z. 60, 94, 122 sowie 8 und 17), während Gretchen von Faust in ihrer eigenen Würde anerkannt wird. Der Vergleich, **wie beide Männer auf die einfachen kleinbürgerlichen Zimmer der Mädchen reagieren**, zeigt den Unterschied. Goethe gestaltet zu diesem Zweck eine in sich abgeschlossene Szene. Bei Schnitzler ist die Musterung des Zimmers (Zeilen 27 bis 64) wie eine eigene Szene in die Szene eingelassen.

Fritz scheint gar nicht richtig hinzuschauen. Er will nicht zuviel Licht (Z. 29 f.), lobt in die Dunkelheit hinein, was nicht zu sehen ist – *Und die schöne Aussicht!* (Z. 31 f.); *ja, was ist denn das, das Schwarze, das man da drüben sieht?* (Z. 32 f.) –, macht also leere Komplimente und romantisiert das Dachzimmer, das tatsächlich über einer Gasse mit lauten Werkstätten liegt (Z. 38 ff.). Er mustert die Bücher und unterstellt Christine, sich im fragmentarisch vorhandenen Lexikon nur für die Abbildungen zu interessieren. Er findet schrecklich spießig, dass sie Kunstblumen in der Vase hat, nennt das Zimmer aber „gemütlich" (Z. 55). Das hört sich alles so widersprüchlich und achtlos an, dass sein Interesse geheuchelt erscheint. Wenn das Zimmer Ausdruck der Besitzerin und Symbol für ihr Wesen ist, dann ist ihm Christine ebenso wenig Aufmerksamkeit wert wie ihr Raum. – Dramaturgisch leiten die Kommentare von Fritz über das Zimmer (besonders über die Kunstblumen) zum eigentlichen Thema der Gesamtszene über, indem deutlich wird, wie sehr Fritz im Grunde mit seinen Gedanken bei sich und dem Duell ist.

Faust wollte unbedingt in Gretchens Zimmer, um im Vorgenuss des Liebesabenteuers schwelgen zu können. Weil Goethe ihn aber mit feinen Sinnen ausgestattet hat, nimmt er in ihrer kleinen reinlichen Stube Gretchens Atmosphäre wahr. Er ist gebannt und – nicht nur zum Schein, sondern glaubwürdig bis ins Innerste – angerührt von der Schlichtheit und Stille des Raumes. Er nimmt sich die Zeit, sich vorzustellen, wie Gretchen hier aufgewachsen ist. Er sieht den Sand auf dem Fußboden, die Decke auf dem Tisch, den alten Ledersessel und Gretchens Bett und ist so ergriffen, dass er von *Heiligtum* und *Himmelreich* spricht. In Gretchens Zimmer ist nichts Dekoratives, Künstliches oder Zufälliges wie bei Christine; alles scheint wesentlich und Ausdruck ihrer selbst zu sein. Schon allein Gretchens Zimmer durchkreuzt Mephistos Pläne. Faust kam, *um so gerade zu genießen;* aber jetzt spürt er Innigkeit und Verehrung und möchte Reißaus nehmen.

3. In gewissem Sinne verherrlicht Goethe – wie Faust – das einfache Mädchen. Ich sehe auch in dieser Zuneigung zum ‚Kind aus dem Volke' ein Kennzeichen der Sturm und Drang-Epoche, in der man Volkslieder zu sammeln begann und mit Rousseau von der Unschuld der Kinder und der einfachen Menschen schwärmte, die dem Ursprung näher seien als die Gebildeten, die man als Verbildete betrachtete, die zudem ihre moralische Unschuld verloren hätten.

   Gretchens (Margaretes) Schicksal ist mir aus dem Zusammenhang der gesamten Gretchentragödie bekannt. Die Gestalt Gretchens konnte dadurch lebendig werden, sodass ich ihre Verlegenheit und Schüchternheit am Anfang und dann ihre Fröhlichkeit gut nachvollziehen konnte. Man konnte den Moment nachvollziehen, in dem Faust für sie unwiderstehlich wurde und sie sagt: *Mich überläuft's!* Danach musste alles, wie in jeder Tragödie, notwendig in die Katastrophe führen. Am meisten haben mich die Szenen *Dom* und *Zwinger* beeindruckt, weil darin Verzweiflung und Einsamkeit Gretchens voll zum Ausdruck kommen. Sie musste allein und gegen alle anderen mit ihrem Schicksal fertig werden. Ich habe verstanden, wie grausam und unbarmherzig die Gesellschaft zu den so genannten gefalle-

nen Mädchen war. Aber was Goethe anprangert, ist mehr oder weniger historisch geworden, während die von Schnitzler beschriebene Situation nach wie vor gültig ist. Schnitzler zeigt ein vermeintliches Liebespaar eng beieinander und meilenweit voneinander entfernt. Sie sind zusammen und verstehen nichts voneinander. Diese Täuschung und Selbsttäuschung finde ich schlimmer als das große Schicksal von Faust und Margarete.
Ich überschaue nicht, wie sich die Beziehung zwischen Fritz und Christine angebahnt hat. Aber man bekommt mit, dass das Mädchen mit ihrem ganzen Wesen auf diesen Mann eingestellt ist und sogar herausspürt, dass etwas nicht in Ordnung ist. Sie liebt Fritz, während sie für ihn nur eine Ablenkung ist. Er möchte wohl vor dem Sterben noch einmal warmes Leben spüren, so wie einem vor der Hinrichtung das Henkersmahl oder die letzte Zigarette zusteht.
Im Ungleichgewicht zwischen Fritz und Christine sitzt etwas, was mich empört. Fritz kann ihr die wahren Hintergründe seines Stockens und seiner dunklen Rede nicht sagen, weil er sie ja betrogen hat. Äußerlich passiert fast nichts. Innerlich passiert viel, aber es gibt dafür keine Lösungen. Christine wird emotional hin- und hergeworfen. Ihr Hoffen, Resignieren und wieder Hoffen, das sie dann doch und schmerzlicher in die Irre führt als am Anfang, macht mich mitleidig und zugleich wütend. Schnitzler war ja Arzt. Man merkt, wie gut er ein Gewirr von Gefühlen – auch in Fritz – im Dialog vermitteln kann. Das ist moderner und ergreift mich – gerade deshalb, weil es nicht groß und heroisch, sondern irgendwie nur elend und schrecklich und realistisch ist – letztlich doch noch mehr als Goethes Gretchentragödie.

Bewertung und Beurteilung

- „**Gut**" (**11 Punkte**) ist die Leistung, wenn eine selbstständige, beobachtungsreiche und triftige Interpretation der fremden Szene gelungen ist, gestalterische Elemente gesehen und in die Deutung einbezogen worden sind, ein Gespür für Züge des Doppelsinnigen bei Schnitzler unter Beweis gestellt und etwas von Schnitzlers Distanz zu Tragik und Menschenbild der Weimarer Klassik – beziehungsweise zum sozial-revolutionären Aufbegehren mancher Sturm und Drang-Helden – gesehen und formuliert worden ist. Antworten auf die 3. Teilaufgabe sind eventuell schon in Teilaufgabe 2 eingearbeitet und erübrigen sich dann als gesonderter Punkt.
- „**Ausreichend**" (**5 Punkte**) ist die Leistung zu nennen, in der die asymmetrische Beziehung zwischen Fritz und Christine erkannt und am Text nachgewiesen und die Kommunikationsstruktur ansatzweise analysiert und interpretiert ist. Zudem müsste einiges Plausible zur Sprache der Schnitzler'schen Figuren gesagt worden sein. Regieanmerkungen und die Entwicklung der Szene sollten ansatzweise einbezogen sein. In Teilaufgabe 2 sind Kenntnisse zu *Faust* und zu Grundgedanken der Epoche nachzuweisen und ansatzweise in den Vergleich einzubringen.

Grundkurs Deutsch (Hessen) – Übungsaufgabe 6: Literarische Erörterung

Normalität – Genialität – Wahn

Textgrundlage:
1. Hermann Kurzke über das Erzählfragment *Lenz* von Georg Büchner
2. Georg Büchner, *Lenz* (der letzte Abschnitt der Wanderung des Protagonisten nach Waldbach)

Aufgaben:

1. Stellen Sie dar, wie Kurzke (M 1) Normalität und Wahn erklärt und auffasst. (20 BE)

2. a) Erörtern Sie, bezogen auf M 2 und Büchners Erzählung insgesamt, ob Lenz eher wahnsinnig oder eher genial zu nennen ist. (30 BE)

   b) Beziehen Sie *Die Verwandlung* in Ihre Erörterung mit ein und vergleichen Sie Gregor Samsas Befinden und seine Problematik mit der von Lenz. (35 BE)

3. Begründen Sie: Sind Sie mit Kurzkes Verständnis von Normalität und Wahn einverstanden? Mit welcher Empfehlung würden Sie einem guten Freund eher Literatur von der Art des *Lenz* oder der *Frau Jenny Treibel* zu lesen geben? (15 BE)

Erlaubte Hilfsmittel:
Wörterbuch zur deutschen Rechtschreibung
Georg Büchner, *Lenz*, in: Georg Büchner: Werke und Briefe. Dtv 1999
Franz Kafka, *Die Verwandlung*. Reclam 1995

Material 1
Hermann Kurzke: Georg Büchner – Geschichte eines Genies

„Bald ging er langsam […], dann ging er mit verzweifelnder Schnelligkeit." Die Normalität ist ein mittelmäßiger Zustand, instabil, zum Wahn nur unscharf abgegrenzt, schwebend zwischen Himmel und Erde wie der Sarg Mohammeds. Es ist nicht weit her mit ihr. Es gibt deshalb ein metaphysisches Recht des Wahns. „Die allgemeinen fixen Ideen, welche man die gesunde Vernunft tauft, sind unerträglich langweilig."[1]

Der Realismus ist eine leistungsfähige Konvention für den Normalfall, aber versagt außerhalb dieser Grenzen rasch. Schon einsam zu sein, schafft im Kopf Sonderwelten und prädestiniert für Wahn. Normalität braucht Gesellschaft. Man nehme irgendeine Komponente des Normalfalls weg, die Gesellschaft, die Gesundheit, die Nahrung, die Freiheit, die körperliche Unversehrtheit, und schon reißt der dünne Faden der Vernunft. […]

Das Irresein kommt, wenn der Widerstand aufhört – wenn der Einsame, der Kranke, der Hungernde, der Gefangene, der Gefolterte sich gefügt haben in die süße Ausflucht des Wahns. Der Wahn ist für sie Wahrheit. Er macht ihre Welt wieder heil und rund, wenn das der sogenannten Vernunft nicht mehr gelingt.

Der Wahn ist die dunkle Seite des Monds, die immer vorhanden ist, auch wenn man mit den Tag-Augen nur die helle Seite sieht. Er ist die Rückseite der Vernunft und erinnert an all das, was vor der Vernunft nicht bestehen kann, aber trotzdem da ist und nur verdrängt wird. […]

Solange Lenz den Wahnsinn noch identifiziert, ist er nicht wahnsinnig. Vielleicht ist er nur genial. Jedenfalls stellt Büchner ihn auf den von ihm selbst formulierten, nicht aus Quellen übernommenen Strecken so dar.

Aus: Hermann Kurzke: Georg Büchner – Geschichte eines Genies. München: C. H. Beck 2013, Auszug aus dem Kapitel zu Lenz, S. 279 und 289.

1 Georg Büchner: *Dantons Tod*, IV. 5. Der Kontext zu dem Zitat: Camille, inhaftiert, hat die Verzweiflung in den Augen seiner Braut gesehen und sagt zu sich selbst: „Der Himmel verhelf' ihr zu einer behaglichen fixen Idee." Daran schließt sich der gegebene Satz an.

Material 2
Georg Büchner: Lenz auf dem Weg nach Waldbach

[…] Gegen Abend kam er auf die Höhe des Gebirgs, auf das Schneefeld, von wo man wieder hinabstieg in die Ebene nach Westen, er setzte sich oben nieder. Es war gegen Abend ruhiger geworden; das Gewölk lag fest und unbeweglich am Himmel, so weit der Blick reichte, nichts als Gipfel, von denen sich breite Flächen hinabzogen, und alles so still, grau, dämmernd; es wurde ihm entsetzlich einsam, er war allein, ganz allein, er wollte mit sich sprechen, aber er konnte, er wagte kaum zu atmen, das Biegen seines Fußes tönte wie Donner unter ihm, er mußte sich niedersetzen; es faßte ihn eine namenlose Angst in diesem Nichts, er war im Leeren, er riß sich auf und flog den Abhang hinunter. Es war finster geworden, Himmel und Erde verschmolzen in Eins. Es war als ginge ihm was nach, und als müsse ihn was Entsetzliches erreichen, etwas das Menschen nicht ertragen können, als jage der Wahnsinn auf Rossen hinter ihm. Endlich hörte er Stimmen, er sah Lichter, es wurde ihm leichter, man sagte ihm, er hätte noch eine halbe Stunde nach *Waldbach*. Er ging durch das Dorf, die Lichter schienen durch die Fenster, er sah hinein im Vorbeigehen, Kinder am Tische, alte Weiber, Mädchen, Alles ruhige, stille Gesichter, es war ihm als müsse das Licht von ihnen ausstrahlen, es ward ihm leicht, er war bald in Waldbach im Pfarrhause. [...]

Aus: Georg Büchner: Werke und Briefe. Dtv 1999, S. 139.

Hinweise und Tipps

Sie kennen die „Verwandlung" von Franz Kafka und Büchners „Lenz" aus dem Unterricht, den vorliegenden Textauszug werden Sie bereits eingehend besprochen haben. Sie werden also nicht mit Unbekanntem überrascht, und beide Materialien sind kürzer als sonst üblich. Unterschätzen Sie aber das Thema nicht, denn zu seiner Bearbeitung haben Sie sich auf beide Erzählungen insgesamt zu beziehen.
Kurzkes Ausführungen (M 1) sind nicht nur inhaltlich wiederzugeben. Sie haben darzustellen, auf welche Weise darin Normalität und Wahn erklärt und gewertet werden. Kurzke schreibt verkürzt. Setzen Sie Fragezeichen, übergehen Sie Ihnen unklare Aussagen nicht, sondern machen Sie sich diese verständlich, so gut Sie können. Es wird nicht erwartet, dass Sie den Geniebegriff und das zugehörige Adjektiv „genial" (M 1, Z. 22) aus der Zeit des Sturm und Drang herleiten; es reicht, ihn so zu nehmen, wie es der Text Ihnen nahelegt. Machen Sie sich Kurzkes Tendenz klar, damit Sie einen Ansatz für Aufgabe 3 haben.
Hüten Sie sich davor, im Umgang mit Material 2 eine textimmanente Interpretation um ihrer selbst willen zu schreiben. Sie kommen ohne Interpretation nicht aus, aber sie ist auf die spezifischen Aufgaben und Fragen des Themas zu beziehen. Ihre Aufgabe besteht also vor allem darin, an sich Bekanntes im Horizont der Themenstellung neu zu durchdenken (den Transfer zu leisten). M 2 fungiert, damit Sie nicht im Luftleeren argumentieren, als Anker und konkreter Ausgangspunkt für die über ihn hinausgehende Erörterung. Zitieren Sie sparsam aus den Lektüren, suchen und blättern Sie also nicht zu viel. (Wenn Sie die Erzählungen hauptsächlich aus zweiter Hand kennen, können Sie die mit 65 BE veranschlagte Aufgabe 2 nicht lösen.)
Der Vergleich (Aufgabe 2b) erfordert Vorarbeit und Zeit. Machen Sie sich auf einem Konzeptblatt zwei Spalten, eine für Lenz, eine für Gregor Samsa; überlegen und notieren Sie, welche Motive in beiden Erzählungen vorkommen und welche Erfahrungen diese ungleichen Helden miteinander teilen. Der wichtigste Vergleichspunkt sollte Ihre Ausführungen eröffnen oder beschließen. (Im Lösungsvorschlag ist er für den Schluss aufgespart.)
Vielleicht finden Sie es unfair, in Aufgabe 3 mit einer dritten Pflichtlektüre konfrontiert zu werden. Aber die Rückbeziehung auf Kurzkes Stichwort „Realismus" und sein Büchner-Zitat werden Sie anregen. Im Urteil sind Sie frei. Wichtig ist die Qualität Ihrer Begründung.

Lösungshinweise

1. Der Literaturwissenschaftler Hermann Kurzke hat – zum 200. Geburtstag des Dichters – eine Büchner-Biografie vorgelegt. Im Kapitel über *Lenz* führt er aus, was für ihn „**Wahn**" heißt und was „**Normalität**". Er definiert diese Gemütszustände nicht wissenschaftlich, weil er davon überzeugt ist, dass sie nicht scharf zu erfassen sind. Er erläutert sie essayistisch und bildhaft.

   Wahn beginnt für Kurzke dort, wo die „gesunde Vernunft" (der gesunde Menschenverstand und Common sense) ihre Herrschaft verliert und das Zuviel oder Zuwenig beginnt (vgl. Z. 1). Denn die Vernunft herrsche, von zwei Seiten her gefährdet, nur in einem kleinen mittleren Bereich des Lebensmöglichen. Kurzke legt Wert darauf zu betonen, wie unsicher dieses Reich der Vernunft und des sogenannten Normalen sei. Indirekt gibt er zu verstehen, dass wir es überschätzen. Was als vernünftig und normal zu gelten hat, bestimme eine „leistungsfähige Konvention" (Z. 7). Kurzke nennt sie mit einem literaturwissenschaftlichen Begriff „Realismus" (Z. 7). Zum Normalfall gehört die gesellschaftliche Einbindung (und damit die Bejahung der Konvention). Schon wer einsam oder isoliert sei, werde anfällig für Wahnhaftes. Wenn Leid oder Zumutung die Vernunft unerträglich überfordern, bietet der Wahn sich als Zuflucht an. Der Wahn erlöst vom Leid. Was jenseits der erwähnten diffusen Grenzen des Normalen beginnt, muss man sich als die Extreme des Lebendigen vorstellen, zum Beispiel als Apathie und Stumpfsinn einerseits und geistige Übererregung oder Exaltation andererseits. Mit dem „metaphysische[n] Recht des Wahns" (Z. 4) meint Kurzke wahrscheinlich, dass zum Menschen das Recht gehört, die Grenzen zu überschreiten, verrückte Ideen zu haben, über das physisch Gegebene hinaus durch unbeweisbare metaphysische Bereiche zu schweifen, Fantasien zu entwickeln und unvernünftig zu sein. Im eingeflochtenen Zitat aus *Dantons Tod* sind die Vorzeichen vertauscht: Gerade die gesunde Vernunft wird darin als fixe Idee (zu verstehen als geistige Beschränktheit), das Vernünftige als „unerträglich langweilig" verspottet.

   Nach dem Bild vom mittleren Zustand und seinen Grenzen setzt Kurzke neu an mit dem Bild von der hellen und dunklen Seite des Mondes, dem die romantische Vorstellung von der Tag- und Nachtseite des Lebens entspricht. Kritisch verwendet er die Lichtmetaphorik der Aufklärung. Die vorhandene Triebstruktur und das Unterbewusste des Menschen, seine irrationalen Träume und Ängste und was die helle Vernunft sonst ins Dunkel abdränge und in ihr Menschenbild nicht integrieren mag, werde für wahnhaft und krank erklärt.

2. a) Georg Büchners *Lenz* ist pathologische Studie und Künstlernovelle. Man kann sie als eine Geschichte über die Gefährdung des Genies lesen, in die auch eigene Erfahrungen des Dichters eingegangen sind. Unter **Genie** muss man sich schlicht das Außerordentliche und außerordentlich Kreative vorstellen. (Büchner ist, laut Untertitel, für Kurzke ein Genie.) Von der ersten Seite von Büchners Erzählung an vermitteln sich die genialischen Züge des Protagonisten, aber die Stärke seines Erlebens wirkt auch beängstigend. Ist Lenz irrsin-

nig? Als Büchner die Aufzeichnungen Oberlins fand, berichtete er von einem Poeten, der „halb verrückt wurde“ (Brief Nr. 50). Halb also nur. Die andere Hälfte ist vielleicht sein Genie.

Die Novelle beginnt mit der berühmten Schilderung von Lenz’ Gang durchs Gebirge. Lenz ist auf dem Weg zu Pfarrer Oberlin in Waldbach. Er erlebt die Natur in ihren riesigen Dimensionen und ihrer dämonischen Lebendigkeit abwechselnd gelassen und dann wieder tief verstört und aufgewühlt. Gegen Abend beruhigt sich das Wetter. Lenz hat die Passhöhe erreicht. Aber angesichts der Dämmerung und des weiten Blicks, der sich ihm hier auftut, fasst ihn das Grauen. Ihm wird **„entsetzlich einsam“**. „[A]llein, ganz allein“ (Z. 6) fühlt er sich in der Unendlichkeit dieser Landschaft. Mit zunehmender Dunkelheit, als alle Konturen zerfließen, steigert sich sein Verlorenheitsgefühl zu panischer **Angst**. Er hat den Eindruck, dass nichts mehr da ist außer ihm. Er erschrickt sich vor seinem plötzlich ohrenbetäubend klingenden Atem und Schritt. Er sieht sich im „Nichts“, „im Leeren“ (Z. 8) und flieht den Gebirgshang hinunter vor etwas Entsetzlichem hinter ihm, dem er den Namen „Wahnsinn“ gibt (vgl. Z. 10ff.). Lenz fasst die Umgebung und sich darin mit den feinen und reizbaren Nerven des Dichters auf. Er verschmilzt mit den äußeren Vorgängen. Da die äußere Welt in Finsternis versinkt, packt ihn der Horror vor der seelischen und metaphysischen Leere in ihm. Er ist gleichsam durchlässig und schwingt mit wie eine hochsensible Membran. Wahnsinnig ist er, Kurzke zufolge, hier noch nicht, denn **er „identifiziert“ den Wahnsinn** (M 1, Z. 21) und will ihm mit Macht entkommen. Abhandengekommen ist ihm aber die Fähigkeit, die ihn bedrängenden Eindrücke als Dichter künstlerisch zu gestalten und zu bannen, und so sucht er Zuflucht bei guten Menschen.

Durch die ganze Erzählung zieht sich die bereits hier sich entfaltende Spannung zwischen **Dunkelheit und Licht**, Unruhe und Beruhigung (Ruhe), Bedrängnis und Erleichterung und, zugespitzt, zwischen Hölle und Himmel. Eine mittlere, ausbalancierte Gemütslage ist Lenz versagt. Mit der hereinbrechenden Nacht (Z. 1 u. 3: „Gegen Abend“; Z. 5: „dämmernd“; Z. 9: „Es war finster geworden“) setzt die **Gemütsverfinsterung** ein. Mit dem ersten Aufscheinen der Lichter von Waldbach (ab Z. 12 dreimal „Lichter“, „Licht“) wird ihm leichter, dann leicht. Dieser durch Wiederholungen eindringliche Stil bringt zum Ausdruck, wie ungeheuer der Alpdruck auf Lenz lastete und wie erlöst er endlich ist. Die innere Festigkeit Oberlins wird ihm künftig zum Halt. Aber in den Nächten (in der Umnachtung!) kehrt die „namenlose Angst“ wieder. Sie steigert sich nach dem Besuch Kaufmanns und dem vergeblichen Versuch, ein totes Mädchen zum Leben zu erwecken.

Lenz ist faszinierend und unheimlich in seiner alle Norm sprengenden **Gefühlsintensität** und Vielschichtigkeit. Er spricht mit Oberlin über sanfte, trancehafte Zustände, in denen der Mensch dem innersten Wesen der Natur nahe sein könne. Er sehnt sich nach einer Art pantheistischer Allverbundenheit. Dem soliden Pfarrer geht das Gespräch irgendwann zu weit, und er bricht es ab (vgl.

S. 143). In allem geht Lenz zu weit. Im Kunstgespräch setzt er sich klug und enthusiastisch für eine neue (für Büchners) Poetik ein, aber in den Nächten schluchzt er wie ein Kind. So, wie er sich in die Natur versenken kann, versenkt er sich in Leid und Schmerz der Menschen und macht das **Mitleid** zum Zentrum seines Künstlerevangeliums. Wäre er allmächtig, sagt er Oberlin, würde er „retten, retten, retten" (S. 156). Allmachtsgefühle und Gefühle der Ohnmacht, Schuld und Nichtigkeit werfen ihn hin und her; **die Mitte des Normalen fehlt**. Er ist ein verzweifelter Gottsucher. Da es ihm nicht gelingt, das tote Mädchen zu erwecken, wird er zum Rasenden. Wie ein Prometheus höhnend sagt er sich von seinem Gott los. Etwas Faustisches ist in seiner Verzweiflung; er vernimmt den „Triumph-Gesang der Hölle"; er steht **am Abgrund** des Nihilismus und spürt dennoch in sich die **selbstzerstörerische Lust**, immer wieder in diesen Abgrund zu schauen (vgl. S. 151).

Wenn Lenz sich – wie meistens – seiner prekären psychischen Verfassung bewusst ist, fürchtet er sich vor sich selbst. Er droht sich zu verlieren und fügt sich Scherzen zu, um wieder zu sich zu kommen. **Er kämpft** mit so krassen Mitteln dagegen an, den Verstand zu verlieren, dass Oberlins Mägde ihn für einen Besessenen halten. Man kann sagen, dass der ungeheure oder unheimliche Reichtum seiner Seele ihn zerreißt und zerstört. Die beiden Attribute ‚ungeheuer' und ‚unheimlich' weisen ebenso in die Richtung des Genialen wie in die des Wahnsinns.

Wiederholte Selbstmordversuche veranlassen Oberlin, Lenz in die Psychiatrie nach Straßburg zu bringen. Am Ende der Novelle scheint es so zu sein, dass die Krankheit Lenz besiegt oder dass er sich ihr gefügt hat (M 1, Z. 14 f.), denn er fühlt jetzt keine Angst mehr und kein Verlangen. In der genialischen Maßlosigkeit war er lebendig. Nun ist sein Geist wie abgestorben.

b) Einen Sturm-und-Drang-Dichter ohne Familienbindung und Einkommen mit einem fleißigen Handlungsreisenden vergleichen zu wollen, klingt selbst wie Aberwitz. Aber es gibt gar nicht so wenige Parallelen zwischen beiden.

Zur Grundirritation des Lenz gehört es, zwischen **Traum und Wirklichkeit** oft nicht unterscheiden zu können. Es macht ihm große Angst, dass irreal und nur ein Traum sein könnte, was gerade vor sich geht. „Er wird sich selbst ein Traum", heißt es gleich anfangs (S. 139), und in der ersten Nacht wird ihm „Alles so traumartig", er klammert sich an die Gegenstände und ihm ist, als sei er **blind**. Als Gregor Samsa, der sonderbare Held in Franz Kafkas Erzählung *Die Verwandlung*, eines Morgens erwacht und erkennt, dass er sich in einen Käfer verwandelt hat, ist gleich mit diesem ersten Satz das **Motiv des Traumes** angeschlagen. Gregor erwacht aus unruhigen Träumen. Er weiß aber sofort, dass es kein Traum ist, was er vorfindet, vergewissert sich, wie Lenz, der realen Gegenstände seines Zimmers und schiebt dann als „Narrheiten" von sich weg, was ihn beunruhigt. Wie für Lenz geraten für Samsa die Kategorien „wirklich" und „unwirklich" in Verwirrung. Auch dem Leser ist die Entscheidung darüber genommen, ob von Wirklichem oder Eingebildetem die Rede ist, denn erzählt wird aus der Perspektive des Helden. Samsa bäumt sich – körperlich und wortwörtlich – dagegen auf, nun ein Käfer zu sein, er will zum Zug und zur Arbeit und ‚normal' sein wie bisher und zwingt seinen Käferkörper unter Qualen in die Senkrechte, um die Tür seines Zimmers zu öffnen.

Und wie Lenz sich fürchtet, blind zu werden und die Fähigkeit zur Kommunikation zu verlieren (er bringt seine Sätze nicht mehr zu Ende; in Selbstgesprächen ist ihm, als hätte eine fremde Stimme mit ihm gesprochen: S. 155), büßt auch Samsa zunehmend sein **Augenlicht und** seine **Sprache** ein: Seine Stimme wird fremd, wird zur „Tierstimme" (S. 29), und er kann sich nicht mehr mit den Seinen verständigen. Lenz ist klaustrophobisch. Er fürchtet sich davor, allein zu sein. Manchmal lastet sogar die Luft schwer auf ihm und ihm wird so eng, dass er ins Freie muss. Samsas **Welt verengt** sich bald ganz auf sein Zimmer, und jeder Ausbruchsversuch wird hart geahndet. **Beide**, Lenz wie Samsa, sind **entsetzlich einsam** und verlieren sich in sich selbst. Keine **Liebesbeziehung** erfüllt sie. Lenz bildet sich ein, seine Freundin ermordet zu haben; Samsa verteidigt als seinen größten Schatz ein von ihm gerahmtes Illustrierten-Foto von einer Frau. Dass auch Samsa, als Käfer, **empfindsam** wird, zeigt sich in der Musikszene. Unwiderstehlich zieht ihn jetzt das Violinspiel der Schwester an, das er früher lediglich finanziert hat.

Der springende Punkt, in dem Lenz und Samsa sich besonders ähnlich sind, dürfte in ihrem **Verhältnis zum Vater** liegen. Die Väter repräsentieren für die Söhne die bürgerliche Ordnung. Es sind starke, die Söhne bedrängende, übermächtige Väter. Sie verlangen von den Söhnen, sich als tüchtige und nützliche Mitglieder der menschlichen Gesellschaft und Arbeitswelt zu bewähren, also den Konventionen (Kurzke) zu entsprechen und normal zu sein. Lenz hat sich von der Familie entfernt und sich irgendwie durchs Leben geschlagen. Da der Arm des Vaters aber bis ins Steintal reicht, Kaufmann ihm Briefe des Vaters überbringt und dann auch Oberlin in ihn dringt, sich dem Wunsch des Vaters zu fügen, heimzukehren und ein Amt anzunehmen, bricht Lenz innerlich zusammen. Die Intervention des Vaters erklärt ihn zum Versager. Ab hier neigt sich alles zur Katastrophe hin. Auch Gregor Samsa bekommt die väterliche Macht zu spüren. Er wird, verfolgt vom Vater, zur Unperson: zum Es.

Gregors Kafersein kann man so deuten, dass er sich auf diese traurige und ihn doch rettende Weise den Forderungen der Vaterwelt einschließlich Chef, Firma und Prokurist eines Tages entzieht. Der Körper hätte dann, psychosomatisch, den Ausweg für die bedrängte Seele geschaffen. Das Schicksal von beiden, von Lenz und Samsa, ist tragisch. Lenz will die Fron der Arbeit nicht auf sich nehmen, Samsa hat sie bis zur Entfremdung von sich selbst getragen. Indem sie sich aber dagegen wehren (indem sich etwas in ihnen dagegen wehrt), werden sie zu **Außenseitern**, die an ihrer Isolation zugrunde gehen. Lenz kämpft und widersteht lange; Samsa überlässt sich früher den neuen Anforderungen seines Käferseins oder ‚der süßen Ausflucht des Wahns' (Kurzke).

Hätte Lenz, der gebildete und komplexe Geist und Dichter, hochmütig auf den schlichten Handlungsreisenden Samsa herabgeschaut? Oder hätte er sich in das Sein auch dieses Geringsten hineinfühlen und ihn als seinen Bruder erkennen können? Kafka und Büchner ergriffen – als Arzt und Jurist – akademische Berufe und konnten ihrer inneren Gefährdung schreibend Herr werden. Sie sind kongenial. Ihre Figuren tragen ihre Gefährdung in sich, aber sie zerbrechen daran.

3. Die meisten Menschen bleiben, denke ich, ihr Leben lang das, was man „normal" nennt. Sie gehen durch Krisen, rasten gelegentlich aus, wissen, was Verzweiflung ist und was Leidenschaft, suchen Therapeuten auf, haben wohl auch den einen oder anderen Knall oder Spleen, aber sie fallen nicht dem Wahnsinn im klinischen Sinne anheim. Sie leben ihr durchschnittliches Leben mit mittelgebirgsartigen Höhen und Tiefen und bleiben insgesamt stabil. Sie meistern es. Normalität halte ich für die Regel, Schizophrenie (Lenz) und andere Formen des Irreseins für die Ausnahme. Es verwundert daher, dass Kurzke den Zustand der Normalität für „instabil" und labil erklärt und sagen kann, dass es „nicht weit her" sei mit ihm. Offensichtlich hat sein Gegenstand (Georg Büchner und *Lenz*) ihn so für sich eingenommen, dass er das Vernünftige als (unsinnige) „Konvention" abwertet und sich die Sichtweise einer literarischen Figur zu eigen macht, die in einer fürchterlichen Ausnahmesituation sarkastisch und bitter (und nicht wirklich ernst gemeint) den Trost des Wahnsinns herbeiwünscht (M 1, Z. 4 ff.). Kurzke scheint Dichtung und Literatur gleichzusetzen, denn was Dichtung bis in die Dimensionen des Absurden hin *(Die Verwandlung)* auslotet, lässt sich nicht wirklich anstreben.

Kurzke mag die Aufklärung nicht. Die Herrschaft der Vernunft hält er für eine schlimme Diktatur, die das Unvernünftige im Menschen in dunkle Verliese unter Tage wegsperrt. Aber das Unvernünftige in uns, unser Unterbewusstsein, muss gar nicht erst weggesperrt werden. Es ist ja das Dunkle, eben das Unbewusste, das nie aufhören wird, der Vernunft dreinzureden. Zuzugeben ist allerdings, dass die dunklen Quellen, aus denen sich zum Beispiel Kreativität speist, gewaltsam verstopft werden können, wenn zum Beispiel eine zu rigide Erziehung alle Spontaneität verbietet.

Im Leben bevorzuge ich die nicht zu eng auszulegende Normalität, in der Literatur aber das Außergewöhnliche. Die Höhen und Tiefen, die Lenz durchmisst, sind alpin, obwohl es sich real nur um die Vogesen handelt. Er ist ein Gigant des Empfindens und stößt mit der Stirn an die Sterne. Solche Ausnahmefiguren weiten meinen Blick. Ich fühle mit ihnen und wachse durch sie. Büchner war 22, als er das *Lenz*-Fragment schrieb, und auch die Heftigkeit seiner Figur ist die eines jungen Menschen. Büchner schreibt realistisch und mitreißend. Fontane dagegen war uralt (73), als er *Frau Jenny Treibel* schrieb. Immer bleibt er moderat. Ich mag auch ihn, mag auch seine altersweise und mild ironische Darstellung der Gesellschaft um 1890. Anfangs fand ich die Lektüre allerdings todlangweilig, aber dann hat mich fasziniert, dass nicht Fontane, sondern die dargestellte Gesellschaft todlangweilig ist. Du musst Geduld haben, dich einzulesen, es lohnt sich, würde ich dem sagen, dem ich den Roman hinschöbe. Du wirst darin unsere stumpfe, läppische, arme Welt ohne Himmel und Hölle und wirkliche Liebe wiedererkennen. Du kannst sehen, was aus uns wird, wenn das einzige Ideal die Karriereleiter ist. Aber verschenken würde ich die zwanzig Seiten *Lenz* in einer schönen Extraausgabe und einfach sagen: Lies das mal bitte!

Bewertung und Beurteilung

- **„Gut" (11 Punkte)** ist die Arbeit, in der die Teilaufgaben zu einem schlüssigen Gedankengang auf einigem Niveau verbunden sind, eine in sich bewegliche, differenziert abwägende Argumentation von konkreten Textbeispielen ausgeht und sich immer wieder am Text überprüft, in der literarische Sensibilität zu spüren ist, Wesentliches erfasst ist und die sprachliche Darstellung begrifflich und syntaktisch voll überzeugt. Die Fähigkeit zur selbstständigen Reflexion muss sich bereits im Umgang mit Kurzkes Ausführungen zeigen. Die gute Arbeit glättet problematische Zusammenhänge nicht, sondern stellt Fragen. Der in die Erörterung einzubringenden Textkenntnis sollte man anmerken, dass die Lektüren nicht nur gelesen, sondern auch gedanklich er- und verarbeitet worden sind. Es kann also Sekundärwissen in die Erörterung einfließen und auf den einen oder anderen Brief Büchners verwiesen sein. Es wird nicht erwartet, in der kurzen Zeit der Erarbeitung von 2b) ähnlich viele Vergleichspunkte zwischen Lenz und Samsa zu finden wie im Lösungsvorschlag, aber Ähnlichkeiten müssen doch entdeckt sein; eine gute Arbeit, die zum Ergebnis der strikten Unvergleichbarkeit der beiden Helden kommt, ist nur schwer vorstellbar. Ausführungen zu Aufgabe 3 können skizzenhaft bleiben.
- Eine Arbeit erreicht **5 Punkte (ausreichend)**, in der sich erweist, dass die beiden Erzählungen nicht nur inhaltlich präsent sind, sondern auch in der in ihnen behandelten Problematik insgesamt verstanden wurden. Trotz möglicher Inhaltslastigkeit soll der Aufgabenart der Erörterung im Allgemeinen Rechnung getragen sein. Die Debatte, ob „wahnsinnig" oder „genial", muss textgestützt, abwägend und im Allgemeinen überzeugend geführt sein. Das argumentative Volumen ist vielleicht schmächtig, der notwendigerweise begründende (hypotaktische) Stil etwas hölzern und die gesamte Erarbeitung wenig eloquent, aber gedankliche Stringenz darf nicht fehlen. Sie muss ein in einigen Punkten zutreffendes, insgesamt nachvollziehbares Ergebnis hervorbringen. Aufgabe 2b) ist schwieriger zu bewältigen als 2a). Ein solides Fundament in 2a) könnte Mängel in 2b) ausgleichen. Dass Kurzke wenig Sympathie für das Normale und für die Vernunft hat, muss gespürt und ansatzweise zum Ausdruck gebracht sein. Das eigene Votum (Aufgabe 3) muss auf diesen Ausgangstext zurückbezogen sein.

Grundkurs Deutsch (Hessen) – Übungsaufgabe 7: Textanalyse

Generation Golf – Eine Abiturrede

Textgrundlage:
Raoul Schrott, *Der wölfische Hunger – Über das Alter der Jugend*
(Auszug aus der Saarbrücker Rede vom 30. Juni 2004 an die Abiturienten dieses Jahrgangs)

Aufgaben:

1. Fassen Sie den gegebenen Redeauszug in seinen Themen und Kernthesen in eigenen Worten knapp zusammen und analysieren Sie den Text hinsichtlich seiner Struktur, Rhetorik und Intention. (50 BE)

2. Setzen Sie sich kritisch mit einer Sie besonders interessierenden Kernthese Raoul Schrotts auseinander. Beziehen Sie dabei in Ihre Argumentation Fragen nach der geistigen Tradition mit ein, in der Schrott steht – ist er ein Aufklärungsgegner wie …?, ein Romantiker wie …?, doch ein Aufklärer? –, und finden Sie zu einer persönlichen Antwort und Schlussfolgerung. (50 BE)

Erlaubte Hilfsmittel: ein Wörterbuch der deutschen Rechtschreibung

Raoul Schrott

Der wölfische Hunger

Liebe Abiturienten,
viel halte ich nicht von Euch. Und beneide Euch auch nicht. Wenn ich nach einem Schlagwort suchen müßte, um Eure Generation auf einen Nenner zu bringen, würde ich Euch Konformisten schimpfen. Ein paar Jahre älter, und ich sehe Euch schon vollkommen eingegliedert in diese neue Gesellschaftsschicht, die einem überall in den deutschen Fußgängerzonen begegnet: Gel im Haar, Sonnenbrillen auch im Winter, ledrig braun vom wöchentlichen Solarium, Silikonsäcke in der Brust der Frauen, die Männer hart am Waschbrettbauch arbeitend, aber allesamt geistige Bügelbretter. Metrosexuelle in der Nachfolge von in die Jahre gekommenen Yuppies und Singles, androgyn zwischen Anämie und Bulimie, nur den Job im Kopf, den nächsten all-inclusive-Urlaub, Amerika als Traumziel, kulturell zwischen Hollywood und Viva, Schamrasur und Pay-TV als Kick, Naturschutz als Konfessionsbekenntnis, und die politische Haltung von reinen Konsumenten. Eine Generation Golf im Faserland.
[…] Ihr könnt nichts dafür, daß Ihr in einer Ersten Welt aufwachst, die parasitär vom Rest des Globus profitiert; in einem Europa, das von einem so Nahen Osten nicht nur durch ein Mittelmeer getrennt ist; einem Deutschland als Bundesland der USA. Die eigentliche Welt aber beginnt zwei Flugstunden von Frankfurt, mit ihren Milliarden von Menschen, die unter Umständen leben, die Ihr sicherlich zur Genüge in den von Euren aufgeklärten Deutschlehrern gestellten Problemaufsätzen abgehandelt habt. Uns allen aber scheint kaum je bewusst zu sein, daß sich von dort aus betrachtet unsere Zivilisation als reines Artifizium entpuppt. Von einer Reise zurück sieht ganz Europa aus wie ein Vorort von Las Vegas; […]
Gleich ob durch hausgemachte Klimaerwärmungen oder naturgegebene Eiszeiten, Kriege oder Erdbeben: Existenznot ist der Regelfall. Und der Mensch schon von der Evolution so angelegt, jeder Bedrohung zu trotzen. Auch dann noch, wenn sie einem in der eigenen Spezies begegnet: *homo homini lupus*. Dieses Wölfische ist es, das uns ausmacht. Und sein Hungern in uns – nach allem, Realem und Symbolischem, einem Paradies auf Erden ebenso wie nach Gott im Himmel. Es ist die Ursache aller Aggression, aber auch allen Glücks. Doch weil diesem Glück, unseren Bedürfnissen, Wünschen und Sehnsüchten soviel entgegensteht, sind wir so gebaut, daß wir erst unter widrigen Umständen richtig funktionieren; im Aufbegehren mobilisieren wir all unsere Fähigkeiten, realisieren wir unser ganzes instinktives Potential. Der Erfindungsreichtum, den wir dabei zeigen, nennt sich Kultur: dieses Fell, mit dem wir das Rote an Zähnen und Klauen überdecken und das Wölfische im Bann halten. Es ist eine dünne Haut, ja, wie die Geschichte lehrt, verletzlich und voller Narben, aber auch immer wieder nachwachsend. Doch was, wenn dieses Bindegewebe zu dick wird, die Epidermis unförmig, ledrig hart wird, sich zur Elefantiasis auswächst? Dann sitzen wir als die Dickhäuter, Primaten und Raubtiere, die wir sind, im Zoo, fett und faul hinter Glaswänden, ein Schatten unserer selbst.
Wir leben in einer Zivilisation, in der die Kultur überhand genommen hat und uns mehr, als uns gut tut, vereinnahmt. Die die Natur darunter verdrängt, im Glauben, sie anästhesieren und immunisieren zu können. Sie fabriziert uns jedwede Wirklichkeit industriell vor, normiert und austauschbar wie die Werbetafeln, virtuell und compu-

tergeneriert. Bilder, Bilder, Bilder, in immer schnellerem Schnitt ersetzen uns die Welt, bloße Reizmuster, in unaufhörlicher Abwechslung, die uns Länge mal Breite die Sicht verstellen, Kulissen, bei denen wir vergessen, daß sich hinter ihnen immer nur ein Abgrund öffnet. Diese Art der visuellen Intelligenz hat uns längst zu Analphabeten der eigentlichen Realität werden lassen. Verstädtert, sind wir zu fußmaroden Halbschuhtouristen geworden, die Allrad und GPS brauchen, um am Trottoir zu parken. Zu überleben aber haben wir verlernt. [...] Schmerz ist kein Warnsignal mehr und keine natürliche Gegebenheit, sondern Anlaß zum Aspirin. Alt etwas, das man nicht werden will; und gestorben wird auf der Intensivstation. Sosehr hat sich das Verhältnis von Kultur und Natur verkehrt, daß heute das Unzivilisierte als Luxus gilt – doch selbst das noch ist so gefährdet, daß es in Reservaten und Naturparks eingegrenzt werden muß. Wir brauchen dabei gar nicht einmal an die Steinzeitmenschen Neuguineas zu denken, harmlosere Beispiele dieses Unzivilisierten genügen auch. Stille etwa ist ein höheres Gut geworden als jeder Breitwandfernseher. Dunkelheit ebenso. Noch auf den höchsten Alpengipfeln hört man die Autobahn; und nachts sind vor lauter Lichtverschmutzung kaum mehr Sterne zu sehen. Wozu auch, werdet Ihr vielleicht insgeheim denken; was bringt's? Ein Raumgefühl. Das Bewußtsein, daß hinter allen Pixeln und Symbolleisten etwas steckt, was unauslotbar, unsagbar und unzeigbar ist. Unkontrollierbar. Unheimlich. Angst einjagend, sobald man zweimal hinsieht. Weil da etwas über uns hinausgeht. In eine Leere, in der man sich bloß verlieren kann, um zu einer eigenen Identität zu finden. Mit dem man zu Rande kommen muß, ganz für sich, um Individualität zu erlangen. Benennen kann man diese Leere mit verschiedenen Begriffen: das Heilige, Ewigkeit und Unendlichkeit, Tod, Gewalt und Natur, Pathos, Liebe. Mann, oh Mann! hör ich Euch schon sagen. Und weiß, daß ich nur die Worte auszutauschen brauche: statt dem Heiligen *Madonna* sagen; statt Ewigkeit und Unendlichkeit *Ecstasy* und *200 auf der Autobahn*; statt Gewalt *Arnold Schwarzenegger;* statt Pathos *Ironie;* statt Liebe *Sex* – und schon habe ich wieder Eure Aufmerksamkeit. Im Zweidimensionalen. Im Plakativen. Dem, was sofortige gedankenlose Befriedigung verspricht. Unmittelbaren Lustgewinn. Nichts schlimmeres für Euch als Langeweile. Und nichts Tabuisierteres als das, was in die Tiefe geht: Tod; Gewalt; Gefühle, sobald sie pathetisch werden; sogar Humor, wenn er abgründig wird. Stattdessen habt ihr einen untrüglichen Sinn für das entwickelt, was zeitgeistig ist. Welche Themen diskutierbar, welche Vokabeln zulässig sind und welche nicht. Damit aber habt Ihr auch Eure freiwillige Unmündigkeit erklärt. [...]

In: Raoul Schrott: Der wölfische Hunger – Über das Alter der Jugend.
Blieskastel: Verlag Gollenstein 2004, S. 5–6 und 13–18

Anmerkung:
Raoul Schrott, geboren 1964, wuchs auf in Tunis, Zürich und Landeck. Promotion und Habilitation. Österreichischer Schriftsteller, Universitätslehrer und Weltreisender. Herausgeber unter anderem von arabischer Lyrik und altbabylonischen Epen. – Eingeladen zu Festveranstaltung und Rede waren die besten saarländischen Abiturienten des Jahres 2004.

Worterklärung:
Zeile 10 *androgyn:* männlich-weiblich ineins: knabenhafte Frauen, feminine Männer
Zeile 26 Das Zitat (deutsch: *Ein Wolf ist der Mensch dem Menschen*) stammt von Thomas Hobbes (1588–1679) einem englischen Philosophen, Staats- und Gesellschaftslehrer

Hinweise und Tipps

1. ***Aufgabenart***: *Textanalyse*
2. ***Voraussetzungen gemäß Lehrplan***: *„Aspekte rhetorischer Praxis" und „Kategorien der Redeanalyse" sind in 12. 1 und 13. 1 verbindlich zu behandeln, die schriftliche Textanalyse und die Erörterung sind zu üben. Inhaltlich lässt sich Schrotts Zivilisationskritik zum Beispiel mit Aspekten des „Homo faber" verknüpfen oder aber mit Dürrenmatts Gesellschaftsdiagnose („Theaterprobleme"). Bezüge zum Menschenbild der deutschen Klassik und Romantik (12. 1) liegen nahe.*
3. ***Tipps***: *Wichtig ist, dass bei der Wiedergabe des Textes beziehungsweise der Rede nicht wörtlich zitiert wird, sondern dass die einzelnen Punkte in eigenen Worten so formuliert sind, dass zu erkennen ist, ob der Autor inhaltlich verstanden wurde. – Während der Textanalyse (Teilaufgabe 1) sollte man darauf achten, dass man die Kriterien zwar nacheinander herausarbeitet, sich aber inhaltlich nicht zu viel wiederholt. Die Analyse verlangt Sachlichkeit. Urteile und die subjektive Reflexion des Beobachteten haben hier keinen Platz, beginnen hier aber zu keimen. – Analyse, Interpretation und Auseinandersetzung entwickeln sich in der Regel miteinander und eins aus dem anderen; sie lassen sich nicht wirklich scharf voneinander trennen. Es kann also sein, dass während der Auseinandersetzung (Teilaufgabe 2) weitere analytische Details ins Bewusstsein treten. Die Erörterung soll von einer der Kernthesen Schrotts ausgehen und ist durch eine zusätzliche Anweisung thematisch eingegrenzt. Dennoch kommt man nicht umhin, sich selbstständig für eine argumentative Linie zu entscheiden. In den „Lösungshinweisen" finden sich drei Beispiele dazu.*

   In der selbstständigen gedanklichen ***Auseinandersetzung mit der Rede*** *wären etwa folgende Rückbezüge und Ansätze möglich:*

   Man könnte Schrott vorwerfen, dass er zu journalistisch und pauschal den ganzen Kreis gängiger Zeitkritik miteinander verbackt und der Jugend vorwirft: politische Probleme der Globalisierung und des Raubtierkapitalismus im Bezug zur Zweiten und Dritten Welt, die Amerikaabhängigkeit Europas, Fragen der Jugendkultur und des Lebensstils, Medienkritik und Kritik an der zunehmenden Visualisierung und Medienabhängigkeit der Informationsgesellschaft. Die Frage wäre, warum die Vorwürfe nicht eher an die eigene Generation gerichtet sind, die schließlich diesen Zustand der Welt verursacht hat. Im Lösungsteil werden drei alternative Vorgehensweisen skizziert.

Lösungshinweise

1. Statt – dem Anlass gemäß – eine Festrede zu halten, gibt Schrott mit seiner Rede eine **Publikumsbeschimpfung**, die er **zur generellen Zivilisations- und Gesellschaftskritik erweitert**. Schrott greift in seinen Zuhörern die gesamte westliche (europäische und US-amerikanische) Jugend an und beschimpft sie als denaturiert, überangepasst, ahnungslos und geistig flach. Am Ende führt er aus, was seiner Meinung nach zu einem erfüllten menschlichen Leben gehört.

Der **Titel** *Der wölfische Hunger* verweist auf das gedankliche Zentrum der Rede. Im Rückgriff auf den englischen Staatslehrer Thomas Hobbes vertritt Schrott die Überzeugung, dass die Natur des Menschen wölfisch beziehungsweise raubtierhaft sei. Unter der Last der Überzivilisiertheit sei dieser vitale Kern aber fast verschüttet.

Obgleich nur Fragmente der Rede vorliegen, lässt sich eine Art **Dreischritt im Aufbau** des Textes erkennen:
Gleich mit der Anrede beginnt Schrott die scharfe Beschimpfung der anwesenden Abiturienten als Vertreter ihrer Generation. Die grammatische Form des ersten Absatzes und des beginnenden zweiten ist die zweite Person Plural *(Ihr, Euch).* Später wird sich der Redner selbst mit einbegreifen und zur ersten Person Plural übergehen (ab Z. 20: *uns, wir*). Der Schluss (ab Z. 67) kehrt zur unmittelbaren Anrede zurück und steigert die Attacke.
Gedanklich sind die vorliegenden vier Absätze so miteinander verbunden, dass auf die Provokation und Beschimpfung der Jugend als *Konformisten* und *Konsumenten* (Z. 4 und 13) im zweiten Absatz Gründe für solches Urteil genannt werden: Die Jugend wisse nicht, wie sie sich von außen gesehen ausnimmt. Von außen gesehen nämlich erkenne man die – insgesamt winzige – westliche Welt, die sich ihren Lebensstandard auf Kosten der gesamten übrigen Welt leiste, als *Artifizium* (Z. 21), als zivilisatorische Kunstblüte gleichsam, die durch Ausbeutung der restlichen Welt hervorgetrieben wird.

Die Begründung dieser These wird im dritten Absatz (Z. 23–39) vorbereitet, in dem Schrott zunächst – in Anknüpfung an das Leben der Milliarden von Menschen außerhalb der kleinen westlichen Welt – sein **Menschenbild** vorstellt: Früher wie heute habe Existenznot die Menschheit getrieben. *Existenznot* sei *der Regelfall* (These, Z. 24), westlicher Luxus die Ausnahme. Aggressivität und Gewalt gehörten zur Natur des Menschen und machten ihn fähig, Gefahren zu trotzen, zu überleben und an Herausforderungen zu wachsen. Schrotts **Grundthese** und Grundüberzeugung äußert sich hier: Der Mensch ist, wie Hobbes es ausgedrückt hat, ein Wolf (Z. 26). Der Mensch der westlichen Welt aber sei ein fett und faul gewordener Wolf im Zoo, da – und mit dieser These leitet Schrott in den langen vierten Absatz über – die Kultur die vitale Natur in uns erstickt habe (Z. 40 ff.).

Der umfangreiche Schlussabsatz ist eigentlich abermals dreiteilig. Ab Zeile 40 begründet der Redner die These von der Zoo- oder Haustierhaftigkeit der Europäer und Amerikaner. Zwischen Zeile 57 und Zeile 67 spricht er von Erlebnisräumen und Werten eines erfüllten Lebens, um ab Zeile 69 in verschärfter Gangart neu zu attackieren. Der Anfang nahm vor allem das gestylte Äußere der jungen Generation aufs Korn. Am Ende verspottet der Redner sie als geistig zweidimensional (Z. 71) und spricht ihr nicht nur ihre Mündigkeit ab, sondern behauptet darüber hinaus, dass sie freiwillig unmündig sei (**Schlussthese und Conclusio**, Z. 77 f.).

Die **Grundstruktur** der Rede ist **antithetisch**. Schrott polarisiert und treibt die Gegensätze rhetorisch hervor.
Als ersten Gegensatz stellt er die Erste Welt gegen alles andere, was auf dem Globus lebt: Der Westen fällt geografisch kaum ins Gewicht, der Rest der Welt ist überwältigend groß. Der kleine Westen saugt die anderen Teile der Welt parasitär aus. Im Westen herrscht Luxus, während die Milliarden von Menschen der Zweiten und Dritten Welt von Existenznot beherrscht sind (These: *Existenznot ist die Regel*).
Der zweite Gegensatz ist philosophischer Natur. Schrott kontrastiert Natur und Kultur – beziehungsweise Triebhaftigkeit einerseits, Geist und Gesittung andererseits – als Bedingungen des Menschen. Kultur bändige die angeborene wölfische Wildheit des Menschen, habe bei uns aber überhand genommen.
Neben der inneren Natur des Menschen stellt Schrott dann die äußere Natur oder Realität unserer Welt und setzt die Medienwelt dagegen (Z. 42 ff.). Die Fülle der zweidimensionalen Bilder schirme uns vor *der eigentlichen Realität* ab (Z. 48). Wir seien *Analphabeten* dieser eigentlichen Welt geworden (These; Z. 48).
Der schwerwiegendste Gegensatz wird am Schluss entwickelt, indem Schrott aufführt, was ihm lebenswichtig und lebenswert ist. Der von ihm bejahte Erlebnis- und Lebensraum ist gleichsam dreidimensional, er gibt *Raumgefühl* (Z. 60) und *Tiefe* (Z. 74). Ihm steht all das als zweidimensional (Z. 71) entgegen, was zuvor als westliche Dekadenz beklagt worden ist.
Eine regelrechte Engführung erfährt die **Technik der Polarisierung** in den Zeilen 69 f., indem Schrott Wort für Wort die für ihn flachen, trendabhängigen Werte und Medien-Ikonen – *Madonna, Schwarzenegger, Ecstasy, Sex, Ironie* (gemeint ist damit wohl ein unverbindliches Gewitzel) – gegen die von ihm befürworteten großen alten Werte stellt.

Rhetorisch liebt Schrott die **Zuspitzung**, die pointierte Verknappung, das starke Bild. Formulierungen wie *Deutschland als Bundesland der USA* (Z. 16) oder *ganz Europa […] wie ein Vorort von Las Vegas* (Z. 21 f.) oder *Allrad und GPS […], um am Trottoir zu parken* (Z. 49 f.) gehören hierher und verraten in der Kritik die Lust am satirischen Zugriff und an der **Polemik**. Provozierend ist das Bild vom verfetteten Zoobewohner und der Haustierhaftigkeit des westlichen Menschen (Z. 38 f.). Ein besonders schlimmes Urteil nennt die Jugend – wenn auch nicht *nur* sie – *Analphabeten der eigentlichen Realität* (Z. 47 f.). Noch vernichtender ist die Behauptung ihrer *freiwillige[n] Unmündigkeit* (Schluss).
Die Rede ist reich an **Sentenzen**, also an geschliffenen Aussagen, die eine Wahrheit behaupten. Schrott setzt gern knappe Hiebe wie mit dem ersten sehr kurzen Satz. Aber er liebt auch die Bilderflut und -fülle, mit der er im ersten Absatz etwa die Yuppiewelt in opulenten Sätzen vorführt. Natürlich weiß er, dass das Schlagworte und Stereotypen sind (vgl. Z. 2), aber seine anschauungsgesättigte Verdichtung hat auch Unterhaltungswert. Er beschimpft und vergnügt also zugleich.

Leitvokabeln der von Schrott vertretenen Daseinsweise und Welt sind *Tiefe, Abgrund* und *abgründig* (Z. 74, 47, 75), in deren Kontext aber auch *Stille* und *Dunkelheit* (Z. 57 f.), *Unendlichkeit* und *Tod* (Z. 62 f., 66 f., 69), *das Unheimliche* *und die Leere* (Z. 62 f., 66) gehören. Leere sei auszuhalten, sofern man sich zum mündigen Menschen entwickeln wolle. Indem Schrott das Leere und Abgründige zusammenfasst, kommt er zu einem Kreis von Begriffen, die religiöse Erfahrung einschließen (*Gott,* Z. 28), Grenzerfahrungen *(Tod),* höchste Gefühle (*Glück, Pathos*, Z. 29 und 67) und – ganz unerhört aus dem Mund eines heutigen Schriftstellers –: *Aggression* und *Gewalt* (Z. 29 und 67). Schrott anerkennt Aggressivität als Elementarkraft im Menschen.

Offensichtlich hat der Autor eine **Intention**. Indem er seine Zuhörer beschimpft, fordert er sie dazu heraus, über die von ihm zugespitzten Gegensätze nachzudenken. Seine Botschaft heißt etwa: Bleibt nicht alberne Modeaffen, lauft nicht dem nach, was als *trendy* ausgegeben wird, wendet euch ab vom Markt und öffnet euch unzimperlich und ernsthaft den wirklich großen Themen, Bedürfnissen und Bedingungen des Menschenlebens. Begreift, dass ihr Bedürfnisse und Gefühle habt wie alle Menschen auf der Welt. Setzt euch den Höhen und Tiefen des Lebens aus, um durch Schmerz und Glück zu euch zu finden und mündige Individuen zu werden.

Die Wahl der Publikumsbeschimpfung als **Redeform** ist ein rhetorischer Kunstgriff, der reizt und Aufmerksamkeit erzeugt, weil (a) Erwartetes (die Festrede) persifliert erscheint und (b) die Provokation geistreicher ist als die darin verborgene Predigt. Streit belebt. Schrott wirft gleichsam den Fehdehandschuh.

2. **Weg A:** Als der Auseinandersetzung wert erscheint der **Rückgriff auf Hobbes** (Absatz 3).
Sicher hat Schrott recht, wenn er die Menschheitsgeschichte als eine Geschichte der Gewalt, der Kriege und des Überlebenskampfes in Erinnerung ruft. Man kann auch nicht abstreiten, dass Not denken lehrt, dass Menschen in der Situation der Not über sich selbst hinauswachsen können (Z. 31 f.) – oder scheitern. Mit dem berühmten Satz des englischen Philosophen Hobbes, dass der Mensch des Menschen Wolf sei, widerspricht Schrott allerdings der optimistischen Überzeugung der Aufklärung, dass Fortschritt im Zeichen der Vernunft die Welt besser machen werde. Für Hobbes ist der Mensch von Natur aus böse. Die Gegenposition vertrat Jean-Jacques Rousseau mit der Vorstellung, der Mensch sei von Natur aus gut, erst Zivilisation und Eigentumsbildung hätten den „edlen Wilden“ des Ursprungs verdorben.
Indem Schrott sich Hobbes anschließt, scheint er „das Böse“, Wölfische im Menschen sogar in ein Positivum umzudeuten, denn er plädiert für die Anerkennung der Aggressivität in uns als wichtiger Energiequelle. Was nicht unterdrückt werden darf, ist für ihn der ‚wölfische Hunger‘ (Z. 26 f.). Gemeint ist die ewige Antriebskraft und Unruhe, die alle Arten von Glück anstrebt. Verächtlich sind ihm die Satten, die Saturierten. Man kann an Goethes *Faust* denken. Schrott preist die Faust-Natur des immerwährend Strebenden. Er bekennt sich zu einer Neugier, Unruhe und Unersättlichkeit, die Großes will und Abgründe oder Erfahrungen des Scheiterns riskiert. Das ‚Faulbett‘ war bei Faust und ist ebenso für Schrott verabscheuenswürdiges Symbol geistiger und seelischer Erschlaffung.

Hätte Schrott Hobbes und das *Wölfische* (Z. 26 und 34) weggelassen und nur von „Hunger" gesprochen, wäre diese Stelle in seiner Rede weniger anstößig. Die Trägen (Z. 36 ff.) erinnerten dann an die schon im 18. Jahrhundert verspotteten Philister. Der unstillbare Hunger des Menschen, den Schrott achtet, und auch die Suche nach Stille und Dunkelheit, nach großer Natur, Nacht und Unendlichkeit (Z. 57 ff.), wären dann der Unendlichkeitssehnsucht der Stürmer und Dränger und Romantiker nahe.

Da Schrott aber den tabuisierten Begriff der Gewalt als Komplementärerfahrung und Bedingung des Glücks aufführt, wirkt seine Haltung machohaft männlich, weckt Erinnerungen an den Vitalismus Nietzsches und will – sicher gezielt – die als *androgyn* (Z. 10) verspottete Jugend provozieren. Vielleicht hat er recht darin, dass zumindest der Mann von Natur aus gewaltbereit und kämpferisch ist, aber er neigt auch zur Verklärung des Vorzivilisatorischen und Wilden, zu einem Exotismus, der doch wiederum nur die Luxusblüte eines von der Zivilisation angeödeten Europäers ist, der sich auf Kosten der anderen Welten seine Weltreisen leistet.

Fazit: Ich kann letztlich nicht entscheiden, ob der Mensch von Natur aus gut oder böse ist. Ich sehe in dieser Frage nur einen unfruchtbaren Streit von Theorien. Für bedenklich halte ich, Gewalt aufzuwerten – wenn auch nur um der Provokation willen und letztlich gedeutet als Hunger nach Lebenserfahrung. Die Menschen der Dritten Welt beneide ich nicht; ich wünschte, wir könnten dafür sorgen, dass ihr Leben sicherer und gesünder wäre und ihre Existenznot gelindert. Ich ziehe das Leben in unserer Zivilisation vor. Schrotts Warnung, zu träge zu werden im goldenen Käfig, finde ich berechtigt und stimme ihm darin zu, dass mich nur die Menschen als Freunde interessieren, die etwas von dem beschriebenen Hunger als Antriebskraft in sich spüren. Was wir aber außerdem an Ernsthaftigkeit und an Sorgen in uns haben und untereinander besprechen, scheint Raoul Schrott nicht zu ahnen.

Alternative Lösungsmöglichkeiten

Weg B: Lohnend wäre auch, Schrotts Zivilisationskritik auf „**Homo faber**" zurückzubeziehen. In diesem Roman spielt – als Sprachrohr des Autors – die Figur des Musikers Marcel mit seiner Kritik am *American Way of Life* die Rolle, die Schrott in seiner Rede übernimmt. Marcels These lautet: *Lebensstandard als Lebensersatz*. Auch Marcel sucht die Welt außerhalb des zivilisierten Westens. Auch er hält sie für seelisch tiefer. Er fragt nach den religiösen Erfahrungen und Vorstellungen alter Kulturen in ihrer Auseinandersetzung mit dem Tod und der Menschennatur überhaupt. Hanna ist ihm ähnlich und findet in der Antike die Vorstellung vom Leben als Gestalt statt als Addition (zum Beispiel der Addition von Reizen, von Events, von beliebig Reproduzierbarem). Im *Cuba*-Kapitel übernimmt die Hauptfigur Faber beider Kritik. Was Schrott gegen die medial erzeugte Oberflächlichkeit stellt, *das, was in die Tiefe geht* (Z. 74), *was unauslotbar, unsagbar und unzeigbar ist* (Z. 61 f.), trifft sich mit Frischs Kritik. Der Vorwurf, Schmerz, Alter und Tod ausblenden zu wollen (Z. 50 ff.), ist auch im *Homo faber* zentrales Motiv. – Die These vom Verlust der Realität durch Bilder – die *visuelle*

Intelligenz hat uns [...] zu Analphabeten der eigentlichen Realität gemacht, (Z. 47 f.) – könnte ein eigener Ansatz sein, ließe sich aber auch gut in den *Homo faber*-Bezug einbinden (Anknüpfungspunkte sind: das Motiv der Blindheit oder das Motiv des Fotoapparates beziehungsweise des Fotografierens als Schirm vor der Wirklichkeit, dem wirklichen Sehen und Erleben).

Weg C: Verlockend und ergiebig erscheint auch, von der Schlussthese auszugehen und zusammenzutragen sowie zu durchdenken, was Schrott unter **freiwillig erklärter Unmündigkeit** (Z. 77 f.) versteht, sich zu fragen, was hier folglich Mündigkeit sein müsste, und weiterzufragen, inwiefern dieser Begriff von Mündigkeit mit dem aus Kants berühmten Aufsatz *Was ist Aufklärung?* übereinstimmt oder nicht. Zu erörtern wäre dabei die herausfordernd paradoxale Auffassung Schrotts, die Aufklärung – mit ihrem Vernunft-, Toleranz- und Emanzipationspostulat die geistige Antriebskraft, die letztlich unsere Welt mit ihren Demokratien, ihrer Wirtschaftskraft und ihrem Lebensstandard hervorgebracht hat – habe zugleich in den Zustand einer neuen Unmündigkeit geführt.

Bewertung und Beurteilung

- „**Gut**" (**11 Punkte**) ist die Leistung, in der die Anforderungen an die Textwiedergabe erfüllt sind und das in der Rede Gesagte differenziert verstanden worden ist. Rhetorisch sollte neben der Antithetik und neben Beobachtungen zur Sprache Schrotts erfasst sein, was die Provokation bezweckt (Intention). In Teil 1 wird die sachliche Haltung der Analyse gewahrt sein.
  In Teil 2 muss eine der Thesen gedanklich erschlossen und mit Vorwissen verbunden sein. Die argumentative Auseinandersetzung mit der These sollte zu einer gedanklich selbstständigen Fortentwicklung des Ansatzes führen und Temperament und persönliches Urteilsvermögen auf gutem Niveau vermitteln.
- „**Ausreichend**" (**5 Punkte**) könnte eine Leistung genannt werden, in der in Teilaufgabe 1 der Argumentationsweg Schrotts inhaltlich insgesamt verstanden und überwiegend in eigenen Worten formuliert ist. Der referierende Konjunktiv muss insgesamt korrekt gehandhabt sein. Die Analyse müsste als Minimum erbringen, dass Schrott die erwartete Textsorte nicht liefert, das Publikum beschimpft. Bemerkt worden sein müsste die antithetische Denkstruktur und der Übergang von der direkten Anrede zur generelleren Zivilisationskritik.
  In der zweiten Teilaufgabe müsste eine der wesentlichen Thesen in ihrer Bedeutung paraphrasiert, ansatzweise verstanden und in ihrem Bedeutungshorizont aufgeschlossen worden sein. Das eigene Fazit kann gedanklich bescheiden ausgefallen sein, soll aber logisch nachvollzogen werden können.

Abiturprüfung Hessen 2010 – Deutsch Grundkurs
Vorschlag A

Liebesmodelle

Erlaubte Hilfsmittel:
1. Wörterbuch zur deutschen Rechtschreibung
2. Fontane, *Irrungen, Wirrungen*

Aufgaben:

1. Fassen Sie die Darstellung der Beziehung von Julius und Lucinde in dem Text von Schlegel (Material 1) zusammen und ordnen Sie den Text begründet der Romantik zu. (30 BE)

2. Vergleichen Sie die Beziehung zwischen Julius und Lucinde mit der Beziehung Bothos zu Lene und seiner Beziehung zu Käthe in Fontanes *Irrungen, Wirrungen.* (45 BE)

3. Geben Sie die These der Soziologin Eva Illouz (Material 2) in eigenen Worten wieder und diskutieren Sie diese unter Einbeziehung Ihrer Ergebnisse aus Aufgabe 2. (25 BE)

Material 1
Friedrich Schlegel: Lucinde (1799), Auszug

In dem fragmentarischen Roman „Lucinde" trifft der Künstler Julius nach einigen Liebeserfahrungen auf die Malerin Lucinde.

Bald aber vergaß er diese und andre ähnliche Kleinigkeiten, da er eine junge Künstlerin traf, welche das Schöne gleich ihm leidenschaftlich verehrte, die Einsamkeit und Natur eben so zu lieben schien. […] Lucinde hatte einen entschiednen Hang zum Romantischen, er fühlte sich betroffen über die neue Ähnlichkeit und er entdeckte immer mehrere. Auch sie war von denen, die nicht in der gemeinen Welt leben, sondern in einer eignen selbstgedachten und selbstgebildeten. Nur was sie von Herzen liebte und ehrte, war in der Tat wirklich für sie, alles andre nichts; und sie wußte, was Wert hat. Auch sie hatte mit kühner Entschlossenheit alle Rücksichten und alle Bande zerrissen und lebte völlig frei und unabhängig.

Die wunderbare Gleichheit zog den Jüngling bald in ihre Nähe, er bemerkte daß auch sie diese Gleichheit fühle, und beide nahmen es gewahr, daß sie sich nicht gleichgültig wären. Es war noch nicht lange daß sie sich sahen und Julius wagte nur einzelne abgerißne Worte, die bedeutend aber nicht deutlich waren. Er sehnte sich mehr von ihren Schicksalen und ihrem ehemaligen Leben zu wissen, worüber sie gegen andre sehr geheimnisvoll war. Ihm gestand sie nicht ohne gewaltsame Erschütterung, sie sei schon Mutter gewesen von einem schönen starken Knaben, den ihr der Tod bald wieder entrissen. Auch er erinnerte sich an die Vergangenheit und sein Leben ward ihm, indem er es ihr erzählte, zum erstenmal zu einer gebildeten[1] Geschichte. Wie freute sich Julius, da er mit ihr über Musik sprach, und seine innersten und eigensten Gedanken über den heiligen Zauber dieser romantischen Kunst aus ihrem Munde hörte! Da er ihren Gesang vernahm, der sich rein und stark gebildet aus tiefer weicher Seele hob, da er ihn mit dem seinigen begleitete, und ihre Stimmen bald in Eins flossen, bald Fragen und Antworten der zartesten Empfindung wechselten, für die es keine Sprache gibt! Er konnte nicht widerstehn, er drückte einen schüchternen Kuß auf die frischen Lippen und die feurigen Augen. Mit ewigem Entzücken fühlte er das göttliche Haupt der hohen Gestalt auf seine Schulter sinken, die schwarzen Locken flossen über den Schnee des vollen Busens und des schönen Rückens, leise sagte er h e r r l i c h e F r a u ! als die fatale Gesellschaft[2] unerwartet hereintrat.

Nun hatte sie ihm nach seinen Begriffen eigentlich schon alles gewährt; es war ihm nicht möglich zu künsteln an einem Verhältnis, das er sich so rein und groß dachte, und doch war ihm jede Zögerung unerträglich. Von einer Gottheit, dachte er, begehrt man nicht erst das, was man nur als Übergang und Mittel denkt, sondern man bekennt sogleich mit Offenheit und Zuversicht das Ziel aller Wünsche. So bat auch er sie mit der unschuldigsten Unbefangenheit um alles, was man eine Geliebte bitten kann, und stellte ihr in einem Strome von Beredsamkeit dar, wie seine Leidenschaftlichkeit ihn zerstören würde, wenn sie zu weiblich[3] sein wollte. Sie war nicht wenig überrascht, aber sie ahndete[4] wohl, daß er nach der Hingebung liebender und treuer sein würde wie vorher. Sie konnte keinen Entschluß fassen, und überließ es nur den Umständen, die es so fügten, wie es gut war. Sie waren nur wenige Tage allein, als sie sich ihm auf ewig ergab und ihm die Tiefe ihrer großen Seele öffnete, und alle Kraft Natur und Heiligkeit, die in ihr war. [...]

Er glaubte alles in ihr vereinigt zu besitzen, was er sonst einzeln geliebt hatte: die schöne Neuheit des Sinnes, die hinreißende Leidenschaftlichkeit, die bescheidne Tätigkeit und Bildsamkeit und den großen Charakter. [...] Wie der Sinn für einander, wuchs auch der Glauben an einander, und mit dem Glauben stieg der Mut und die Kraft.

Sie teilten ihre Neigung zur Kunst und Julius vollendete einiges. Seine Gemälde belebten sich, ein Strom von beseelendem Licht schien sich darüber zu ergießen und in frischer Farbe blühte das wahre Fleisch. [...]

Leicht und melodisch flossen ihnen die Jahre vorüber, wie ein schöner Gesang, sie lebten ein gebildetes Leben, auch ihre Umgebung ward harmonisch und ihr einfaches Glück schien mehr ein seltnes Talent als eine sonderbare Gabe des Zufalls. Julius hatte auch sein äußeres Betragen verändert; er war geselliger, und obgleich er viele ganz verwarf, um sich mit wenigen desto inniger zu verbinden, so unterschied er doch nicht mehr so hart, wurde vielseitiger und lernte das gewöhnliche veredeln. Er zog allmählig manche vorzügliche Menschen an sich, Lucinde verband und erhielt das Ganze und so entstand eine freie Gesellschaft, oder vielmehr eine große Familie, die sich durch ihre Bildung immer neu blieb.

Aus: Friedrich Schlegel: Lucinde. Ein Roman, hrsg. von Karl Konrad Polheim, Stuttgart 1963, S. 70–76

1 geformten, zusammenhängenden
2 störende Besucher
3 hier offenbar im Sinne von zurückhaltend
4 ahnte

Material 2
Die Soziologin Eva Illouz äußerte in einem Interview (2004) folgende These:

Ich glaube, in unserer Kultur existieren zwei konkurrierende Liebesmodelle. Das romantische besteht in einer Erfahrung: spontan, plötzlich und überwältigend. Man ist fasziniert von einer Person, in die man verliebt ist. Das andere Modell ist das realistische. Es macht uns sehr misstrauisch gegen diese Romantik, sagt uns, dass es nicht von Dauer ist […]. Es kreist im Gegenzug darum, den Arbeitsalltag mit all seinen Schwierigkeiten zusammen zu meistern und dem andern die Hand zu halten, wenn er krank ist. Beide Modelle existieren gleichzeitig.

Aus: Interview von Susanne Lang mit Eva Illouz, in: die tageszeitung, 26. April 2004, S. 13

Hinweise und Tipps

In Vorschlag A finden Sie zwei Aufgaben, die nachvollziehbar ineinandergreifen und in eine Erörterung münden. Das Thema wirkt übersichtlich, die Aufgabenstellung glatt und bewältigbar: Ein fremder Text ist themenbezogen zu einer Ihnen wohlbekannten Lektüre in Beziehung zu setzen.
Aber eine gewisse Klippe liegt im Methodischen. Aufgabe 1 verlangt von Ihnen keine Interpretation des Schlegel-Textes. Sie sollen lediglich „die Darstellung der Beziehung von Julius und Lucinde“ zusammenfassen. Dennoch ist am Ende eine begründete Epochenzuordnung zu leisten. Diese zweite Anforderung in Aufgabe 1 ist aber kaum oder nur sehr grob zu erfüllen, wenn man den Text in einem ersten Arbeitsschritt – vor der Zusammenfassung – nicht genauer analysiert hat. Mit „Zusammenfassung“ ist vermutlich nicht die schlichte Inhaltsangabe gemeint, und der Begriff der „Darstellung“ enthält durchaus auch das Wie, die Art und Weise also, in der sich etwas präsentiert. Es empfiehlt sich folglich, sich nicht nur über die Eigenschaften der Lucinde, über das den Liebenden Gemeinsame und über die Entwicklung ihres Zusammenlebens Klarheit zu verschaffen, sondern zum Beispiel auch den höchst aufschlussreichen sprachlichen Bildern, Vergleichen und bevorzugten Begriffen des Textes nachzugehen, bevor man den Stift zum Schreiben ansetzt. Markieren Sie sich die Vokabeln, Wortfelder und Metaphern, die zwei- und dreimal vorkommen und durch ihre Häufigkeit verraten, wie wichtig sie dem Autor sind. Beachten Sie: Schle-

gels romantisches Programm ist in erster Linie nicht als gesellschaftspolitische Provokation oder als eine Frage des sozialen Zuschnitts von Zweierbeziehungen gemeint.
Aufgabe 2 dürfte Ihnen recht locker von der Hand gehen.
Schätzen Sie aber in Aufgabe 3 den kleinen Zusatztext von Eva Illouz (Material 2) nicht falsch ein. Man könnte meinen, dass er Ihnen die Definition dessen liefert, was Sie doch selbst und eigenständig aus Schlegels Text (Material 1) und Fontanes Roman herausarbeiten sollten. Bleiben Sie da auf der Hut!
Friedrich Schlegel (1772–1829) gehörte zusammen mit seinem Bruder August Wilhelm dem Freundeskreis der Frühromantik an und wurde einer der scharfsinnigsten Anreger, Kritiker und Theoretiker seiner Zeit. Als aber sein Roman „Lucinde" erschien, wurde nicht das neue Romankonzept – die Collage aus Briefen, theoretischen Erwägungen und Erzählpartien – gewürdigt, sondern Schlegel war ab sofort landauf, landab als Skandalautor verschrien.

Lösungshinweise

1. Im gegebenen Ausschnitt aus **Friedrich Schlegels Roman** *Lucinde* von 1799 erzählt der junge Maler Julius, wie er eines Tages in Lucinde einer romantischen Natur und ihm geistes- und seelenverwandten Künstlerin begegnet, wie er sie näher kennenlernt, wie beide bald in leidenschaftlicher Liebe zueinander entbrennen und fortan ein gemeinsames Leben führen. Der Begriff des Romantischen im Text bezeichnet die Liebe zur Kunst, zur Natur, zur Einsamkeit (Z. 2 f.) und vor allem zur Musik, die – als die romantische Kunst schlechthin (Z. 19 f.) – das Paar zusammenführt: Indem sie zusammen singen und *ihre Stimmen […] in Eins* fließen (Z. 22 f.), nehmen sie gleichsam die körperliche Vereinigung vorweg.

   Lucinde hat sich von den Regeln und Normen der bürgerlichen Welt – *der gemeinen Welt* heißt das im Text (Z. 5) – emanzipiert. Sie hat die Verbindungen zu dieser *zerrissen* (Z. 9) und lebt folglich *völlig frei und unabhängig* (ebd.) ein außerbürgerliches und **selbstbestimmtes Dasein als Künstlerin**. Ihr bisheriges Leben war nicht leicht: Sie vertraut Julius an, dass sie bereits ein Kind hatte, das aber früh gestorben ist (Z. 16 f.). Lebenskrisen und deren Überwindung gehören offensichtlich zur profilierten, *selbstgebildeten* (Z. 6) Persönlichkeit dazu. Indem auch Julius ihr seine Vergangenheit anvertraut, erkennt er im Spiegel dieser Zuhörerin auch sein Leben als Gestalt, als *gebildeten* Sinnzusammenhang (Z. 18 f.).

   Seit Julius und Lucinde ein Paar sind, verwandelt sich Julius' Leben. Seine Malerei wird ausdrucksvoller; etwas Beseeltes scheint sie nun zu durchwirken (Z. 48 ff.). Julius erfährt durch Lucinde die Summe dessen, was ihm liebenswürdig ist und was er bisher auf der Welt nur in Bruchstücken gefunden hatte (Z. 43). Untrennbar von der **erotischen Anziehungskraft** und sinnlichen Leidenschaftlichkeit sind für ihn die charakterlichen Vorzüge Lucindes, und ihre Beziehung zueinander festigt und entwickelt sich durch ihre gemeinsame Arbeit: durch *Tätigkeit* (Z. 45). Julius gewinnt Vertrauen, *Mut* und *Kraft* (Z. 46 f.) aus der Verbindung mit Lucinde. Er beobachtet, wie er, der früher eher für sich gelebt hat, verträglicher, *geselliger* (Z. 54 ff.) und freundschaftsfähiger wird.

Der Erzähler macht nun einen Zeitsprung. Im Schlussabsatz blickt Julius auf viele Jahre eines glücklichen Lebens zurück, in denen er und Lucinde zum Mittelpunkt eines geistreichen Freundeskreises geworden sind, in dem man ihre freiheitlichen Ansichten teilt.

Zweimal, in Bezug auf die Musik (Z. 20) und in Bezug auf Lucindes unbürgerliche Neigungen, verwendet der Erzähler selbst bereits den **Begriff des Romantischen**. Lucinde ist eine Romantikerin (Z. 4 f.). Bezeichnend für die Romantik ist die gleich im ersten Textabschnitt betonte **Opposition zwischen Künstlertum und Bürgertum**. Romantiker sind künstlerische Naturen und gesellschaftliche Aussteiger wie etwa der Taugenichts in Joseph von Eichendorffs gleichnamiger Novelle. Sie verspotten den Bürger gern als Philister, als prosaischen, moralisch und geistig engen und ängstlichen, auf Sicherheit bedachten und zu Begeisterung und höherem Gedankenflug unfähigen Spießer, während sie selbst um ihrer schöpferischen **Freiheit** willen das Risiko eines ungesicherten Lebens eingehen. Folglich sieht Julius in Lucinde eine **kühne Frau** (Z. 8), denn sie folgt ihrem Herzen (Z. 6 f.) und verzichtet um ihrer Selbstbestimmtheit willen auf den Schutz durch die bürgerliche Familie und Gesellschaft. Es ist denn auch *die fatale Gesellschaft*, die die erste Umarmung der Liebenden stört (Z. 28). Sie wird wohl darum „fatal“ genannt, weil sie diese Umarmung nicht verstehen und moralisch verurteilen würde.

Charakteristisch für die Epoche der Romantik ist ferner die **Hochschätzung der Musik** als der romantischsten aller Künste. Während die Klassik die klare Form der Skulptur und insgesamt die bildende Kunst bevorzugte, liebt die Romantik das Flüchtige und Fließende, das Bewegte und Stimmungshafte einer Kunst, die das Gemüt unmittelbar – ohne Umweg über die Sprache oder den Verstand – berühren kann. Musik verwandelt und vermag Grenzen aufzulösen. Folglich ist von ihrem *heiligen Zauber* die Rede (Z. 20), der die Liebenden in einer Empfindungsdimension zusammenführt, *für die es keine Sprache gibt* (Z. 24). Der **Begriff des Heiligen** an dieser Stelle zeigt an, dass die Vereinigung im Gesang als Mysterium, als Wunder erfahren wird.

Mit **Vokabeln aus dem Bereich des Heiligen und Sakralen** versieht der Erzähler aber auch die Geliebte und die **Liebe** selbst, und auch diese Sprachgebung ist bezeichnend für die Romantik. Julius billigt Lucinde nicht nur eine *große Seele* (Z. 41) und einen *großen Charakter* (Z. 45) zu, sondern spricht von ihrem *göttliche*[n] *Haupt* (Z. 26), setzt sie sogar einer *Gottheit* gleich (Z. 32), ist ergriffen von der *Heiligkeit* ihrer Seele (Z. 42) und empfindet *ewige[s] Entzücken* (Z. 25 f.) angesichts ihrer Hingabe. Ewigkeits-, Unendlichkeits- und Göttlichkeitsvokabeln häufen sich hier auffällig. Nicht nur die Verwandlungskraft der Musik, sondern auch die **Verwandlungskraft der Liebe** wird also von den Romantikern als Mysterium erlebt und gefeiert: Liebe wird sakralisiert und zur weltlichen **Liebesreligion**. Der Künstler gewinnt aus ihr Inspiration und Steigerung, wie Julius an seinen Bildern erkennt. Das Leben erlangt Tiefe, Glück und Format, und die Liebenden haben die Fähigkeit, die gewöhnlichen Verhältnisse und Dinge des Lebens durch ihren Zauber zu *veredeln* (vgl. Z. 56). Damit wird die Liebe zur Kraftquelle für die von Schlegel und Novalis gemeinsam ersehnte Utopie einer **Poetisierung der Welt**.

Liebe und **Musik** und die Metaphorik des **Wassers** (des Fließens) stehen so nah beieinander, dass sie fast austauschbar sind. Es überrascht nicht, dass darum das Vergehen der Zeit und das Leben selbst als Musik erlebt oder mit Musik verglichen wird: Die weiteren *harmonisch[en]* Lebensjahre von Julius und Lucinde *flossen melodisch* vorüber *wie ein schöner Gesang* (Z. 51 ff.).

Der Skandal, den die *Lucinde* 1799 auslöste, war natürlich das darin propagierte Liebesmodell: Julius und Lucinde leben in **freier Liebe** und **wilder Ehe** miteinander. Die Kirchen empörten sich darüber und die lesende Öffentlichkeit nahm Anstoß an der Freizügigkeit, mit der Schlegel über eine Mann-Frau-Beziehung außerhalb des institutionellen Rahmens der Ehe nachzudenken und sie ausführlich zu beschreiben wagte. Noch dazu war Schlegels Roman nicht nur der Fantasie eines Schwärmers entsprungen, sondern vieles in ihm hat autobiografische Züge, und eine Reihe von Romantikern lebte tatsächlich nach dem als anstößig empfundenen Modell. Dessen Voraussetzung war ein **neues Bild der Frau**. Zwar ist Julius der aktive Part im Verhältnis zu Lucinde, und er ist es, der am Ende *vorzügliche Menschen* um sich versammelt, während Lucinde die Rolle übernimmt, den so entstehenden Freundeskreis zusammenzuhalten (Z. 57 ff.), aber unverkennbar ist die Achtung, die Julius der kreativen Frau entgegenbringt, die selber denkt, die Welt mit eigenen Augen sieht und ohne Angst und Zimperlichkeit Julius' Geliebte wird. Nicht nur Leidenschaft, sondern auch gemeinsame alltägliche *Tätigkeit* (Z. 45) verbindet hier Mann und Frau. Für die Romantiker wurde die Frau so sehr **gleichberechtigte Partnerin**, wie sie es im Laufe der christlichen Kulturgeschichte noch nie zuvor gewesen war. Insofern ist ihr Liebesmodell revolutionär und modern. Sie hatten kein Verlangen nach patriarchalischer Herrschaft, sondern ihr Ideal war *eine freie Gesellschaft* (Z. 58), in der bedeutende Frauen und Männer sich künstlerisch und intellektuell anregten, sich unterhielten und sich politisch, wissenschaftlich, philosophisch und sicher auch in Fragen des praktischen Lebens und des Klatsches austauschten. Was Schlegels Text am Ende skizziert, ist nichts anderes als die romantische Einrichtung der geselligen **Zirkel oder Salons**, in denen sich wie in einer Welt in der Welt die freien Geister der Zeit als *große Familie* (Z. 58 f.) versammelten.

2. **Theodor Fontane** ist Realist. Sein Roman *Irrungen, Wirrungen,* 1888 erschienen, behandelt nicht die Berliner Bohème oder Künstlerwelt, sondern durchleuchtet Lebensweise und Problematik der sogenannten staatstragenden Schichten der preußischen Gesellschaft. Mit der Liebesgeschichte von Botho von Rienäcker und Lene Nimptsch zieht er eine imaginäre Verbindungslinie vom Adel bis hinunter zum Kleinbürgertum. Botho, Offizier und Spross aus bestem Haus, ist seinem Stand ebenso verpflichtet wie seine spätere Frau Käthe von Sellenthin. Aber auch

die einfache Plätterin Lene ist moralisch und ökonomisch fest in ihrem sozialen Umfeld verankert. Die **Liebe zwischen Botho und Lene** bleibt eine **Episode**. Botho tut, was er seiner Familie schuldig ist. Auf ihm lastet die Verantwortung dafür, dass das verschuldete Rienäckersche Gut nicht aufgegeben werden muss, und so trennt er sich nach schwerer innerer Entscheidung von Lene und geht die **Vernunftehe** mit der vermögenden **Käthe** ein, die ihm seit Langem so gut wie verlobt war.

Der Vergleich zwischen *Lucinde* und *Irrungen, Wirrungen* wird dadurch interessant, dass Fontane in seiner Welt der fest gefügten Standesschranken die **romantische Liebe** gleichsam **als Experiment** durchspielt. Er überprüft ihre Substanz und Überlebenschance. Eine Zeit lang gelingt es Botho und Lene, ihrem Gefühl zu folgen und sich von gesellschaftlichen *Rücksichten* und *Bande[n]* (fast) *völlig frei und unabhängig* zu machen wie Julius und Lucinde (vgl. *Lucinde*, Z. 8 f.). Botho tendiert zum Bürgertum und seinen Werten. Er verabscheut das höfische Parkett und alle Ziererei und inhaltsleere Konversation. Es zieht ihn zu Lenes Einfachheit und Natürlichkeit hin und zu ihrem frischen, aufrichtigen, offenen und herzlichen Wesen. Er sitzt gern in ihrem bescheidenen Zuhause, nimmt Anteil und geht verständnisvoll auf das Geplauder der alten Dörr und die Sorgen der alten Frau Nimptsch ein, für die Lene die Verantwortung trägt.

Botho ist glücklich mit Lene. Einen Augenblick lang erwägt er, dem eigenen (romantischen) Gefühl die Herrschaft über sein Handeln einzuräumen und sich ein **Recht auf Glück** zuzusprechen. Er argumentiert: *Das Gefühl ist souverän, und die Tatsache, dass man liebt, ist auch das Recht dazu.* Aber weder er noch Lene sind so kühn und revolutionär wie Julius und Lucinde. Sie haben die Standesschranken nicht zerbrochen, sondern nur übersprungen. Sie wagen es nicht, sich innerhalb der – durchaus auch als „fatal" empfundenen – Gesellschaft zu treffen, sondern suchen für ihre Liebe Zufluchtsorte außerhalb der Stadt: in der Gärtnerei der Frau Dörr, auf Wegen durchs freie Feld oder in Hankels Anlage, dem Ausflugslokal im Grünen. Auch das erinnert an die Romantik, dass ihre Liebe in der **Natur** sein darf, in der Gesellschaft aber nicht.

Botho und Lene wissen von Anfang an, dass ihre Liebe nicht von Dauer sein kann. Sie sind zu ungleich, was **Herkommen** und soziale Prägung angeht. Sie könnten keine partnerschaftliche, sinnlich-geistige und alltagstaugliche Gemeinschaft bilden wie Julius und Lucinde. Ausschlaggebend werden **ökonomische Gesichtspunkte** und **Familienrücksichten**, die Schlegel nicht ins Kalkül gezogen hat. Wovon leben Julius und Lucinde? Wer versorgt ihre Eltern? Von Schlegel erfahren wir es nicht, während der Realist Fontane diese Fragen ernst nimmt. Botho fügt sich also den Erwartungen an ihn, heiratet standesgemäß, saniert dadurch den Besitz, setzt am Ende das Prinzip der **Ordnung** über das des individuellen Glücks und zieht – wenn auch trauernd und schweren Herzens – **soziale Integration** der Liebe vor. Er heiratet die entzückende Nervensäge **Käthe** und resümiert: Wer dem Herkommen gehorcht, der kann zugrunde gehen, *aber er geht besser zugrunde als der, der ihm widerspricht.* Fontane und sein Held kennen die

Macht der Gesellschaft und das vom Scheitern bedrohte Liebes- und Lebensmodell romantischen Künstlertums. Indirekt bestreitet Fontane, dass Schlegels Postulat der völligen Freiheit und individuellen Selbstbestimmung verwirklichbar (lebbar) ist. Botho und Lene verfallen nach ihrer Trennung nicht dem Wahnsinn und wollen nicht ins Wasser gehen, in den Krieg ziehen oder sonst sterben wie manche enttäuschten Romantiker, sondern sie setzen nun jeder für sich ein **Leben ohne Glück** fort. Lene verbindet sich dem Konvertikler Gideon Franke. Botho und Käthe werden ein Paar *comme il faut;* sie können sich sehen lassen in ihren Kreisen und besitzen genügend gute Kinderstube, Takt, Stil und Loyalität, um ihre innerlich unerfüllte Ehe der Form nach aufrechterhalten zu können. Schon auf der Hochzeitsreise geht Botho die oberflächliche Munterkeit seiner ewig lachenden Frau auf die Nerven, aber er lässt sich nichts anmerken. Es verstimmt ihn, dass sie nur für komische und alberne Details Sinn hat. Dass Käthe ohne Esprit und *rather a little silly* ist, kaschieren Bothos Kameraden mit dem freundlichen Ausdruck der Dalbrigkeit: Käthe sei *dalbrig,* sagen sie. Sie nennen sie *unterhaltlich* und meinen damit ihr *enormes Sprechtalent*, das Botho peinlich ist. Ihm fehlt etwas in der Beziehung mit Käthe, ihm fehlt Lenes tieferes Gemüt. Die **innere Leere ihrer Ehe** kompensiert Käthe mit Shopping-Freuden und ausgiebigen Kuren in Schlangenbach und anderswo, während Bothos Gedanken von der Vergangenheit mit Lene nicht loskommen. Er bleibt innerlich gebunden. Manchmal freut ihn die Anmut und Puppenhaftigkeit seiner jungen Frau, aber seine Grundstimmung ist melancholisch. Er bilanziert, dass seine Ehe ihm viel Freude gebe, *aber doch keine rechte Freude.*

3. Die Soziologin **Eva Illouz** unterschied in einem Interview von 2004 zwei alternative Formen der Mann-Frau-Beziehung so scharf, dass ihre Unterscheidung sich fast wie eine gesicherte Definition anhört. Ihr zufolge gibt es zwei *konkurrierende,* also sich miteinander messende *Liebesmodelle* (Z. 1). Das eine nennt sie das *romantische,* das andere das *realistische* Liebesmodell. Kennzeichen des romantischen Liebesmodells ist für Eva Illouz die Dominanz des spontan aufwallenden, überwältigenden Gefühls der Verliebtheit, das sich wieder lege, während das realistische Liebesmodell auf dauerhafte gemeinsame Bewältigung des Alltags und auf Solidarität angelegt sei.

   Auf den ersten Blick scheint das **romantische Liebesmodell** geradewegs aus Friedrich Schlegels Roman *Lucinde* herausdestilliert zu sein, denn die Liebe zwischen Julius und Lucinde ergibt sich spontan, und als Synonym für Liebe durchziehen Varianten des Wortes „Leidenschaft" den Text (Z. 2, Z. 36 f., Z. 44). **Das realistische Modell** dagegen scheint dem nahezukommen, was man **Vernunftehe** nennt und was – wie Onkel Osten und Mutter Rienäcker in Fontanes Roman – Eltern durch die Generationen hindurch für ihre Kinder arrangiert haben. Aber die Soziologin plädiert nicht dafür, wie im Falle von Botho und Käthe Herkommen, Stand, Bildung und Vermögen zu Grundpfeilern einer Ehe zu machen. Sie plädiert überhaupt nicht, sondern zieht aus ihren Beobachtungen ein Fazit. Ohne dass der Begriff fiele, läuft ihr zweites Modell doch auf das hinaus, was man heute eine

Partnerschaft zwischen Mann und Frau nennt. Voraussetzung ist in der Regel, dass Mann und Frau berufstätig sind, also – anders als Botho und Käthe – einen *Arbeitsalltag* haben und es gemeinsam schaffen, ihn zu strukturieren, Rücksicht aufeinander zu nehmen und sich zu helfen. Mehr als die flüchtigen Momente des berühmten „ozeanischen Gefühls“ scheinen realistische Menschen es zu schätzen, dass sie sich aufeinander verlassen können und einander beistehen. (Fraglich ist allerdings, ob die freundschaftliche Beziehung des zweiten Modells „Liebe“ genannt werden sollte.)

Allerdings ist, was Eva Illouz für romantisch erklärt, keineswegs Schlegels Modell. Für Julius und Lucinde ist Liebe mehr als ein sporadisches Gefühl. Sie finden schnell zueinander. Aber in ihren Denkweisen, Neigungen und Tätigkeiten erkennen sie von Anfang an die Gemeinsamkeiten, die zur Grundlage eines dauerhaften eheähnlichen Zusammenlebens werden. Sie bleiben beieinander und erleben, dass sie in der Liebe als Persönlichkeiten reifer werden, gelassener, großzügiger und offener für andere. Schlegels Begriff von „Leidenschaft“ bezieht sich nicht nur auf das Strohfeuer aufflammenden Gefühls oder Begehrens, sondern meint so viel wie **Intensität**. Lucinde ist als Künstlerin und in ihrem Sehen, Denken, Fühlen und Handeln generell intensiv und damit für Julius eine leidenschaftliche, also intensiv lebende Frau (vgl. Z. 2 und 44).

Vielleicht hat Schlegel mit seinem Entwurf darauf gesetzt, dass eine Synthese zwischen dem romantischen und dem realistischen Modell herstellbar ist, denn die gemeinsame künstlerische Tätigkeit des Paares Julius – Lucinde macht aus ihrer Verbindung auch eine Arbeitsgemeinschaft und hat Züge einer modernen partnerschaftlichen Beziehung.

Bewertung und Beurteilung

– „**Gut**“ **(11 Punkte)** ist die Arbeit, in der die Entwicklungsstufen (einschließlich der im Schlussabsatz dargestellten) und die wesentlichen Merkmale der Liebesbeziehung in Schlegels Text erkannt und sprachlich gewandt sowie begrifflich präzise und eigenständig wiedergegeben sind. Als Bedingung der freien Liebe zwischen Julius und Lucinde muss die geistige und künstlerische Unabhängigkeit und Selbstständigkeit der Frau und ihr als gleichberechtigt empfundener Status gesehen sein. Es muss zum Ausdruck kommen, dass Mut, Gefühlstiefe, weltanschaulicher und künstlerischer Gleichklang und gemeinsame Tätigkeit die Beziehung zwischen den Liebenden begründet. Für die Identifizierung der von Schlegel dargestellten Liebe als „romantisch“ sollten das Motiv der Musik, das der Liebesreligion und das Ideal der Steigerung, Veredlung oder Poetisierung des Lebens zumindest partiell aus der Sprache des Textes heraus gewonnen und gedanklich aufgegriffen sein. Es muss betont sein, dass Schlegels Entwurf einer freien, romantischen Liebesverbindung auf Dauer setzt, sich also von der Definition in Material 2 unterscheidet. – Die Erarbeitung von Aufgabe 2 muss erbringen, dass und inwiefern die Liebe zwischen Botho und Lene romantische Züge hat. Bothos Verbindung mit Käthe muss zutreffend begründet und charakterisiert sein. Die gute Arbeit vermag die Autorenperspektive einzubeziehen. Es müssen also Argumente vorliegen, die Fontanes realistische Sicht auf Liebe und Gesellschaft ansatzweise von der Sicht Schlegels abgrenzen. – Der zweite Text muss verstanden, sicher wiedergegeben und gedanklich stichhaltig an die bisherigen Arbeitsergebnisse angeschlossen und diskutiert sein. Wenn Aufgabe 1 textbezogen gründlich und erkenntnisreich gelöst wurde, darf Aufgabe 3 ruhig knapp ausfallen.

– Als „**ausreichend**" **(5 Punkte)** ist die Leistung anzusehen, die zwar Schlegels Utopie einer „romantischen Liebe" nicht in ihren Feinheiten durchschaut, als ihren Kern aber die freie, gefühlsbestimmte Partnerwahl und die individuelle Lebensgestaltung des Paares erkennt, textbezogen korrekt nachweist und sprachlich überzeugend entfaltet. Vorkenntnisse zum Motiv (Topos) der Entfremdung zwischen romantischem Künstlertum und Bürgertum sollten eingebracht und die Liebe zwischen Julius und Lucinde entsprechend als Künstlerliebe charakterisiert sein, die sich über bürgerliche Maßstäbe hinwegsetzt. Möglicherweise findet besonders der schwächere Schüler Schlegels Text reichlich unsympathisch; wenn er seine Aversion zu begründen versteht, ergibt das einen Pluspunkt. – Im Zugriff auf *Irrungen, Wirrungen* muss sich solide Textkenntnis erweisen. Ähnlichkeiten in der Liebesbeziehung zwischen Julius und Lucinde und Botho von Rienäcker und Lene Nimptsch müssen entdeckt, Unterschiede benannt sein. Begründungen für Rienäckers Entscheidung gegen die Liebe und für die Vernunftehe müssen überzeugen. – Text 2 (Material 2) muss sicher rezipiert und sprachlich annähernd überzeugend in eigenen Worten wiedergegeben sein. Tolerabel wäre der Fehler, das *romantische Liebesmodell* mit Schlegels Entwurf zu identifizieren. Nicht tolerabel wäre es, das *realistische Liebesmodell* in der Ehe von Botho und Käthe wiedererkennen zu wollen.

Abiturprüfung Hessen 2010 – Deutsch Grundkurs
Vorschlag B

Naturdarstellung bei Novalis und Brecht

Erlaubte Hilfsmittel:
Wörterbuch zur deutschen Rechtschreibung

Aufgaben:

1. Interpretieren Sie das Gedicht von Novalis *Es färbte sich die Wiese grün* (Material 1), indem Sie insbesondere die Epochenmerkmale der Romantik berücksichtigen. (30 BE)
2. Interpretieren Sie Brechts Gedicht *Über das Frühjahr* (Material 2) und vergleichen Sie es mit Novalis' Gedicht. (40 BE)
3. Wie würden Sie heute – 2010 – Ihre Frühlingswahrnehmung ausdrücken? Gestalten Sie dazu einen literarischen Text und begründen Sie Ihren Entwurf. (30 BE)

Material 1
Novalis: Es färbte sich die Wiese grün (1800)

Es färbte sich die Wiese grün
Und um die Hecken sah ich blühn,
Tagtäglich sah ich neue Kräuter,
Mild war die Luft, der Himmel heiter.
Ich wußte nicht, wie mir geschah,
Und wie das wurde, was ich sah.

Und immer dunkler ward der Wald
Auch bunter Sänger Aufenthalt,
Es drang mir bald auf allen Wegen
Ihr Klang in süßen Duft entgegen.
Ich wußte nicht, wie mir geschah,
Und wie das wurde, was ich sah.

Es quoll und trieb nun überall
Mit Leben, Farben, Duft und Schall,
Sie schienen gern sich zu vereinen,
Daß alles möchte lieblich scheinen.
Ich wußte nicht, wie mir geschah,
Und wie das wurde, was ich sah.

So dacht ich: ist ein Geist erwacht,
Der alles so lebendig macht
Und der mit tausend schönen Waren
Und Blüten sich will offenbaren?
Ich wußte nicht, wie mir geschah,
Und wie das wurde, was ich sah.

Vielleicht beginnt ein neues Reich –
Der lockre Staub wird zum Gesträuch
Der Baum nimmt tierische Gebärden
Das Tier soll gar zum Menschen werden.
Ich wußte nicht, wie mir geschah,
Und wie das wurde, was ich sah.

Wie ich so stand und bei mir sann,
Ein mächtger Trieb in mir begann.
Ein freundlich Mädchen kam gegangen
Und nahm mir jeden Sinn gefangen.
Ich wußte nicht, wie mir geschah,
Und wie das wurde, was ich sah.

Sie ging vorbei, ich grüßte sie,
Sie dankte, das vergeß ich nie –
Ich mußte ihre Hand erfassen
Und Sie schien gern sie mir zu lassen.
Ich wußte nicht, wie mir geschah,
Und wie das wurde, was ich sah.

Uns barg der Wald vor Sonnenschein
Das ist der Frühling fiel mir ein.
Kurzum, ich sah, daß jetzt auf Erden
Die Menschen sollten Götter werden.
Nun wußt ich wohl, wie mir geschah,
Und wie das wurde, was ich sah.

Aus: Novalis: Gedichte. Die Lehrlinge zu Sais, Stuttgart 1984, S. 170 f.

Material 2
Bertolt Brecht: Über das Frühjahr (1928)

Lange bevor
Wir uns stürzten auf Erdöl, Eisen und Ammoniak[1]
Gab es in jedem Jahr
Die Zeit der unaufhaltsam und heftig grünenden Bäume.
Wir alle erinnern uns
Verlängerter Tage
Helleren Himmels
Änderung der Luft
Des gewiß kommenden Frühjahrs.
Noch lesen wir in Büchern
Von dieser gefeierten Jahreszeit
Und doch sind schon lange
Nicht mehr gesichtet worden über unseren Städten
Die berühmten Schwärme der Vögel.
Am ehesten noch sitzend in Eisenbahnen
Fällt dem Volk das Frühjahr auf.
Die Ebenen zeigen es
In alter Deutlichkeit.
In großer Höhe freilich
Scheinen Stürme zu gehen:
Sie berühren nur mehr
Unsere Antennen.

Aus: Bertolt Brecht: Gesammelte Werke Bd. 8, Gedichte 1, Frankfurt a. M.: Suhrkamp 1967, S. 314
Die Rechtschreibung entspricht der Textvorlage.

1 Ammoniak ist eine stechend riechende, gasförmige Verbindung von Stickstoff und Wasserstoff.

Hinweise und Tipps

Novalis, eigentlich Friedrich Freiherr von Hardenberg, lebte von 1772 bis 1801; er starb knapp vor seinem 29. Geburtstag. Er war Jurist, Bergbauingenieur, Dichter und ein überaus gebildeter Mann. Friedrich Schlegel und er entwarfen das frühromantische Konzept einer „progressiven Universalpoesie“. Angestrebt war das Ineinandergreifen von Wissenschaften und Künsten mit dem Ziel einer Romantisierung der Welt.
Bertolt Brecht (1898–1956) schrieb sein Gedicht im Jahr der Uraufführung der „Dreigroschenoper“ (1928), als er sich bereits mit marxistischen Schriften beschäftigte und „Aufstieg und Fall der Stadt Mahagonny“ vorbereitete. Da Brechts Lyrik und Lyrik der Romantik auf der verbindlichen Leseliste stehen, wird Sie der Gedichtvergleich nicht überraschen.
„Es färbte sich die Wiese grün“ und „Über das Frühjahr“ gehören nicht zu den Gedichten, die häufig in Schulbüchern abgedruckt werden. Es wäre sogar ein Vorteil

für Sie, wenn Ihnen beide Exemplare unbekannt wären und Sie also unbefangen an die Arbeit gehen könnten. Die Texte wirken leicht zugänglich, aber das scheint nur so, denn besonders das erste Gedicht hat es in sich: Es führt in die Mitte von Novalis' naturmystischen Vorstellungen. Es wird nicht erwartet, dass Sie das als Schüler eines Grundkurses herausfinden (siehe „Bewertung und Beurteilung"). Weil es aber bezeichnend für die Frühromantik ist, erlaubt sich die Interpretation (Lösungshinweis 1), Ihnen diese Dimension mit zu erschließen.
Lassen Sie sich von der scheinbaren Klarheit der Gedichte nicht zur Oberflächlichkeit verführen. Erschließen Sie sich jeden Text gleichsam von der Pike auf durch Markierungen am Material. Das Gefühl, zu einem Gedicht nichts sagen zu können, verflüchtigt sich in der Regel in dem Augenblick, in dem man mit der Analyse beginnt. Beobachten Sie, wie sich jeder Text vom ersten bis zum letzten Vers gedanklich oder in Perspektive und Sprechhaltung verändert beziehungsweise entwickelt: Auf welche Pointe hin ist er jeweils angelegt? Werden Sie sich über seine Gliederung klar. Achten Sie auf Tempusformen. Fragen Sie besonders nach dem Verhältnis von Erleben und Reflexion. Achten Sie auf klangliche Momente: Welcher Text lädt zur Vertonung ein? – Für den Vergleich ist auch die Betrachtung des Wortschatzes aufschlussreich. Vergessen Sie nicht, die Niederschrift Ihrer Interpretation mit einer Einleitung und einem kurzen Überblick über den jeweiligen Text zu beginnen.
Aufgabe 3 kann durchaus kopfscheu machen. Zwar ist von Ihnen kein Gedicht verlangt, aber es ist nicht einfach, nun von den eben bearbeiteten Texten weg und zu sich selbst zu kommen. Methodisch wäre es darum am günstigsten, Aufgabe 3 vorzuziehen und – möglichst im Frühling und mit Blick aus dem Fenster und in den eigenen Kopf – Wahrnehmungen und Assoziationen recht rasch und unbekümmert zu notieren. Wenn Sie dann die Aufgaben 1 und 2 erledigt haben, könnten Sie sich bei der Rhythmisierung Ihres Rohmaterials an Brecht anlehnen. Sollte dieser zweite Schritt nicht mehr gelingen, so haben Sie wenigstens Ihre – vielleicht genialischen – Notizen vorzuweisen.

Lösungshinweise

1. Novalis' Gedicht *Es färbte sich die Wiese grün* hat acht Strophen. Diese Länge und der Strophenbau mit jeweils sechs vierhebigen Versen und Paarreim erinnert an die Lieder Paul Gerhardts (1607–1676; *Geh aus mein Herz und suche Freud*) und die Naturgedichte des Frühaufklärers Barthold Heinrich Brockes (1680–1747). Aber Paul Gerhardt und Brockes lobten in der blühenden Natur den göttlichen Schöpfer solcher Herrlichkeit, während der Frühromantiker Novalis trotz der traditionellen und schlichten Form seines Gedichts gedanklich sehr eigene Wege geht. Er schließt sich auch nicht dem schon damals berühmten *Mailied* an, in dem der junge Goethe 1771 die irdische Liebe an sich feierte.

   Novalis hat seine **Strophen zweiteilig** angelegt. Im jeweils ersten Teil, dem Quartett, benennt ein wahrnehmendes und erlebendes Ich – man darf annehmen, dass es der Autor selber ist – die **Erscheinungsformen des Frühlings**. Angeschlossen ist mit den Versen fünf und sechs ein durch sieben Strophen hindurch gleich bleibender **Refrain**, in dem sich Staunen und Verwunderung des Ich artikulieren. Man könnte meinen, *Es färbte sich die Wiese grün* sei ein Erlebnisgedicht, aber es macht stutzig, dass die Unmittelbarkeit des Erlebens durch die Zeitform gebrochen ist: Das Ich spricht in der Vergangenheitsform, im **Imperfekt** (V. 1: *Es färbte sich …*), und es berichtet über eine ganze Reihe von Tagen aus dem **Rückblick** heraus (V. 3: *Tagtäglich sah ich …*; Strophe 2: *Und immer dunkler ward …*; *es drang mir bald …*). Zudem enthält der schlicht klingende Refrain von Anfang an nicht nur die spontane Gefühlsregung angesichts der Wunder der Natur, sondern stellt in indirekter Form auch die **Doppelfrage** danach, was der Frühling im Menschen bewirkt und was die Ursache dafür ist, dass es Frühling werden kann. Die wiederkehrende w-Alliteration *(wie das wurde, was …)* intensiviert diese Fragen.

Gliederung und Entwicklung des Gedichts ergeben, dass das gedankliche Element im Laufe der Strophen immer deutlicher zutage tritt, bis das Ich im letzten Verspaar, in Abwandlung des bisherigen Refrains, die Antwort auf seine Fragen erfahren hat. Wie oft bei Novalis ist das Gedicht **triadisch**, das heißt dreiteilig angelegt. Drei Strophen nehmen die Eindrücke des Frühlings auf. Zwei mittlere Strophen reflektieren sie. In den drei letzten Strophen entwickeln sich Erkenntnis und Conclusio.

In **Strophe 1 bis 3** wird der Frühlings mit allen Sinnen erfasst: Zu den visuellen Merkmalen in Strophe 1 (die grüne Farbe, Wiese, Hecke, Kräuter; der heitere Himmel) kommt in Strophe 2 der Klang der Vögel. Aber es bleibt auch die grüne Farbe in der Dunkelheit des Waldes erhalten, ergänzt durch den *süßen Duft*. Strophe 3 fasst zusammen, was sich bisher aufgebaut hat. Aber *Leben, Farben, Duft und Schall* addieren sich nicht einfach, sondern das Ich empfindet alle diese Sinneseindrücke als miteinander vereint. Novalis begreift also den Frühling als **Synästhesie**, als spannungsreich-harmonische Einheit seiner vielen Qualitäten. Die Synästhesie ist ein zentraler Gedanke und folglich eine zentrale Stilfigur der Romantik.

In den **Strophen 4 und 5** gewinnt ab Vers 19 *(So dacht ich)* das **reflexive Element** die Oberhand: Das Ich erwägt, dass der Frühling vielleicht nicht einfach ein naturhaft-vegetatives, biologisch-chemisches Phänomen (eine Folge von Nährstoffen, Wasser, Wärme und Licht) ist, sondern dass sich **in der Natur Geist** manifestiert. Novalis sagt aber nicht „manifestiert“, sondern setzt bewusst die religiös konnotierte Vokabel der **Offenbarung** (Strophe 4 und V. 22).
In Strophe 5 treibt er diesen gedanklichen Ansatz energisch fort. Wenn (sofern) natürliches Leben geistigen Ursprungs ist, wenn also Natur und Geist keine Gegensätze sind, wie man doch gemeinhin denkt, so sind auch **Übergänge und Verwandlungen** (Metamorphosen) zwischen anderen vermeintlichen Gegensatzpaaren nicht unwahrscheinlich. Materie und Flora (Staub und Gebüsch), Flora und Fauna (Baum und Tier), Fauna und Anthropos (Tier und Mensch) und alles, was ist und lebt, wäre dann – idealistisch gedacht, nicht evolutionär wie bei Darwin – durchgeistigt und miteinander verwandt. Das ergäbe eine ganz neue Sicht der

Welt, „**ein neues Reich**" (V. 25), in dem die logische Formel „a ≠ b" außer Kraft wäre. Novalis äußert hier ein Gedankenspiel; er spricht hypothetisch und utopisch.

Die drei **Strophen 6 bis 8** führen den begonnenen Gedanken zu seiner Pointe: Die Verwandlungsstufen enden nicht beim Menschen. Auch der Mensch kann sich nach oben steigern.
Zunächst entwickelt sich eine Romanze. Auch der Dichter ist Teil der Frühlingsnatur (s. V. 44). Sein *Trieb* erwacht, und ein Mädchen erwidert seine Neigung (Strophe 6 und 7). Der schattige Wald birgt das Paar (Strophe 8). Das kommt nun ein wenig abrupt und wirkt trivial. Dennoch verweist Novalis hier auf den Kern seiner romantischen Philosophie und Religion. Die Einweihung (die Initiation) in die **Liebe** hebt den Einzelnen über sein abgekapseltes Selbst hinaus, die Liebe verwandelt und erhöht ihn. Liebe ist für Novalis göttlich und eben der Geist, der *alles so lebendig macht* (V. 20). So wie sich dank dieser Kraft die frühlingshaften Zusammenklänge und Metamorphosen der Welt ergeben, treten einander liebende Menschen aus ihrer begrenzten Ichheit und transzendieren sich selbst in eine **Göttlichkeit ohne Jenseits**. Ihr Auftrag ist es, *auf Erden* […] *Götter [zu] werden* (V. 45 f.). Auf andere Weise hat Novalis diesen Gedanken im programmatischen Gedicht *Wenn nicht mehr Zahlen und Figuren* ausgesprochen. Angesichts der fortschreitenden wissenschaftlich-rationalen Erforschung und Zerteilung der Welt in Einzeldisziplinen sehnten sich die Romantiker nach Synthese und danach, *eins zu sein mit allem, was lebt* (Hölderlin). Liebende kommen dieser *unio mystica* (dieser mystischen Einheit) nahe. Für Novalis sind sie darum den Geheimnissen des Seins näher als alle Gelehrten. So findet das Ich im Gedicht denn auch nicht durch Nachdenken **die Antwort** auf seine Frage, was die Wiese grün färbte, sondern indem es liebt und geliebt wird.
Es färbte sich die Wiese grün ist also überraschenderweise nicht eigentlich ein Frühlingsgedicht, auch kein schlichtes Liebesgedicht und nur im Ansatz Erlebnislyrik, sondern ein verschlüsselter Text für Eingeweihte. Man kann es ein romantisch-naturphilosophisches **Sinngedicht** nennen. Der Frühling darin ist nur ein Beispiel für die Verwandlungskraft und Zusammengehörigkeit allen Seins.

2. Die historische Distanz zwischen **Brechts Gedicht** *Über das Frühjahr* und Novalis' Frühlingsgedicht beträgt nur 128 Jahre; die gedanklich-weltanschauliche Distanz zwischen beiden scheint aber auf den ersten Blick gegen Unendlich zu tendieren. Der idealistische Romantiker war vom Glauben getragen, dass Natur und Menschengeist letztlich im Einklang sind und dass denen, die offene Sinne haben, zumindest in der Poesie Daseinssteigerung und Erfüllung gewährt ist. Brecht dagegen tritt als Antipode des Idealismus und der romantischen Poetisierung der Welt auf. Er gibt sich realistisch, sachlich, nüchtern und konstatiert gerade nicht Zusammenklang, sondern **Entfremdung** zwischen Mensch und Natur. Aber auch sein Gedicht *Über das Frühjahr* ist ein Gedankenspiel und entspringt realem Erleben noch weniger als das von Novalis.
Novalis entwarf eine lichte Utopie, Brecht eine düstere. Obgleich es 1928, im Entstehungsjahr seines Gedichts, in Berlin alle Anzeichen des Frühlings – grünende

Bäume (V. 4), länger werdende Tage (V. 6 ff.) und die Rückkehr der Zugvögel (V. 12 ff.) – natürlich ebenso gab wie noch heute, fingiert er eine Welt, in der die erste Jahreszeit schon lange nicht mehr erlebt, sondern nur noch erinnert, durch Bücher tradiert oder im Vorbeifahren (V. 15 f.) flüchtig zur Kenntnis genommen werden kann.

Brecht hat sich von den Formen traditioneller Lyrik gelöst. Er schreibt in freirhythmischen, unterschiedlich langen und ungereimten Versen. Sie sind nicht in Strophen aufgeteilt, aber der außerordentlich klare gedankliche **Aufbau** des Gedichts lässt dennoch eine strophenähnliche Gliederung erkennen. Die ersten drei dieser „Strophen" oder Abschnitte gehören eng zusammen. Sie umfassen die Verse 1 bis 4, 5 bis 9 und 10 bis 14. Sie werden jeweils temporal, durch Hinweise auf die **tiefe Vergangenheit** dessen eröffnet, was *Frühjahr* einmal war: *Lange bevor [...] / Gab es; Wir alle erinnern uns [...]; Noch lesen wir in Büchern [...].* Was zauberhaft war am Frühjahr und mit überschwänglichen Adjektiven und Adverben versehen ist (ab V. 4), wird also nur **indirekt**, vermittelt oder als Negation beschworen wie die *berühmten Schwärme der Vögel,* die *schon lange / Nicht mehr gesichtet* wurden (V. 12 ff.). Der Verlust wird als **Verarmung** empfunden. Die Trauer darüber schwingt durch alle Verse; aber Brecht meidet das lyrische Ich und dessen mögliche Gefühlsunmittelbarkeit; er verbirgt sich im Allgemeinen **„Wir"** und bedeutet uns, dass es ihm nicht um Subjektivität, sondern um eine kollektive, gesellschaftliche Erfahrung zu tun ist.

In den letzten beiden „Strophen" (Vers 15 bis 18 und 19 bis 22) wechselt die Zeit ins Präsens. Sie handeln von den Resten dessen, was vom Frühling noch wahrgenommen werden kann. Der Bogen des Gedichts führt damit in die **Gegenwart** zurück, die mit den ersten beiden Versen eröffnet wurde. Der Gesamtaufbau ist also, bezeichnend für Brecht, **antithetisch**. Die **alte Zeit** mit ihren berauschenden Frühlingen, mit blühenden Bäumen, hellerem Himmel und Vogelschwärmen ging verloren. Die **neue Zeit** ist die der Großindustrie, der Ausbeutung der Rohstoffreserven der Erde (V. 2: Erdöl, Eisen, Ammoniak), der Urbanisierung (Verstädterung: V. 13) und Technisierung (markiert durch Eisenbahnen und Antennen: V. 15, V. 22). **Natur** und **Industriegesellschaft** sind einander so entgegen gesetzt, als seien in der alten Zeit die Menschen im Erleben der Natur **seelisch reich** und glücklich gewesen, während sie in ihrer komfortablen Moderne **emotional verkümmert** erscheinen. Die Ironie dabei ist, dass die Landschaft den Frühling noch ganz wie früher zeigt (V. 17 f.), aber hinter den Zugfenstern (V. 15 f.) scheint sich niemand mehr darüber freuen zu können. Nicht die Natur hat sich verändert, sondern der Mensch. Am Ende sind ihm auch Sensibilität und Instinkt für das abhanden gekommen, was sich *[i]n großer Höhe* (V. 19) über der Welt zusammenzubrauen scheint. Nicht die Menschen, nur ihre Antennen registrieren den Sturm.

Während Novalis (sein Pseudonym bedeutet Neuland) sich von der Frühlingsnatur inspiriert fühlt, von einem glücklichen neuen Reich zu träumen, spricht aus Brechts Gedicht über das verlorene Frühjahr und eine Menschheit, die nur noch sekundär, aus zweiter Hand und also unwirklich lebt, schwarzer Zivilisationspessimismus. Die vielen Plurale und besonders die *Stürme* am Ende erinnern an expressionistische Weltuntergangsszenarien (etwa an das Gedicht *Weltende* von Jan van Hoddis). Der künftige Kommunist Brecht, der bald den industriellen Fortschritt begrüßen wird, weil er das Leben der Menschen zu erleichtern verspricht, beklagt im Gedicht *Über das Frühjahr* noch nicht die kapitalistische Entfremdung des Menschen, sondern seine Entfremdung von der Natur fast so, als stammten seine Verse von einem in die Städte versprengten Romantiker.

3. **Frühling an der Bergstraße**

Mit den Vogelschwärmen fallen Quartalsrechnungen ein
Neue Schuhe sind nötig und überhaupt:
Dringend mal reinschaun bei H & M.

Überall Kinderwagen plötzlich
Und alles unterwegs auf Inlinern, Rollern und Rädern
Und die Straßen verstopft, weil die Kirschen blühn:

Auch der Frühling ist ein Event.

Aber meine kleine Schwester kann ein neues Lied.
Und da: dies unwahrscheinliche Grün des jungen Grases
Mit *Anemone sylvestris* darin!

Kommentar: Der kurze Text ist zweiteilig angelegt. Der Umschwung kommt spät, aber das adversative „Aber" leitet ihn ein.
Zunächst ist Frühling eher missmutig und prosaisch als ein Jahresabschnitt aufgefasst, in dem Rechnungen kommen, neue Garderobe nötig ist und zu viele Menschen sich auf unterschiedlichste Art im Freien bewegen und per Auto zur Kirschblüte aufbrechen. Die Sprache ist nachlässig und der Ton so lieblos und herb wie die reihende Syntax. Das Ich zeigt sich weder grammatisch noch öffnet es sich gefühlsmäßig. Statt den Frühling mit den wiederkehrenden Vögeln, dem schönen Wetter und den blühenden Bäumen zu feiern, äußert sich Ärger.
Aber mit den letzten drei Zeilen ändert sich die Stimmung, das Possessivpronomen *meine* zeigt nun einen persönlichen Bezug an, Zärtlichkeit, Freude und so etwas wie Rührung kommen auf angesichts dessen, was wird und frisch ist und fein, und das Enjambement nimmt die beiden letzten Zeilen in einem Schwung zusammen.
Das Gedichtchen hat keinerlei philosophischen Ehrgeiz, sagt aber vielleicht, dass die Entdeckung von Kleinigkeiten unmittelbarer berühren kann als große Aufbrüche und Unternehmungen. (Die *Anemone sylvestris* ist selten und steht unter Naturschutz. Sie unterscheidet sich von der verbreiteten Anemonenart, die im Frühjahr reich in Auenwäldern vorkommt. Auch Kinder, die gern Lieder lernen, sind eine Kostbarkeit.)

Bewertung und Beurteilung

- **„Gut" (11 Punkte)** ist die Arbeit zu nennen, die es verstanden hat, beiden Gedichten und ihrer jeweiligen Epoche gerecht zu werden, sie differenziert und sensibel zu erschließen und so in Beziehung zueinander zu setzen, dass vor allem ihre wesentlichen Unterschiede herausgestellt sind. Ausdruck, Begrifflichkeit und Formulierung insgesamt müssen sachangemessen und geschmeidig sein.
  Für Novalis muss nicht die triadische Struktur des Gedichts erkannt und benannt sein und auch nicht die Umwandlung des Erlebnisansatzes ins philosophische oder weltanschauliche Gedicht, wohl aber sollte das Imperfekt als ungewöhnliche Zeitform der Lyrik bemerkt sein und Erklärungsversuche hervorgerufen haben. Bemühungen um die Gliederung des Gedichts müssen zu überzeugenden Ergebnissen geführt haben. Die Erfahrung der Synästhesie und die Sehnsucht nach der Aufhebung der strengen Grenzen und Gegensätze zwischen den Erscheinungen müssen gesehen und als romantisch interpretiert worden sein. Dem reflexiven Charakter des Gedichts und Begriffen wie „Geist" und „neues Reich" sollte zumindest nicht ganz ausgewichen sein, obwohl Novalis' Liebesreligion vielleicht zu platt rezipiert wurde.
  In Brechts Gedicht muss als tragendes Formelement der Gegensatz zwischen Vergangenheit und Gegenwart beziehungsweise Natur und Zivilisation wahrgenommen und interpretiert sein. Auch hier müssen Beobachtungen zur Struktur vorliegen. Die Erfahrung des Verlusts muss erkannt (gespürt) und ansatzweise (anhand von Beobachtungen zum Wortschatz, zur lakonischen oder üppigeren Syntax, zum Tonfall u. a.) nachgewiesen und begründet worden sein.
  Ein überzeugender Ansatz in Aufgabe 3, der Originalität verrät oder doch eine selbstständige Auffassung von Welt und Ich, macht Mängel in den Aufgaben 1 und 2 wett. Fehlt dieser verlangte kreative Ansatz oder fällt er eher nichtssagend aus, so gleichen gute Interpretationen diesen Mangel aus.

- **„Ausreichend" (5 Punkte)** ist die Arbeit, die die inhaltliche und gedankliche Entwicklung der beiden gegebenen Gedichte geistig ansatzweise nachvollziehen und sprachlich darzustellen vermag, ohne in die pure Inhaltsangabe und in grobe Missverständnisse zu verfallen. Kenntnisse zu den Epochen der Romantik (Novalis) und Neuen Sachlichkeit (Brecht) und Kenntnisse zur Gattung des lyrischen Sprechens müssen sich zumindest rudimentär in den Bemühungen zur Texterschließung und im Textvergleich bezeugen. Es muss sich andeuten, dass methodische Wege zur Erschließung (Analyse und Interpretation) von Gedichten eingeübt wurden und annähernd verfügbar sind. Novalis darf nicht als Erlebnislyriker und auch nicht als frommer Christenmensch, Brecht (hier) möglichst nicht als Sozialrevolutionär missverstanden sein.
  Schüler, die die bisher formulierten Erwartungen erfüllen, können 5 Punkte erreichen, auch wenn sie in Aufgabe 3 versagen. Kreative Schüler, die vom Deutschunterricht wenig gehalten haben, aber in Aufgabe 3 etwas Eigenes, Rundes und Stichhaltiges hinzulegen verstehen, können auch dann 5 Punkte und mehr erreichen, wenn sich in ihren Lösungsversuchen zu Aufgaben 1 und 2 gravierende Mängel gezeigt haben.

Abiturprüfung Hessen 2010 – Deutsch Grundkurs
Vorschlag C

Darstellungen von Gewalt und Ohnmacht in der Literatur

Erlaubte Hilfsmittel:
1. Wörterbuch zur deutschen Rechtschreibung
2. Büchner, *Woyzeck*

Aufgaben:

1. Interpretieren Sie Franz Kafkas Erzählung *Ein altes Blatt* (Material), indem Sie neben der inhaltlichen und sprachlichen Gestaltung auch den Aufbau der Erzählung berücksichtigen. (35 BE)

2. Vergleichen Sie, wie die Erscheinungsformen von Gewalt und Ohnmacht in Kafkas Erzählung *Ein altes Blatt* (Material) und in Büchners Dramenfragment *Woyzeck* das Handeln der Personen bestimmen. (40 BE)

3. Diskutieren Sie auf der Grundlage Ihrer Ergebnisse aus Aufgabe 2, welcher der beiden Autoren *Gewalt und Ohnmacht* hinsichtlich heutiger Lebenserfahrung überzeugender thematisiert.
Beziehen Sie dabei auch Beispiele aus Ihrer eigenen Lebenswelt und Erfahrung mit ein. (25 BE)

Material
Franz Kafka: Ein altes Blatt (1917)

Es ist, als wäre viel vernachlässigt worden in der Verteidigung unseres Vaterlandes. Wir haben uns bisher nicht darum gekümmert und sind unserer Arbeit nachgegangen; die Ereignisse der letzten Zeit machen uns aber Sorgen.

Ich habe eine Schusterwerkstatt auf dem Platz vor dem kaiserlichen Palast. Kaum öffne ich in der Morgendämmerung meinen Laden, sehe ich schon die Eingänge aller hier einlaufenden Gassen von Bewaffneten besetzt. Es sind aber nicht unsere Soldaten, sondern offenbar Nomaden aus dem Norden. Auf eine mir unbegreifliche Weise sind sie bis in die Hauptstadt gedrungen, die doch sehr weit von der Grenze entfernt ist. Jedenfalls sind sie also da; es scheint, daß jeden Morgen mehr werden.

Ihrer Natur entsprechend lagern sie unter freiem Himmel, denn Wohnhäuser verabscheuen sie. Sie beschäftigen sich mit dem Schärfen der Schwerter, dem Zuspitzen der Pfeile, mit Übungen zu Pferde. Aus diesem stillen, immer ängstlich rein gehaltenen Platz haben sie einen wahren Stall gemacht. Wir versuchen zwar manchmal aus unseren Geschäften hervorzulaufen und wenigstens den ärgsten Unrat wegzuschaffen, aber es geschieht immer seltener, denn die Anstrengung ist nutzlos und bringt uns überdies in die Gefahr, unter die wilden Pferde zu kommen oder von den Peitschen verletzt zu werden.

Sprechen kann man mit den Nomaden nicht. Unsere Sprache kennen sie nicht, ja sie haben kaum eine eigene. Unter einander verständigen sie sich ähnlich wie Dohlen. Immer wieder hört man diesen Schrei der Dohlen. Unsere Lebensweise, unsere Einrichtungen sind ihnen ebenso unbegreiflich wie gleichgültig. Infolgedessen zeigen sie sich auch gegen jede Zeichensprache ablehnend. Du magst dir die Kiefer verrenken und die Hände aus den Gelenken winden, sie haben dich doch nicht verstanden und werden dich nie verstehen. Oft machen sie Grimassen; dann dreht sich das Weiß ihrer Augen und Schaum schwillt aus ihrem Munde, doch wollen sie damit weder etwas sagen noch auch erschrecken; sie tun es, weil es so ihre Art ist. Was sie brauchen, nehmen sie. Man kann nicht sagen, daß sie Gewalt anwenden. Vor ihrem Zugriff tritt man beiseite und überläßt ihnen alles.

Auch von meinen Vorräten haben sie manches gute Stück genommen. Ich kann aber darüber nicht klagen, wenn ich zum Beispiel zusehe, wie es dem Fleischer gegenüber geht. Kaum bringt er seine Waren ein, ist ihm schon alles entrissen und wird von den Nomaden verschlungen. Auch ihre Pferde fressen Fleisch; oft liegt ein Reiter neben seinem Pferd und beide nähren sich vom gleichen Fleischstück, jeder an einem Ende. Der Fleischhauer ist ängstlich und wagt es nicht, mit den Fleischlieferungen aufzuhören. Wir verstehen das aber, schießen Geld zusammen und unterstützen ihn. Bekämen die Nomaden kein Fleisch, wer weiß, was ihnen zu tun einfiele; wer weiß allerdings, was ihnen einfallen wird, selbst wenn sie täglich Fleisch bekommen.

Letzthin dachte der Fleischer, er könne sich wenigstens die Mühe des Schlachtens sparen, und brachte am Morgen einen lebendigen Ochsen. Das darf er nicht mehr wiederholen. Ich lag wohl eine Stunde ganz hinten in meiner Werkstatt platt auf dem Boden und alle meine Kleider, Decken und Polster hatte ich über mir aufgehäuft, nur um das Gebrüll des Ochsen nicht zu hören, den von allen Seiten die Nomaden ansprangen, um mit den Zähnen Stücke aus seinem warmen Fleisch zu reißen. Schon lange war es still, ehe ich mich auszugehen getraute; wie Trinker um ein Weinfaß lagen sie müde um die Reste des Ochsen.

Gerade damals glaubte ich den Kaiser selbst in einem Fenster des Palastes gesehen zu haben; niemals sonst kommt er in diese äußeren Gemächer, immer nur lebt er in dem innersten Garten; diesmal aber stand er, so schien es mir wenigstens, an einem der Fenster und blickte mit gesenktem Kopf auf das Treiben vor seinem Schloß.

„Wie wird es werden?“ fragen wir uns alle. „Wie lange werden wir diese Last und Qual ertragen? Der kaiserliche Palast hat die Nomaden angelockt, versteht es aber nicht, sie wieder zu vertreiben. Das Tor bleibt verschlossen; die Wache, früher immer festlich ein- und ausmarschierend, hält sich hinter vergitterten Fenstern. Uns Handwerkern und Geschäftsleuten ist die Rettung des Vaterlandes anvertraut; wir sind aber einer solchen Aufgabe nicht gewachsen; haben uns doch auch nie gerühmt, dessen fähig zu sein. Ein Mißverständnis ist es, und wir gehen daran zugrunde.“

Aus: Franz Kafka: Erzählungen, Stuttgart 1995, S. 175–177.
Die Rechtschreibung entspricht der Textvorlage.

Hinweise und Tipps

Die Aufgabe ist klassisch zugeschnitten: Ein fremder Text – „Ein altes Blatt" von Franz Kafka – ist zu interpretieren (1) und mit einem bekannten Text – „Woyzeck" von Georg Büchner – in Beziehung zu setzen (2); eine Erörterung schließt sich an (3). Eine der berühmten umfangreicheren Erzählungen von Kafka steht auf Ihrer GK-Leseliste. Sie kennen also den Autor und die sanfte Logik seines Erzählens, mit der sich das anscheinend Absurde und ganz und gar Befremdliche unweigerlich in Realität verwandelt. „Ein altes Blatt" zieht Sie abermals in diese Kafka-Welt hinein. Es kann Ihre Interpretation bereichern, wenn sich eine Analogie zum „Urteil" darin andeutet. Aber Ihre Aufgabe ist es nicht, im neuen Text Merkmale kafkaschen Schreibens zu ermitteln, sondern Sie sollen lediglich den thematisch vorgegebenen Bogen zurück zu Büchner schlagen. Das vereinfacht die Aufgabe. Dennoch ist Vorschlag C nicht anspruchslos.

Lesen Sie den fremden Text mehrfach möglichst unbefangen und konzentriert mit dem Stift in der Hand. Klären Sie Grundlagen (Wer? Was? Wann? Wo?), aus denen sich das Wie und Warum meist von selbst ergibt. Lassen Sie sich Zeit, sich zu wundern. Werden Sie sich klar darüber, was Sie besonders irritiert und gehen Sie dem Befremdlichen oder Anstößigen nicht aus dem Weg, sondern halten Sie fest, was Sie verwundert! Untersuchen Sie den Text dann in mehreren Durchgängen auf die geforderten Aspekte Inhalt, Gliederung und sprachliche Gestaltung hin. Achten Sie auf die Erzählperspektive und auf Temporaladverbien (Angaben zur Zeit und Dauer der Nomaden-Invasion). Markieren Sie die einzelnen Aspekte mit verschiedenfarbigen Stiften; suchen Sie Aussagen zum Generalthema „Gewalt und Ohnmacht" und kennzeichnen Sie, was Sie als These, Fazit oder Schüsselsatz ansehen. Leiten Sie Ihre Interpretation mit einer knappen Zusammenfassung des Erzählten ein und reflektieren Sie die Befunde Ihrer Vorarbeit (Ihrer Textanalyse).

Aufgabe 2 hat zwar die meisten Punkte, aber das Erreichen der vollen Punktzahl ist abhängig von Ihren Fähigkeiten im Umgang mit dem fremden Text (in 1). Aufgabe 3 verlangt eine Entscheidung von Ihnen. Wenn Sie nicht platt pragmatisch votieren, ist diese gar nicht so einfach zu treffen. Erwägen Sie mögliche Bedeutungsebenen der Texte: ihre offenkundige und ihre möglicherweise verdeckte, metaphorische oder parabelhaft-symbolische. Schreiben Sie also kritisch und abwägend.

Lösungshinweise

1. Franz Kafkas Erzählung *Ein altes Blatt* handelt – zumindest dem ersten Eindruck nach – von einer **Invasion**. Unvorstellbar fremdartige Krieger sind über die Grenzen eines Kaiserreiches bis in dessen Hauptstadt vorgedrungen und lagern nun auf deren zentralem Platz. Die Vorderfront des kaiserlichen Palastes zeigt auf diesen Platz, die Läden von Handwerkern und Kaufleuten öffnen sich auf ihn hin, und aus allen Richtungen münden Gassen in ihn ein. Zweifellos ist dieser **Platz** also das **Herzstück des Reiches**.

   Die Zeit, von der erzählt wird, muss lange zurückliegen, denn die Invasoren sind ein nomadisches Reitervolk mit wilden Pferden (Z. 16) und archaischen Waffen (Z. 11 f.), und die Regierung des Landes liegt in der Hand eines Kaisers (Z. 46 ff.). Der **Titel** *Ein altes Blatt* fingiert, dass die Erzählung keine Fiktion ist, sondern ein historisches Dokument, einst aufgezeichnet von einem Betroffenen, der die Ereignisse aus unmittelbarer Nähe miterlebt und über sie nachgedacht hat. Dieser Zeuge oder **Erzähler** stellt sich als Besitzer einer Schusterwerkstatt vor (Z. 4). Er spricht in der ersten Person Singular von sich, zieht sich gelegentlich hinter das unpersönliche *man* zurück (Z. 27 f.), wechselt aber auch oft in die erste Person Plural (ins *Wir*, z. B. in Z. 2 f., 13 ff.), denn er versteht sich als **Teil des Volkes**, und es ist sein Anliegen, die unüberbrückbare Kluft zwischen den eigenen Leuten und den anderen, den Invasoren, begreiflich zu machen. Aus diesem Anliegen ergibt sich die **Gliederung** seines Berichts beziehungsweise der Erzählung:

   - Nach einer kurzen Einleitung (Z. 1–3), auf deren Inhalt der Schluss (Z. 51–57) zurückkommen wird, führt der zweite Absatz (Z. 4–9) in die **Topografie des Ortes** und in die **Situation** ein. Unbegreiflicherweise sind *Nomaden aus dem Norden* (Z. 7) da und werden anscheinend jede Nacht mehr (Z. 9).
   - Absatz 3 charakterisiert vorerst noch allgemein ihre **Lebensweise** unter *freiem Himmel* (Z. 10) und die durch sie verursachte Verschmutzung des bisher penibel sauber gehaltenen Platzes. Sie haben diesen in einen *wahren Stall* verwandelt (Z. 13). Die Bürger versuchen anfangs, den *ärgsten Unrat* (Z. 14) zu beseitigen, begreifen aber allmählich, dass das nutzlos und zu gefährlich ist (Z. 15 ff.).
   - Die folgenden drei Absätze gelten besonders der **Sprache** (Absatz 4, Z. 18 ff.) und der **Ernährung** (Absatz 5 und 6) der Nomaden. Deren Barbarei offenbart sich unüberbietbar in der **atavistischen Fressorgie**, in der sie einen Ochsen bei lebendigem Leibe verschlingen (Absatz 6, Z. 38–45).
   - Nach diesem Höhepunkt wechselt der Erzähler (mit Absatz 7, Z. 46 ff.) die **Blickrichtung**. Er schaut jetzt zum Palast hin und glaubt, den **Kaiser** *mit gesenktem Kopf* (Z. 49) hinter einem seiner Fenster gesehen zu haben. Am Anfang war, fast noch verharmlosend, von *Sorgen* (Z. 3) die Rede. Angesichts der Passivität des Staatsoberhauptes und seiner nun im Palast verschanzten Soldaten fragen sich die Bürger aber am Schluss (Absatz 8), wie lange sie diese *Last und Qual* (Z. 50) noch werden ertragen können. Ihre Analyse der Lage lässt sie erkennen, dass sie zugrunde gehen werden (Z. 56). Dieser letzte Absatz steht in

Anführungsstrichen. Der Schuster **zitiert** hier: Er gibt die Gedanken und Gefühle aller wieder.

Kafkas Text erzählt vom Einbruch eines unfassbar Fremden in eine bisher geordnete Welt. Anfangs nennt er das, was da wie ein Naturereignis über die Bürger eines Gemeinwesens hereinbricht, noch vage *die Ereignisse der letzten Zeit* (Z. 3). Dann ist zu erfahren, dass das blanke **Chaos** und rohe Barbarei sich in ihrer Mitte ausbreiten. Kafka treibt die Steigerung des Abstoßenden und Unzivilisierten bis ins Absurde, denn entgegen allen Gesetzen der Natur fressen die Pferde der Ankömmlinge Fleisch, und sie selber fressen viehisch mit ihnen zusammen am selben Stück (Z. 32 ff.). Die Ochsenorgie ist nur der Höhepunkt des Grässlichen. Die Geschäftsleute und Handwerker im Zentrum des Landes sind hilflos. Sie können sich nicht erklären, wie die Fremden ihre Landesgrenzen überwinden und herkommen konnten (Z. 7 ff.). Schließlich geben sie es auf, ihre **Ordnung** leidlich aufrechterhalten zu wollen (Z. 13 ff.), sie begreifen, dass sie sich den Fremden, die eine andere Sprache haben, trotz aller Anstrengungen *nie* werden verständlich machen können (Z. 24), sie wissen sich nicht zu helfen, weil sie die Reaktionen der Fremden nicht kalkulieren können (Z. 36 f.). Diese sind bewaffnet und stellen eine starke **Macht** dar. Sie töten aber die Bürger nicht, wollen sie nicht einmal erschrecken (Z. 25 f.) und greifen sonderbarerweise auch den Palast nicht an, der sie doch angelockt hat (Z. 51). Kafka legt Wert darauf auszudrücken, dass sie **lediglich da**, lediglich vorhanden sind. *Man kann nicht sagen, daß sie Gewalt anwenden,* heißt es ausdrücklich im Text (Z. 27); aber sie nehmen sich, was sie brauchen. **Ohnmächtig** sehen die Bürger dem zu.

Die Erzählung erweckt den Anschein, als wären die Menschen eines zivilisierten Gemeinwesens über Nacht nackter Gewalt ausgesetzt, als gäbe es klar gegeneinander abgegrenzt hier die Herren des Landes, dort die Eindringlinge, hier Opfer, dort Täter, hier Unschuldige, dort die Schuldigen und Bösen. Aber erstens dauert die Besetzung des Hauptplatzes schon lange an. Wenn die Fremden *jeden Morgen* mehr geworden zu sein scheinen (Z. 9), wenn die Einheimischen *manchmal* (Z. 13 f.) und dann *immer seltener* (Z. 15) etwas unternehmen, wenn sie *oft* (Z. 24) das Grimassieren der Barbaren beobachten, so lässt das darauf schließen, dass der vermeintliche **Ausnahmezustand** eigentlich **längst ein Dauerzustand** ist. Auch das Ochsenmahl liegt bereits lange, in einem zeitlich nicht näher bestimmten Damals (Z. 46) zurück.

Zweitens geht das Unheil nicht einseitig von den Nomaden aus, vielmehr offenbaren sich seit ihrem Vorhandensein die **Defizite** des bisher anscheinend so sicheren und wohlgeordneten Lebens: Die Nomaden haben in Kafkas Erzählung die **Funktion eines Katalysators**. Die Ladenbesitzer, Handwerker und Geschäftsleute sind völlig unpolitisch ihrer Arbeit nachgegangen und haben sich um die Belange des Landes nicht gekümmert (Z. 2). Sie haben sich gedankenlos auf die Regierung, auf den in der Tiefe seiner Palastanlage verborgenen Kaiser und sein Militär verlassen wie auf einen fernen Gott, aber diese Instanz erweist sich als ohnmächtig und ist vielleicht sogar nur ein Phantom. Den Bürgern selbst fällt jetzt die *Rettung des Vaterlandes* zu, aber dieser Aufgabe sind sie nicht gewachsen, sodass sie sich für verloren halten müssen (Z. 55 f.). Oben und Unten, Kaiser und Untertanen oder Regierung und Volk, waren – so stellt sich heraus – keine lebendige arbeitsteilige Einheit, kein überzeugender Staatsorganismus. Der gesamte vermeintliche Staatsaufbau beziehungsweise die bisher staatstragende Ideologie enthüllt sich den Menschen jetzt als „**[e]in Mißverständnis**" (Z. 56).

Diese Wortwahl ist eigenartig und verschiebt im Schlusssatz den Konflikt auf die sprachliche Ebene. Indem das Verhängnis als Folge eines Missverständnisses begriffen wird, wirft die Erzählung das **Problem der Kommunikation** ein zweites Mal auf. Schon der vierte Absatz thematisierte ausführlich die **Sprachbarriere** zwischen den Einheimischen und den Nomaden. Die Nomaden, beobachtet der Schuster, haben kaum eine eigene Sprache (Z. 19). Sie verständigen sich untereinander durch vogelähnliche Schreie, *ähnlich wie Dohlen* (Z. 19 f.). Sie haben keinerlei Interesse daran, mit den Einheimischen in sprachlichen Kontakt zu treten und wollen auch von deren Verständigungsangeboten durch Zeichensprache nichts wissen. Was da auf dem zentralen Platz zwischen den Bürgern kampiert, ist das absolut Fremde, das rätselhaft Unverständliche, zu dem hin es keinen sprachlich-rationalen Zugang und folglich keine Möglichkeit der Kontrolle und Einflussnahme gibt.

Die Erzählung ist von 1917. Kafka war beeindruckt von **Sigmund Freuds** dreistufigem **Persönlichkeitsmodell** mit den Bestandteilen Es, Ich und Über-Ich oder Unterbewusstes, Bewusstsein und verinnerlichtes kulturelles Wertesystem beziehungsweise Überbau. Die Deutung liegt nahe, dass das, was auf unerklärliche Weise einfach „da" ist und das Zentrum beherrscht, die eigene unartikulierte, nicht kontrollierbare Triebnatur, das sehr ursprüngliche Gefühlsleben eines jeden Menschen beziehungsweise seine „innere Wildnis" ist. Sie wird als bedrohliche, unregulierbare Kraft empfunden, der man erliegt, sofern man sie nicht als Teil seiner selbst anzuerkennen lernt.

Sprachliche Gestaltungsmittel der Erzählung unterstützen diese Deutung: Der Schuster bekundet durch die konjunktivische Form gleich seines ersten Satzes (*Es ist, als wäre …*) große Unsicherheit. Er tappt im Dunkeln, ist auf Vermutungen angewiesen (Z. 9: *es scheint, daß …*) und kann sich nicht erklären, wie die Fremden ins Landesinnere eindringen konnten. Am Ende liegt gar keine Invasion von außen vor, sondern das, was das Landesinnere besetzt, ist aus eben diesem Inneren hervorgebrochen.

Aber es gibt die Kommunikationsprobleme nicht nur gleichsam nach unten, sondern auch nach oben, denn die **zweite Kommunikationsbarriere** trennt **Kaiser und Volk** voneinander. Noch nie hat der Kaiser eines der äußeren, zum Platz hin liegenden Gemächer seines Palastes betreten, noch nie sich an einem der dem Platz zugewandten Fenster gezeigt (Z. 47 f.). Und auch jetzt glaubt der Schuster lediglich, ihn gesehen zu haben (Z. 46 f.). Abermals schränkt er also seine Aussage durch sprachliche Formen des bloßen Mutmaßens ein. Der Palast ist da, aber jetzt, in der Krise, bleibt sein Tor *verschlossen* (Z. 52). Man hatte geglaubt, im Schatten oder unter dem Schutz des Palastes unbesorgt seinen Geschäften nachgehen zu können, aber das erweist sich als Irrtum. Man hatte den Kaiser wohl als soziale, politische und mythische Spitze des Gemeinwesens und gleichsam als Über-Ich und Garant der Ordnung verstanden, aber es war ein „Missverständnis". Das gesenkte Haupt des Kaisers – wenn es denn sein Haupt am Fenster ist – drückt Trauer oder Hilflosigkeit oder beides zugleich aus. Der Kaiser vermag nichts. In der Not kommt keine Hilfe von dort oben, und in Wahrheit haben Volk und Kaiser ja auch noch nie miteinander gesprochen. Nun glauben die Menschen zugrunde gehen zu müssen, weil sie zu spät begreifen, dass sie selber für ihre Rettung zuständig sind.

2. Der gemeine Soldat **Woyzeck** ist die Hauptfigur in Georg Büchners gleichnamigem Dramenfragment von 1836 und steht doch in der militärischen Hierarchie und im sozialen Gefüge der Ständegesellschaft ganz unten, viel tiefer noch als die Ladenbesitzer in Kafkas Erzählung *Ein altes Blatt,* die ja eigentlich die Mitte der Gesellschaft sind und das Volk repräsentieren. Der Hauptmann kritisiert und schikaniert Woyzeck und amüsiert sich auf seine Kosten; der Doktor, dem Woyzeck sich um eines kleinen Nebenerwerbs willen für Experimente zur Verfügung stellt, quält und verspottet ihn; Marie, die Mutter seines unehelichen Sohnes, betrügt ihn mit einem stattlichen Tambourmajor, dem es ein Leichtes ist, den körperlich geschwächten Widerpart zusammenzuschlagen und zu demütigen. Woyzeck erleidet **physische und tiefe psychische Gewalt**. Eindeutig wird er als letztes Glied der sozialen Kette derart in Verzweiflung und in die Ecke getrieben, dass er, das ohnmächtige **Opfer** aller, **zum Täter** wird. Er kann sich gegen seine Peiniger nicht wehren, und so ersticht er das Liebste, was er auf der Welt hat, seine Marie. Seine Aggression kehrt sich also letztlich gegen sich selbst. Georg Büchner hat Mitleid mit Woyzeck. Angesichts seines Schicksals plädiert er für eine humanere und sozial gerechtere Welt und für eine Justizreform, die nicht nur *de jure* oder *de facto* Recht spricht, sondern Tat-Motive und Umstände der Tat mit berücksichtigt.

   Auf etwas andere Weise als bei Büchner erfährt das Volk **in Kafkas Erzählung** die eigene **Ohnmacht**. Es leidet unter den wilden Barbaren mitten im Land, da sie sich nehmen, wonach es sie gelüstet. Der Schuster und seine Nachbarn fühlen sich hilflos angesichts all des Schreckens vor ihren Haustüren, auch wenn ihnen körperliche Gewalt nicht angetan wird (vgl. Z. 27). Aber sie hätten sich – ganz anders als der arme Woyzeck – sogar wehren und ihre vermeintlichen Peiniger überwältigen können, als diese nach dem Ochsenmahl apathisch und wie Betrunkene auf dem Platz herumlagen (Z. 45); aber mitsamt dem Militär im Schloss verharren sie in unerklärlicher Passivität. Woyzeck ist das offensichtliche Opfer von offensichtlicher Gewalt. Bei Kafka findet handgreifliche Gewalt nicht statt. Vielleicht bilden sich die Bürger ihren Opferstatus nur ein. Vielleicht entzieht ihnen eben darum der Autor sein Mitgefühl. Es gibt keinen Hinweis darauf, dass Kafka etwa hinter dem Schuster und seiner Beurteilung der Ereignisse stünde.

Unerträglich ist dem Volk bei Kafka die unzivilisierte, annähernd viehische Lebensweise der Nomaden, ihre ungezügelte Gier beim Vertilgen des Ochsen und insgesamt ihre **Triebhaftigkeit** und die kaum ausgeprägte Abgrenzung vom Tier. Vergleichbar damit erfährt Woyzeck Maries entfesselte Triebhaftigkeit in der Szene *Wirtshaus* als Gewalt, gegen die er nichts vermag: Er sieht sie mit dem Tambour tanzen, sieht und erlebt, wie sie den anderen begehrt, in sinnlicher Ekstase ihr *Immer zu* ruft und nicht genug kriegen kann. Maries Untreue treibt Woyzeck in eine Verzweiflung von apokalyptischem Ausmaß. *Dreht euch, wälzt euch. Warum bläst Gott nicht die Sonn aus, daß Alles in Unzucht sich übereinander wälzt, Mann und Weib, Mensch und Vieh,* so stöhnt oder flucht oder kapituliert er. Dann denkt er daran, ein Messer zu kaufen.

Noch eine andere Art der Ohnmachtserfahrung teilen die Menschen in Kafkas Erzählung mit Woyzeck. Sie können das Unheil, das ihnen widerfährt, nicht verstehen oder es sich erklären und es (folglich) auch nicht bekämpfen. Es ist einfach da. **Die Rätselhaftigkeit** des Phänomens **ängstigt**. So wie die Nomaden einfach „da" sind, nimmt Woyzeck in der Natur und am Himmel Zeichen wahr, die er nicht entziffern kann und die ihn ängstigen. Und beide, Kafkas Protagonisten und Woyzeck, fühlen sich gleichsam **metaphysisch verlassen**. Die Bürger müssen erkennen, dass die Tore des Palastes geschlossen sind und ihnen der Kaiser nicht helfen wird; Woyzeck fühlt sich von Gott verlassen. Das Menschenkind, das im *Großmuttermärchen* im Himmel Zuflucht sucht, findet dort oben alles tot und leer. Der Überbau entpuppt sich als Schimäre.

3. Vermutlich trifft zu, dass Kafka darum nicht hinter seinen Protagonisten steht, weil seine Erzählung eine kritische psychologische oder existenzphilosophische **Parabel** ist. Auf der **Bildebene** haben Barbaren die Hauptstadt okkupiert, sodass man eigentlich Mitgefühl mit den bedrängten Bürgern empfinden müsste. Aber das Mitgefühl des Lesers stellt sich nicht ein, denn was törichterweise als bedrohliche Macht erlitten und als eigene Ohnmacht und Hilflosigkeit ihr gegenüber erfahren wird, sind wohl auf der **Bedeutungsebene** die verdrängten, nicht eingestandenen archaischen Schichten des eigenen Wesens. Der *stille[ ], immer ängstlich rein gehaltene[ ] Platz* (Z. 12 f.) verdankt sich – wie besonders das Adverb *ängstlich* zu verstehen gibt – der **Verdrängung** der weniger vorzeigbaren Persönlichkeitsanteile. Tritt das Unterdrückte aber eines Tages mit Macht in Erscheinung, so verwandelt sich der sterile Platz ins andere Extrem, in einen veritablen Saustall sozusagen (s. ebd.).

   Die nicht zu unterschätzende menschliche Vitalität oder **Gewalt** der eigenen Triebstruktur und die gelegentliche **Ohnmacht** des eigenen Willens und Verstandes und zivilisierter Ordnungsvorstellungen ihr gegenüber bleiben für jeden Menschen ein Thema im Umgang mit sich selbst und mit anderen. Insofern ist das, was Kafka thematisiert hat und als Problem aufwirft, *hinsichtlich heutiger Lebenserfahrung* nach wie vor *überzeugend [...]* (s. Aufgabe 3). Vielleicht, so könnte man folgern, übt sich im Umgang mit sich selbst und indem man die **Verantwortung** für die dunklen Seiten der eigenen Natur und für das eigene Handeln übernimmt, auch das Verständnis für andere und damit das soziale Gewissen und die politische Verantwortung eines Menschen ein. Georg Büchner konnte vielleicht auch darum zum Anwalt für soziale Gerechtigkeit werden, weil er sich Rechenschaft darüber ablegte, was das ist, das *in uns lügt, hurt und stiehlt (Dantons Tod)*. Er hat das **Menschenbild** seiner Zeit **erweitert**, denn er hatte den Mut, die **Abgründe der Menschennatur** einzubeziehen. Darum konnte er – neben der Benennung der verheerenden sozialen Mängel und heuchlerischen moralischen Konventionen – auch Woyzeck und Marie als vollwertige Menschen begreifen und für sie eintreten. Büchners Grundfragen hinsichtlich des gestellten Themas – Woher kommt Gewalttätigkeit?; Wie entsteht sie und wie ist sie zu verstehen?; Aus welchen Quellen speist sich das Gefühl der Ohnmacht und wohin kann es führen? – sind von denen Kafkas kaum unterschieden. Beiden Autoren ging es offenbar darum, die Bedingungen von Gewalt und Ohnmacht zu verstehen, sodass man wohl die Entscheidung darüber, wer das nun *überzeugender* tat (Aufgabe 3), begründet verweigern darf.

Gegenwärtige rechts- oder linksextreme Gewalt, muslimischer Fundamentalismus von Pakistan bis London, brennende Autos in den Pariser Vorstädten, Aufstände, Kriege, Einbrüche, Überfälle, Amokläufe, Vandalismus ... oder auch die nur leise gezischte verbale Vernichtung eines Mitschülers haben Gründe. Nicht selten ist das Gefühl der Ohnmacht und des hilflosen Ausgeliefertseins nicht etwa das Gegenteil von Gewalt, sondern gerade deren Ursache. Unsere Aufgabe wäre es, soviel wie möglich von diesen **Gründen** in Erfahrung zu bringen, um an den Wurzeln des Übels ansetzen zu können. Wir – und unsere Staaten mit den entsprechenden Institutionen – müssen uns also zu verstehen bemühen, wodurch Ohnmachtsgefühle entstehen und so bedrängend werden, dass sie in Gewaltbereitschaft umschlagen oder sich in Gewalttätigkeit bereits Luft gemacht haben. Ein Grund für Gewalttätigkeit ist – wie bei Woyzeck – das schwer verletzte Selbstwertgefühl der Täter. Gute therapeutische Gegenmaßnahmen finden sich etwa in der Sozialarbeit mit perspektivlosen Jugendlichen an sozialen Brennpunkten oder im Jugendgefängnis: Durch Leistungssport – durch Boxen etwa – und durch gezielte Heranführung an den Hauptschulabschluss lernen die Jugendlichen, Regeln zu achten, sie erfahren Anerkennung und schrittweise Erfolgserlebnisse und können auf diesem Weg wieder Zutrauen zu sich selbst gewinnen. Naiv wirkt aber der Glaube, die im islamischen Fundamentalismus sich entladende, seit der Kolonialzeit anhaltende Kränkung der muslimischen Welt durch Toleranzgebärden besänftigen zu können.

Bewertung und Beurteilung

- „**Gut**" (**11 Punkte**) ist eine Leistung, in der temporale und lokale Situierung, Erzählperspektive sowie Struktur- und Stilelemente der Kafka-Erzählung reich und differenziert analysiert und zu einer in sich folgerichtigen, aufmerksamen und textnah argumentierenden Interpretation zusammengefügt sind. Dem scharfen Kontrast zwischen der zivilisierten Gesellschaft im Landesinnern und den barbarischen Fremden in ihrer Mitte muss bis in Einzelheiten nachgegangen sein. Die doppelte Blickrichtung des Erzählers einerseits hin zu den Nomaden und andererseits hin zum Kaiserpalast sollte bemerkt, eventuell mit der Frage der Kommunikation verbunden und interpretiert sein. Rätselhaftes wie zum Beispiel die unerklärliche Herkunft der Nomaden sollte aufgefallen und nicht unberücksichtigt gelassen worden sein, sondern Vermutungen zu seiner Lösung in Gang gesetzt haben. Der Parabelcharakter der Erzählung muss bewusst geworden und ansatz- und versuchsweise durchdacht, befragt oder durchforscht sein. – Das Gelingen von Aufgabe 2 hängt davon ab, wie genau die Unterschiede in der Darstellung von Gewalt- und Ohnmachtserfahrungen bei Büchner und Kafka erfasst und Schattierungen von Gewalt und Ohnmacht gezeigt wurden. – In Aufgabe 3 darf nicht Kafkas Text wegen der darin auftretenden archaischen Nomaden als unzeitgemäß zurückgewiesen werden. Die mögliche Aktualität auch der Parabel sollte zumindest erwogen sein. Generell gut ist eine Leistung, wenn der Schüler zeigt, dass er im Text und im eigenen Kopf auf Fragen stößt und ihnen sprachlich-begrifflich flexibel nachzugehen versteht.

- „**Ausreichend**" (**5 Punkte**) wird die Arbeit genannt, die über Inhalt und Problematik des *Woyzeck* von Büchner themenbezogen sicher und zutreffend Auskunft zu geben versteht, aus dem Text heraus begründen kann, was Woyzeck an physischer und psychischer Gewalt erleidet und wie es kommen kann, dass das ohnmächtige Opfer zum Täter wird. Die schwache Arbeit muss also vor allem bei Aufgabe 2 punkten können, wenn Kafkas Parabel methodisch und gedanklich eventuell zu oberflächlich behandelt und (oder) weitgehend fehlinterpretiert wurde. Aber der Inhalt muss im Präsens, gebündelt und sprachlich annähernd flüssig wiedergegeben sein, die Textgliederung muss überzeugend nachvollzogen und dargestellt worden sein, der Kontrast zwischen Einheimischen und Fremden muss textbezogen charakterisiert und so weit interpretiert sein, dass Sorgen, Leid und Hilflosigkeit der Bürger verständlich werden. Gründen für ihre Zukunftsangst muss nachgegangen sein. Ansatzweise muss sich Abstraktionsfähigkeit und geistige Beweglichkeit im themenbezogenen Transfer von Aufgabe 1 zu 2 und von 2 zu 3 bezeugen.

Abiturprüfung Hessen 2011 – Deutsch Grundkurs
Vorschlag A

Mündig sein

Erlaubte Hilfsmittel:
1. ein Wörterbuch zur deutschen Rechtschreibung
2. eine Liste der fachspezifischen Operatoren
3. Schiller, *Maria Stuart*
4. Büchner, *Woyzeck*
5. Hein, *In seiner frühen Kindheit ein Garten*

Aufgaben:

1. Geben Sie die Rede von Günter Grass in eigenen Worten wieder und analysieren Sie diese auch unter Berücksichtigung des Aufbaus sowie der sprachlich-formalen Gestaltung. (Material) (35 BE)
2. Erläutern Sie ausgehend von Grass' Verständnis von Mündigkeit, inwieweit mündiges Verhalten bei Richard Zurek in Heins Roman *In seiner frühen Kindheit ein Garten*
   und
   bei Maria **oder** bei Elisabeth in Schillers Drama *Maria Stuart*
   oder bei Woyzeck in Büchners *Woyzeck* zu beobachten ist. (40 BE)
3. „Sie hingegen wachsen in einer Zeit auf, in der die Floskel vom ‚mündigen Bürger' zum Allgemeinplatz geworden ist." (Z. 13 f.)
   Setzen Sie sich mit dieser Aussage als Abiturient des Jahres 2011 in einem Brief an Grass auseinander. (25 BE)

Material
Günter Grass: Mündig sein (2009)

Der Literaturnobelpreisträger Günter Grass, geboren am 16. 10. 1927, hielt diese Rede 2009 an der Paul-Natorp-Oberschule in Berlin.

Liebe Schülerinnen und Schüler, meine Damen und Herren!

Meine kurze und, so hoffe ich, bündige Rede steht unter der Überschrift *Mündig sein.* Mündig, ein schönes, altdeutsches Wort. Es bedeutet: verantwortlich werden und also den Mund aufmachen. Als ich im Alter der hier versammelten Schülerinnen und Schüler war, herrschte Krieg. Und aufgewachsen unter der Zucht und ideologischen

Prägung des Nationalsozialismus, standen wir unter Befehlsgewalt und lernten einen blinden Gehorsam, der für viele meiner Generation in den Tod führte.

Erst in der Nachkriegszeit, mittlerweile achtzehn, neunzehn Jahre alt, lernte ich mühsam zu unterscheiden, mich selbst zu befragen und laut vernehmlich zu widersprechen. Ich wurde im Nachholverfahren mündig und fand während einer Zeit politischer Restauration, also in den fünfziger und sechziger Jahren der Adenauer-Ära Gelegenheit genug, mein „Ja“ und mein „Nein“ zu erproben, widerständig zu sein.

Sie hingegen wachsen in einer Zeit auf, in der die Floskel[1] vom „mündigen Bürger“ zum Allgemeinplatz[2] geworden ist. [...]

In diesem Jahr stehen in der Bundesrepublik Deutschland viele Feiern an. Politiker beglückwünschen sich gegenseitig, als hätten sie vor zwanzig Jahren das gesamtdeutsche Machwerk, die Mauer, zu Fall gebracht. Zugleich feiern wir sechzig Jahre Grundgesetz. Und gleichfalls tun Schönredner so, als habe dieses Fundament unserer Demokratie nicht im Verlauf der Jahre Schaden genommen. So wurde ein Kronjuwel, der Asylartikel, verunstaltet.[3] Seitdem ist das Abschieben von Flüchtlingen, das heißt von Menschen, die bei uns Zuflucht suchen, alltäglich geworden. Familien werden auseinandergerissen. Als neudeutsches Wort macht uns die Prägung „Abschiebehaft“ Schande. [...]

Da ich sicher bin, daß in der Paul-Natorp-Oberschule insbesondere in diesem Jahr die Überprüfung unserer Verfassung mit der Verfassungswirklichkeit zum Unterricht gehörte, ist Ihnen allen sicher in Erinnerung, daß, laut Verfassung, vor dem Recht jeder Bundesbürger gleich ist. Ein schöner Grundsatz. Ein demokratischer Rechtsanspruch, der jahrhundertelang umstritten war, erkämpft werden mußte. Doch hält diese Garantie, was sie verspricht? Ich nenne ein Beispiel dieser Tage: Dank unserer fleißigen Medienberichterstattung sahen und hörten wir, wie der Beherrscher der Post und Telekommunikation, ein Herr Zumwinkel[4], abgeführt wurde, weil er Steuern in Millionenhöhe hinterzogen und in dem Schlupfloch Liechtenstein versteckt hatte.

Ungefähr gleichzeitig wurde eine Kassiererin fristlos entlassen, die an der Kasse einer Selbstbedienungsfiliale einen Euro und dreißig Cent unterschlagen hatte. Die Gerichte wiesen ihre Klage in zwei Instanzen ab. Herrn Zumwinkels Freiheitsstrafe ist zur Bewährung ausgesetzt worden, zudem halfen ihm Millionenbeträge aus der Pensionskasse aus seinem erbarmungswürdigen Elend. Mittlerweile lebt er am Gardasee oder in London, in der Nähe von anderen millionenschweren Steuerhinterziehern, die ihre Bewährungsstrafen absitzen und sich an den Früchten ihres asozialen Verhaltens erfreuen.

Ich bezweifle, daß der namenlosen Kassiererin und Herrn Zumwinkel gleiches Recht widerfuhr. Allein schon das ökonomische Ungleichgewicht unserer Gesellschaft steht dem Versprechen der Verfassung im Wege.

Ich habe Beispiele genannt und könnte weitere hinzufügen, um deutlich zu machen, wie zerbrechlich Demokratie ist, und wie sehr sie des mündigen Bürgers bedarf, damit ihr Bestand gesichert bleibt.

Demokratie ist kein fester Besitz. Wir bemerken es gegenwärtig, also in einer Zeit, in der die Ideologie der grenzenlosen Gewinnmaximierung ihren Kollaps erlebt und weltweit Millionen Arbeitsplätze hinwegspült. Von arbeitenden Menschen erwirtschaftetes Kapital verflüchtigt sich zu Nichts. Diejenigen, die vorgestern noch den Staat entmachtet sehen wollten, schreien nun nach staatlicher Hilfe, und dennoch werden weiterhin von Habsucht getriebene Manager mit horrenden Abfindungen gespeist, damit sie ihr Elend auf hohem Niveau auskosten können.

Das alles ist schlimm, aber noch viel schlimmer und folgenreicher ist das Schweigen im Lande. [...] Weit lebensnotwendiger für den Erhalt der Demokratie sind und bleiben [...] mündige Bürger, [...] die endlich begreifen, daß sie laut Verfassung der Souverän des Staates sind, vor allem junge Menschen, die, weil es um ihre Zukunft geht, den Mund aufmachen und jenen Ruf wiederbeleben, der vor zwanzig Jahren mit der fordernden Behauptung „Wir sind das Volk!" ein Zwangssystem hinwegfegte. [...]

Wie kam es zum Zerfall der Weimarer Republik? Wir kennen eine Vielzahl von Gründen [...]. Doch gravierender als das allumfassende Versagen ist wohl die Tatsache, daß es in der Weimarer Republik nicht genügend Bürger gegeben hat, die sich schützend vor dieses fragile, von Anfang an gefährdete Gebilde gestellt haben. Diese Einsicht hat mich dazu gebracht, als Schriftsteller immer wieder mein Schreibpult zu verlassen und als Bürger den Mund aufzumachen, das heißt, mündig im wahrsten Sinne des Wortes zu sein.

Nichts Besseres kann ich Ihnen empfehlen. [...] Die Schule ist ein geschützter Raum. Außerhalb herrscht ein rauheres Klima. Mit Gegenwind ist zu rechnen. Doch darauf wird es ankommen: auch bei Gegenwind den Mund aufzumachen, gegen den Wind laut „Ja" oder „Nein" zu sagen und dieses „Ja" oder „Nein" zu begründen. Ich danke für die Einladung, in einer Schule sprechen zu dürfen [...].

Eigentlich schade, daß ich nie die Chance hatte, hier Schüler sein zu dürfen. Vielleicht hätte ich doch noch das Abitur geschafft!

Aus: Die Zeit Nr. 29 (09. 07. 2009), S. 63
Die Rechtschreibung entspricht der Textvorlage.

1 Floskel: inhaltslose bzw. inhaltsarme Redensart, abgegriffene Redewendung, nichtssagende Worte
2 Allgemeinplatz: abgegriffene Redensart, Binsenweisheit (negativ gemeint)
3 Mit einer Zweidrittelmehrheit schränkte der Deutsche Bundestag das Grundrecht auf Asyl (Grundgesetz Artikel 16 a) so ein, dass politisch Verfolgte in Deutschland keinen Anspruch auf Asyl mehr haben, wenn sie über einen „sicheren Drittstaat" eingereist sind.
4 Klaus Zumwinkel war von 1990 bis Ende 1994 Geschäftsführer bei der Deutschen Bundespost und von 1995 bis 2008 Vorstandsvorsitzender der Deutschen Post. Im Februar 2008 wurden Ermittlungen der Staatsanwaltschaft wegen Steuerhinterziehung gegen ihn öffentlich.

Hinweise und Tipps

Vorschlag A bietet mit Aufgabe 1 und 3 eine reizvolle Herausforderung, erlegt Ihnen aber mit Aufgabe 2 auch ein großes Pensum auf: Sie sollen eine Ihnen bisher unbekannte Rede schriftlich wiedergeben und analysieren; Sie sollen sich Hauptfiguren eines Romans und eines Dramas vergegenwärtigen, überprüfen, in welcher Beziehung sie zum Thema und zur Rede (deren Informationen, Thesen, Überzeugungen) stehen; und schließlich sollen Sie sich brieflich mit einer These des Redners auseinandersetzen.

Wählen Sie also diesen Vorschlag nur, wenn Sie in der Analyse von Reden geübt sind und die Problematik der fraglichen Figuren bei Hein und Schiller oder Hein und Büchner sicher überblicken. Aufgabe 2 hat den Löwenanteil an Bewertungseinheiten. (In die Lösungshinweise sind alle drei der zur Auswahl gestellten Figuren aufgenommen.)

Die Vorarbeit für die erste Aufgabe wird Sie mehr als 30 Minuten, die Niederschrift weit mehr als eine Schulstunde kosten, sofern Sie sich sachgerecht mit der Rede beschäftigen, während der Niederschrift Textstellen nachweisen und sich um deren sprachliche Einbindung, um gedankliche Überleitungen, passende Ausdrücke und insgesamt um eine passable schriftliche Gestaltung Ihrer Entdeckungen und Befunde bemühen.

Markieren und kommentieren Sie die Materialblätter leserlich, denn Markierungen sind Leistungsnachweise.

- *Machen Sie sich Art (Anlass) und Zweck (Intention) der Rede klar.*
- *Achten Sie auf Gliederung (Aufbau) und Entfaltung des Themas.*
- *Finden Sie heraus, wie der Redner auf sein Publikum eingeht und mit welchen rhetorischen Mitteln er die Dringlichkeit und Glaubwürdigkeit seiner Botschaft zu vermitteln bemüht ist.*

Das Thema an sich dürfte Ihnen seit der Beschäftigung mit der Aufklärung geläufig sein. Erinnern Sie sich an Kants Aufsatz „Was heißt Aufklärung?"! Vielleicht haben Sie einmal gehört, dass „Mündigkeit" sich nicht von „Mund" (mouth, Mündung) herleitet, sondern, wie auch „Vormund", von dem althochdeutschen Wort „munt". Die Munt bedeutete Herrschaft über, Fürsorge, Schutz und Haftung für einen Schützling. Wer „mündig" ist, ist der Vormundschaft entwachsen, er bestimmt und verantwortet sich folglich selbst, braucht dabei aber nicht unbedingt, wie Günter Grass es will, öffentlich den Mund aufzumachen (Material, Z. 4). Dennoch deckt sich Grass' Verständnis von Mündigkeit weitgehend mit dem, was sich aus der etymologisch (herkunftsmäßig) korrekten Ableitung des Wortes auch ergibt.

Zur Person: Günter Grass hat seit den siebziger Jahren aktiv die SPD unterstützt und ist während ihrer Wahlkämpfe öffentlich als Redner aufgetreten.

In Aufgabe 3 kommt es darauf an, adressatenbezogen zu schreiben. Seien Sie sich immer bewusst, an wen Sie das Wort richten. Bleiben Sie höflich, auch wenn Sie Kritisches zu sagen haben.

Lösungshinweise

1. Anfang Juli 2009 sprach der Schriftsteller Günter Grass in einer Berliner Oberschule. Er hielt eine Abiturrede, eine **Fest- oder Anlassrede** also, die sich aber zur **Meinungs-** oder **Überzeugungsrede** entwickelte.

   Die Anrede umfasst auch die versammelten Eltern und Lehrer, aber die eigentlichen **Adressaten** sind die jungen Abiturienten (vgl. Z. 4 f., 24 ff., Z. 58). Der Charakter der Rede ist stark appellativ und aufrüttelnd. Grass spricht über das Mündigsein. Leidenschaftlich wirbt er für mündiges Verhalten; er empfiehlt es seinen Zuhörern (Z. 69), aber eigentlich ist seine Rede über die Empfehlung hinaus bereits ein **Aufruf** zum politischen Engagement der jungen Generation.

Grass nennt im ersten Satz sein Thema und schließt eine erste Begriffserklärung an. Etwas merkwürdig ist, dass er „mündig“ ausdrücklich als „schönes, altdeutsches Wort“ vorstellt (Z. 3), es aber dennoch durchweg (ab Z. 59 dreimal) mit „Mund“ assoziiert und als Verpflichtung auslegt, den Mund aufzumachen.

Im **Zentrum der Rede** steht die Sorge um den aktuellen Zustand unserer deutschen Demokratie. Grass legt seinen Zuhörern nahe, Demokratie nicht als sicheren Besitz, sondern als gefährdetes, zerbrechliches Gut zu begreifen (Z. 46, 48; vgl. Z. 65). Mündige Bürger müssten es schützen und bei Verstößen gegen Grundgesetz oder Verfassung die Stimme erheben. Dieses zentrale Anliegen intensiviert Grass durch Hinweise auf die jüngere deutsche Geschichte, in der die Demokratie unterging: Die Negativbeispiele „Drittes Reich“ (Z. 5 ff.) und „Weimarer Republik“ (Z. 62 ff.) sollen also demonstrieren, wie unverzichtbar mündige Bürger sind.

Grass leitet seine Rede aber nicht nur historisch, sondern auch **biografisch** ein. Am Beispiel der eigenen Verblendung während der Zeit des Nationalsozialismus erläutert er, dass der **Gegensatz** von mündigem Verhalten ein verhängnisvoller „blinde[r] Gehorsam“ (Z. 7) war. Erst nach dem Krieg habe er sich als junger Mann zu Mündigkeit und Kritikfähigkeit durchgekämpft. Mündigkeit bedeutet für ihn, „unterscheiden“, sich „selbst […] befragen“ und „widersprechen“ zu können (Z. 9 f.), also für sich selber zu denken, fertige Meinungen nicht ungeprüft zu übernehmen und, wenn nötig, die Kraft zum Widerstand auch gegen Institutionen und Autoritäten aufzubringen. In der Adenauerzeit habe er diese Verhaltensweisen erprobt.

Auf die Einleitung folgt eine Art **Regierungs- und Publikumsschelte**. Grass spricht nun seine Zuhörer direkt an (ab Z. 13) und beklagt, dass der Begriff der Mündigkeit gegenwärtig von keinem mehr ernst genommen werde. Kritisch und polemisch greift er Politiker an, die sich in Feiern zum Mauerfall und im Jubiläum zu sechzig Jahren Grundgesetz sonnen und als „Schönredner“ (Z. 18) aufträten, während tatsächlich die rechtlichen Grundlagen der Demokratie längst Schaden genommen hätten. Als erstes **Beispiel** für diese Behauptung nennt er die Änderung des Asylrechts und daraus entstandene Unmenschlichkeit (Z. 20 ff.). Drei Absätze widmet er dem zweiten Beispiel, dem Fall Zumwinkel und dem einer Kassiererin, um mit spürbarer Entrüstung und polemischer Wucht darzutun, dass die verfassungsmäßig verbriefte rechtliche Gleichbehandlung der Bundesbürger in der Wirklichkeit mehr als fraglich geworden sei (ab Z. 24). Der Manager Zumwinkel hat Steuern in Milliardenhöhe hinterzogen, aber seine Freiheitsstrafe wurde zur Bewährung ausgesetzt. Die Kassiererin wurde wegen der Unterschlagung von einem Euro und dreißig Cent fristlos entlassen; ihre Klage wegen dieser Entlassung wiesen die Gerichte ab. Allein schon in der heutigen Kluft zwischen Reichtum und Armut sieht Grass ein Hindernis für die Realisierung von Gleichheit (Z. 43 f.). Damit ist das dritte Beispiel eingeleitet. Grass skizziert, dass die hemmungslose Profitgier der Banken die Wirtschaftskrise von 2008 ausgelöst und den Staat an den Abgrund geführt habe. Erarbeitetes Vermögen wurde zu Nichts,

aber die Banker hörten nicht auf, horrende Bonuszahlungen einzustreichen (Z. 48 ff.).
Schlimmer noch als die dargestellten Fälle findet Grass aber, dass die Bevölkerung zu alledem schweigt (Z. 55 f.). Mit der Steigerungsform des Adjektivs („schlimmer“, Z. 55) kommt die Rede zu ihrem **Höhepunkt**. Ihm schließen sich **Schlussfolgerung** *(Conclusio)* und **Appell** unmittelbar an. Grass schärft seinen Zuhörern geradezu ein, dass sie als Volk und „Souverän des Staates“ sich um einer demokratischen Zukunft willen gegen solche Übel zur Wehr setzen müssten, so wie dies 1989 die Bürger der DDR mit ihrem Slogan „Wir sind das Volk“ (Z. 56–61) getan hätten. Er warnt vor dem Schicksal, das die erste deutsche Demokratie, die Weimarer Republik erlitten hat, weil nicht genügend Bürger ihr beistanden (Z. 62 ff.).

Und wie am Beginn der Rede präsentiert sich Grass auch am Ende noch einmal **persönlich** als **Vorbild**. Er habe in den fünfziger und sechziger Jahren protestiert, und er gehe auch jetzt, wenn erforderlich, auf die Straße und mache den Mund auf. Seinen Worten entsprechen also Taten, was seinen Forderungen Glaubwürdigkeit verleiht.

Grass warnt die Abiturienten von 2009 vor Politikverdrossenheit und Lethargie. Er hält eine **klassische Fünf-Satz-Rede**. In der Einleitung (1) weckt er Motivation und Aufmerksamkeit des Publikums durch die Berufung auf eigenes Erleben und die unmittelbare Bezugnahme auf die Zuhörer („Als ich im Alter der hier versammelten Schülerinnen und Schüler war …“, Z. 4 f.). Der Hauptteil enthält die **Kernthesen** (Mündigkeit sei zur Floskel geworden; die rechtlichen Grundlagen der Demokratie hätten Schaden genommen; politisch gefährlich sei das Schweigen im Lande) sowie ihre argumentative Entfaltung (2) und Veranschaulichung anhand dreier Beispiele (3). Die Schlussfolgerung (4) in Form eines Appells (sich zu empören, den Mund aufzumachen, sich zu engagieren) wird **durch** dreimalige **Wiederholung** und durch die neuerliche Berufung auf das eigene Handeln **verstärkt** (Z. 55–73). Im Schluss (5) stellt der Redner, jetzt jenseits des Themas, abermals eine persönliche Beziehung zum Publikum her (Z. 74 f.).

Die Rede will überzeugen. Grass argumentiert, aber es sind **affektivische** (emotional aufgeladene) **Argumente**. Er kontrastiert: Zu seinen rhetorischen Mitteln gehört die **Antithese** (Gegensatz zwischen blindem Gehorsam und Mündigkeit; zwischen eigener Widerständigkeit in der Adenauerzeit und heutigem Stillschweigen der Jugend; zwischen der Schonung des großen Steuerhinterziehers und der Ahndung eines Bagatelldelikts). Zudem schmeichelt er seinem Publikum mit **positiven Unterstellungen** – so unterstellt er, dass Wissen zu Verfassung und Verfassungswirklichkeit und zum Gleichheitsgrundsatz erworben wurde (Z. 24 ff.) –, er brilliert mit **boshaften Periphrasen** (Umschreibungen: die Mauer als „gesamtdeutsche[s] Machwerk“, Z. 16 f.; der Festredner als „Schönredner“, Z. 18; der Post- und Telecom-Chef als „Beherrscher“, Z. 30) und **zornigem Sarkasmus** angesichts der kapitalen Steuerhinterzieher, die sich „an den Früchten ihres asozialen Verhaltens erfreuen“ (Z. 40 f.; vgl. auch 38).

2. In Christoph **Heins** Roman *In seiner frühen Kindheit ein Garten* ist **Richard Zurek**, Vater des Terroristen Oliver Zurek und pensionierter Oberstudiendirektor, ein aufrechter Mann, der sich **während seiner** gesamten **Dienstzeit** aktiv als **mündiger Bürger** verhalten hat. Unterscheidungsfähigkeit, Selbstständigkeit des Denkens und die Fähigkeit zum Widerspruch sind für Grass die hervorstechenden Merkmale des Mündigseins. Richard Zurek verteidigte als Lehrer und Schulleiter die Demokratie, weil er für sich zu der Überzeugung gelangt war, dass sie allein Rechtsstaatlichkeit garantiere und damit allen anderen Staatsformen überlegen sei. Seine Schüler haben mit ihm diskutiert und manches kritisiert, aber an den Grundfesten des Systems hat Zurek nicht rütteln lassen. Wären – lässt sich Grass weiterdenken – die Gymnasien der Weimarer Republik mit lauter Zureks besetzt gewesen, hätte diese vielleicht überlebt.

Aber die staatlichen Verlautbarungen zum Tod seines Sohnes Oliver auf dem Bahnhof von Bad Kleinen veranlassen Richard Zurek Schritt für Schritt zum Umdenken. Wieder wird er auf mündige Weise sich „selbst […] befragen" (Grass, Z. 9). Infolge dieses Nachdenkens und Nachforschens wird er **skeptisch**, zumal er Gründe zu der Annahme hat, dass der Staat Beweismittel zu den Vorgängen in Kleinen unterschlagen hat. Einiges spricht gegen die offizielle Version, dass sein Sohn sich selbst erschossen habe. So gibt es Hinweise darauf, dass der Sohn ermordet wurde und der Staat diesen Fehler vertuscht. **Zurek widerspricht** (vgl. Grass, Z. 9f.). Er kann das Abschlussprotokoll der Gerichtsverhandlungen nicht akzeptieren, nimmt sich folglich einen Anwalt und legt Berufung ein. Noch ist er sich sicher, dass ein Wiederaufnahmeverfahren auf dem Rechtsweg Licht ins Dunkel bringen wird, dass also der Staat auch dem, der gegen ihn klagt, Gerechtigkeit widerfahren lassen wird; sein **Glaube an den Rechtsstaat** ist hier noch intakt. Allmählich aber erfährt er, dass er als Querulant abgetan wird, dass man ihm wichtige Auskünfte vorenthält, dass der verantwortliche Innenminister a. D. auf seine Briefe nicht antwortet und dass – vor allem – die Rechtsprechung des Landes nicht wirklich unabhängig ist, sondern durch politischen Druck deformiert. Sein hartnäckiger Kampf für sein Recht und das seines Sohnes bewegt am Ende das Gericht lediglich zum Eingeständnis des non-liquet-Urteils. An diesem Punkt zieht Zurek – abermals in eigener Entscheidung – für sich die Konsequenz: Er widerruft seine Loyalität als Irrtum und bezeichnet sich selbst als gutgläubigen Idioten. In der Aula seiner alten Schule tritt er vor die versammelte Schulgemeinde und widerruft feierlich seinen Amtseid mit der Begründung, dass er sich nicht zum Komplizen dieses Staates machen lasse. Zurek geht also weiter als Günter Grass in seiner Rede. Aus Grass spricht der Zurek der frühen Phase, der die Demokratie rückhaltlos verteidigte. Zurek wird aber von seinen Erfahrungen und Überlegungen zu dem Schluss geführt, dass die Staatsmacht sich auch in der Demokratie die Rechtsprechung gefügig machen kann. Hinter einer **Fassade des Rechtsstaates** glaubt er, einen Unrechtsstaat erkannt zu haben. Mündiges Verhalten kann also desillusionieren.

Unter dem Gesichtspunkt des Mündigseins erscheinen **die beiden Königinnen** in **Schillers** Drama *Maria Stuart* als **paradoxes** oder komplementäres (entgegengesetztes) **Paar**.

Maria Stuart ist die Gefangene der Königin Elisabeth von England. Sie ist insofern entmündigt, als ihr Leben in der Hand anderer liegt. Am Ende wird sie zum Tode verurteilt und hingerichtet. Aber Maria beugt sich der Macht nicht: Auch als Gefangene widerspricht sie ihrer Gegnerin, hält an ihrem Rechtsanspruch auf die Krone von England fest und empört sich gegen unlautere Mittel Elisabeths. Dennoch nimmt sie Schuld auf sich. Vor ihrem Gewissen wird es ihr zur Pflicht, die Mitschuld an der Ermordung ihres zweiten Gatten abzubüßen. Für diese Schuld wird sie aus freiem Entschluss aufs Blutgerüst steigen. Der an sich unabwendbare Tod wird dadurch zum erhabenen Akt der Selbstbestimmung. Grass definiert Mündigsein vor allem als staatsbürgerliche Tugend, als kritisches **Engagement nach außen**, auf gesellschaftspolitischem Feld. Schiller interessiert darüber hinaus auch die Frage der **inneren Würde** des Menschen. Er hält es für möglich, dass ein Mensch noch in Ketten über sich hinauswachsen und **innere Freiheit** und Größe erlangen kann. Ganz Herr über sich selbst, also mündig, ist Maria erst in dem Augenblick, in dem sie ihrer Gegnerin verziehen und ihren Frieden mit Gott und sich selbst gemacht hat.

Elisabeth dagegen ist äußerlich frei. Sie ist souveräne Herrscherin auf Englands Thron und Herrin über Leben und Tod, und dennoch erscheint sie innerlich weniger frei und souverän als Maria. Sie ist nicht im Einklang mit sich selbst, da „das Weib" und die Herrscherin in ihr im Streit miteinander liegen. Einerseits sträubt sie sich gegen die „Ordnung der Natur", die von ihr verlangt, sich einem Mann zu unterwerfen. Andererseits hasst sie Maria, der die Gunst der Männer gehört. Einerseits wird ihr das Herrscheramt zum unerträglichen Joch, andererseits gewährt es ihr äußerste Freiheit. Ihre **innere Schwäche** zeigt sich in ihrer **Entscheidungsscheu**. Sie kann nicht klar „Ja" oder „Nein" sagen, wie Grass es als Kriterium von Mündigkeit fordert, sondern sie versteckt sich hinter dem vorgeblichen Willen des Volkes und dem Rücken ihrer Berater. Rachsucht, Eitelkeit und vor allem Furcht lassen sie nichts dringender wünschen als Marias Tod, aber sie will die **Verantwortung** dafür **nicht tragen**. So gibt sie vor, durch das Volk zur Unterschrift unter das Todesurteil genötigt zu sein, und das unterschriebene Dokument legt sie in die Hände ihres unglücklichen Staatssekretärs, dem sie nicht Weisung gibt, ob er es aufbewahren oder es umgehend als Ordre zur Hinrichtung einsetzen soll. Bald darauf zittert sie in der Hoffnung, Marias Haupt möge gefallen sein, und beruhigt sich selbst: „Das Grab deckt meine Furcht, und wer darf sagen, / Ich habs getan! Es soll an Tränen mir / Nicht fehlen, die Gefallne zu beweinen!" (V. 12). Der Staatssekretär wird zum Bauernopfer. Elisabeth steht nicht zu ihren Taten und wird dadurch zur verächtlichen Figur. Es zeigt sich, dass zur Mündigkeit außer den von Grass genannten Kriterien Integrität, Großmut und der persönliche **Mut**, den Immanuel Kant allem anderen vorangestellt hatte, gehören.

Der Figur des **Woyzeck** in Georg Büchners gleichnamigem Stück fehlen grundlegende Voraussetzungen für ein mündiges, selbstbestimmtes Leben. Woyzeck ist der psychisch getriebene, sozial verachtete und ökonomisch unter die Armutsgrenze gedrückte Underdog. Büchner zeigt in Woyzeck das **Opfer der** herrschenden **Verhältnisse**. Woyzecks Tage sind damit ausgefüllt, als Rekrut Dienst zu tun und außerhalb des Dienstes sich medizinischen Experimenten zu unterwerfen und seinen Hauptmann zu rasieren, um seine Familie, Marie und seinen kleinen Sohn, leidlich versorgen zu können. Nirgendwo besitzt er die Freiheit oder die Chance, seinen elenden Verhältnissen zu entkommen. Sein Wille wird durch die Schikanen des Doktors, sein männlicher Stolz durch die Brutalität des Tambourmajors gebrochen. Verzweiflung, Ausweglosigkeit und metaphysische Verlorenheit treiben ihn am Ende dazu, Marie zu töten.

Und dennoch sind die **Merkmale der Mündigkeit**, die Grass aufzählt, auch in Woyzeck angelegt, denn Büchner erkennt noch in der Jammergestalt die **Würde** des Menschen an. Woyzeck kann sehr wohl unterscheiden, sich selbst befragen und widersprechen; er macht, wenn auch stockend, den Mund auf und sagt „Ja" und „Nein". Er ist ein Grübler, der nach Antworten sucht. Marie erschrickt sich vor ihm: „Der Mann! So vergeistert. [...] Er schnappt noch über mit den Gedanken." Wenn auch auf argumentativ unbeholfene Weise, so **setzt** er **sich** doch **zur Wehr**, **weist** die moralischen Verurteilungen des Hauptmanns **zurück**, **verteidigt** sein uneheliches Kind und beklagt die Ungerechtigkeit der Ständegesellschaft, in der „Tugend" das Privileg der Reichen ist. Ein Wir-Gefühl ist vorhanden. „Wir arme Leut", sagt Woyzeck; aber er erkennt darin nicht den revolutionären Funken, wie er 1989 zündete, sondern sein Verhängnis. Er nimmt seine **Verantwortung** für Marie und das Kind ernst, sodass er um Marie kämpfen will. Obwohl er weiß, dass er unterliegen wird, treiben ihn innerer Aufruhr und Ehrgefühl dazu, den Tambourmajor herauszufordern. Blinder Gehorsam (Grass) ist Woyzeck fremd; er ist weder feige noch unterwürfig noch verschlagen oder heimtückisch, aber er kann die Welt nicht verändern oder ins Räderwerk der Verhältnisse eingreifen.

3. Starkenburg-Gymnasium Heppenheim im Frühjahr 2011

Sehr geehrter Herr Günter Grass,

wir wissen, dass Sie ein berühmter Schriftsteller sind und sogar den Nobelpreis für Literatur erhalten haben. Ich scheue mich etwas, einem so großen Mann zu schreiben. Aber es ermutigt mich, dass Sie sich 2009 ja nicht zu schade dafür waren, in einer Schule zu sprechen, und außerdem fordern Sie uns geradezu dazu auf, den Mund aufzumachen. Ich wage es also und mache ihn auf.

Sie machen uns Vorwürfe. Ihre Behauptung, dass „die Floskel vom *mündigen Bürger* zum Allgemeinplatz geworden ist", meint ja wohl, dass man bei jeder Gelegenheit zwar vom mündigen Bürger spricht, aber nicht mehr daran denkt, was das eigentlich heißt und an Rechten und Pflichten mit sich bringt. Sie beklagen also, dass wir politische Fehlentwicklungen im Land passiv und gleichgültig hinnehmen, während Sie sich stets politisch engagiert haben. Sie machen sich Sorgen. Die niedrige Wahlbeteiligung in Deutschland – die Zeitungen sprechen immer von der „erschreckend" niedrigen Wahlbeteiligung – belegt, dass Ihre Sorgen nicht unberechtigt sind. Aber Sie werben dafür, dass wir uns politisch einbringen sollen, und machen doch gleichzeitig Gegenwerbung, indem Sie für die Politiker der Bundesrepublik nur Hohn und Spott übrig haben. Sie kritisieren sie ja nicht nur, sondern Sie entziehen ihnen die Achtung. Haben das die Intellektuellen der Weimarer Republik nicht ähnlich gemacht? Es ist aber wenig motivierend für uns, sich für einen Staat einzusetzen, dessen gewählte Vertreter anscheinend nur Heuchler und Witzfiguren sind und keinen Respekt verdienen. Gut, Sie wollen, dass wir über Verfassungsgerechtigkeit wachen. Aber Verfassungen sind doch etwas ziemlich Abstraktes und Kniffliges und eher etwas für Staatsrechtler. (Vielleicht liege ich hier aber auch ganz falsch.)

Ein wenig kränkt mich Ihre Rede. Es gibt eine Reihe sozialer Projekte in der Schule und in der Kirche, in denen wir Verantwortung mit übernommen haben. Und ich habe bis zum Ende des letzten Schuljahres in unserer Schülervertretung (SV) mitgearbeitet.

Am meisten würde mich aber interessieren, ob Sie seit „Stuttgart 21" noch immer so pessimistisch sind wie 2009. Seit vorigem Jahr hören Bürgerproteste doch gar nicht mehr auf. Quer durch alle Altersstufen und sozialen Schichten sind die Leute auf den Beinen und lehren die Landesherren, dass sie ohne Zustimmung des Volkes am Ende sind. Und was sagen Sie nun zum Ergebnis der baden-württembergischen Landtagswahlen? Erdrutschartige Umschichtungen der Mehrheitsverhältnisse! Und die atomare Katastrophe von Fukushima hat noch die letzte Schlafmütze wachgerüttelt. Die Regierungskoalition ist für die im Herbst durchgedrückte Laufzeitverlängerung für AKWs ordentlich abgestraft worden, und eine breite Volksbewegung drängt zum Ausstieg aus der Atomenergie. Ist das in Ihrem Sinne? Handeln da mündige Bürger? Merken Sie, dass sich der Ruf „Wir sind das Volk" Ihrem Wunsch gemäß im heutigen Bewusstsein tatsächlich wiederbelebt hat?

Ich stecke mitten im schriftlichen Abitur und kriege nicht alles mit, was läuft. Aber Sie sehen, dass ich mich gegen Ihre Vorwürfe wehre, und das müsste Sie eigentlich freuen.

Mit vielen Grüßen
Oskar Späh

P. S.: Ich lege mein Exemplar von *Katz und Maus* bei und würde mich sehr freuen, wenn Sie es mir signieren und mit einer Antwort für unseren ganzen Kurs an mich zurückschicken würden.

P. P. S.: Sie müssten bald antworten, denn nach dem mündlichen Abi im Juni sind wir alle auseinander.

GK 2011-10

Bewertung und Beurteilung

- Die Arbeit ist dann „**gut**“ **(11 Punkte)**, wenn es gelungen ist, die Rede (Aufgabe 1) methodisch zu erschließen, ihre Botschaft in möglichst eigenen Worten sachlich zutreffend wiederzugeben und reichhaltige und differenzierte Beobachtungen zu Inhalt, Intention, Aufbau und Rhetorik in einen durchformulierten, schlüssigen und sprachlich gewandten Text umzugießen. Es soll sich die Kenntnis rhetorischer Mittel bezeugen, elementare Fachbegriffe auf diesem Gebiet sollten eingebracht sein. In einer Zusammenfassung der Analyseergebnisse sollten sich Sachverstand, Reflexionsvermögen und politische Urteilsfähigkeit dokumentieren. – In Aufgabe 2 muss erkannt und nachgewiesen sein, dass und inwiefern Richard Zurek „mündig“ handelt und bis ins Detail (fast abhakbar) gleichsam die Eigenschaften verinnerlicht hat, die auch Grass dem Begriff von Mündigkeit zuordnet. – Angesichts der Figuren der Maria Stuart oder der Königin Elisabeth sollte zumindest immanent die Erkenntnis mitschwingen, dass für (den Idealisten) Schiller staatsbürgerlich verantwortliches Handeln die innere Freiheit der Person zur Voraussetzung hat. Woyzeck kann jegliche Mündigkeit abgesprochen sein; maßgeblich für die Leistung ist die am Text orientierte Stichhaltigkeit der Begründung. Wenn Aufgabe 1 und 2 ergebnisreich erarbeitet wurden, ist angesichts der Fülle der Anforderungen die Note „gut“ unter Umständen auch dann berechtigt, wenn Aufgabe 3 unvollständig geblieben ist.

- „**Ausreichend**“ **(5 Punkte)** ist die Leistung zu nennen, wenn Redeanlass und Intention des Redners verstanden und zutreffend wiedergegeben worden sind. Es muss geklärt sein, von welchen Voraussetzungen und von welcher These der Redner ausgeht. In Ansätzen muss nachgewiesen sein, wie der Redner sein Publikum von der Stichhaltigkeit seiner These zu überzeugen versucht. – In Aufgabe 2 muss sich zeigen, dass der Inhalt der betreffenden Werke verfügbar und die Problematik der jeweiligen Figur in Umrissen bewusst ist. Die „ausreichende“ Arbeit darf sich nicht gänzlich in Inhaltswiedergaben verlieren; Rückbezüge auf Thema und Rede müssen durch alle Kapitelchen hindurch erkennbar sein. Lesbarkeit und innerer Zusammenhang der dargelegten Ergebnisse und Gedanken müssen insgesamt gegeben sein.

Abiturprüfung Hessen 2011 – Deutsch Grundkurs
Vorschlag B

Weibliche Freiheit

Erlaubte Hilfsmittel:
1. ein Wörterbuch zur deutschen Rechtschreibung
2. eine Liste der fachspezifischen Operatoren
3. Schiller, *Maria Stuart*

Aufgaben:

1. Interpretieren Sie das Gedicht *Am Turme* von Annette von Droste-Hülshoff. (Material) (35 BE)

2. Vergleichen Sie das lyrische Ich mit Maria und Elisabeth aus Schillers Drama *Maria Stuart* anhand selbst gewählter Vergleichsaspekte. (40 BE)

3. „Der Gedanke, die Frau zur völligen Freiheit der geistigen Entwicklung, zur ökonomischen Unabhängigkeit und zum Besitz aller bürgerlichen Rechte zu führen, ist weitgehend verwirklicht. Die Frau hat dasselbe Recht zur Entfaltung ihrer Möglichkeiten durch Unterricht und Studium wie der Mann, sie ist ‚vom Joch der Unwissenheit, des Aberglaubens, der Frivolität und der Mode' befreit. Oder doch nicht?" (Aus: Christine Brückner: Wenn du geredet hättest, Desdemona: Ungehaltene Reden ungehaltener Frauen, Berlin: Ullstein 1996, S. 109.)

   Diskutieren Sie die Gültigkeit des Zitats von Christine Brückner. (25 BE)

Material
Annette von Droste-Hülshoff: Am Turme (entstanden um 1842)

Ich steh auf hohem Balkone am Turm,
Umstrichen vom schreienden Stare[1],
Und lass gleich einer Mänade[2] den Sturm
Mir wühlen im flatternden Haare;
O wilder Geselle, o toller Fant[3],
Ich möchte dich kräftig umschlingen,
Und, Sehne an Sehne, zwei Schritte vom Rand
Auf Tod und Leben dann ringen!

Und drunten seh ich am Strand, so frisch
Wie spielende Doggen, die Wellen
Sich tummeln rings mit Geklaff und Gezisch,
Und glänzende Flocken schnellen.

O, springen möcht ich hinein alsbald,
Recht in die tobende Meute,
Und jagen durch den korallenen Wald
Das Walross, die lustige Beute!

Und drüben seh ich ein Wimpel wehn
So keck wie eine Standarte[4],
Seh auf und nieder den Kiel sich drehn
Von meiner luftigen Warte;
O, sitzen möcht ich im kämpfenden Schiff,
Das Steuerruder ergreifen,
Und zischend über das brandende Riff
Wie eine Seemöwe streifen.

Wär ich ein Jäger auf freier Flur,
Ein Stück nur von einem Soldaten,
Wär ich ein Mann doch mindestens nur,
So würde der Himmel mir raten;
Nun muss ich sitzen so fein und klar,
Gleich einem artigen Kinde,
Und darf nur heimlich lösen mein Haar,
Und lassen es flattern im Winde!

Aus: Heinrich Detering (Hg.): Reclams großes Buch der deutschen Gedichte, Stuttgart 2007, S. 40
Die Rechtschreibung entspricht der Textvorlage.

1 Star: mittelgroßer Singvogel
2 Mänade: sich wild gebärende, rasende weibliche Person im Kult des Dionysos, des griechischen Gottes des Weines, des Rausches und der Fruchtbarkeit
3 Fant: veraltet für junger, unreifer Mann
4 Standarte: militärisches Feldzeichen, Fahne einer berittenen Truppe

Hinweise und Tipps

Wenn Sie nicht gerade eine Antipathie gegen Lyrik haben, so finden Sie hier einen gut zu bewältigenden Vorschlag. Das die Aufgaben eröffnende Gedicht ist weder „dunkel" noch heikel noch sonst kompliziert, sondern besitzt einen klaren Schwung, der sich Ihnen mitteilen wird.
Annette von Droste-Hülshoff (1797–1848) schrieb „Am Turme" während eines Aufenthalts in der Meersburg am Bodensee. Vielleicht haben Sie einmal „Der Knabe im Moor" oder „Die Judenbuche" von ihr gelesen und bei der Gelegenheit ein Bild der Droste, wie man sie nennt, gesehen. Auf allen Porträts trägt sie ihr langes Haar in streng aufgebundenen, am Kopf festgesteckten Zöpfen. So gehörte es sich für ein Fräulein aus altem westfälischem Adel. Offenes Haar wäre als unzüchtig empfunden worden.

Machen Sie sich bewusst, dass im Gedicht eine reale Frau spricht, während die Frauenfiguren in „Maria Stuart"(1800) fiktional und von einem Mann entworfen sind. Verwenden Sie eine gute halbe Stunde dafür, sich „Am Turme" mehrfach leise vorzusagen, sich in seine Rhythmen und Klänge einzuhören, sich markant betonte Wörter, Bilder, Symbole und Vergleiche zu unterstreichen und hinter die Gemütsbewegung zu kommen, aus der heraus alles gesprochen ist. Beachten Sie Standort und sich verändernde Blickrichtung des Ich. Das Gedicht ist innerhalb jeder Strophe und insgesamt mit viel Sinn für Form aufgebaut: Es ist formal ähnlich streng „gebunden" wie das Haar der Sprecherin! Wenn Sie entdeckt haben, was wiederkehrt, Zusammenhänge bildet und so etwas wie ein Leitgedanke ist, können Sie zu schreiben anfangen. Es wäre gut, wenn Sie zu Anfang etwas Übergreifendes formulieren würden. Kommentieren (paraphrasieren) Sie das Gedicht nicht mechanisch (additiv) Vers für Vers von oben nach unten, denn dabei ginge der Gesamteindruck verloren. Nehmen Sie poetische oder formale Auffälligkeiten nur dann in Ihren Text auf, wenn Sie sie auch zu interpretieren wissen.
Für die zweite Aufgabe werden Sie sich einige Stellen in der Lektüre noch einmal ansehen und herausschreiben müssen. Da Maria Stuart eine Gefangene ist, haben Sie besonders darauf zu achten, dass das Thema nicht etwa „Freiheit", sondern „weibliche Freiheit" heißt. Erledigen Sie die dritte Aufgabe nicht als Routine. Trauen Sie dem kleinen Impulstext nicht ganz, sondern bleiben Sie auf der Hut.

Lösungshinweise

1. Annette von Droste-Hülshoff schrieb das Gedicht *Am Turme* 1842. Aus seinen Versen spricht die Klage einer Frau, die unter den Fesseln leidet, die ihr die gesellschaftliche Konvention auferlegt. Sie möchte sie sprengen und frei sein. Sie löst ihr Haar und lässt es im Wind fliegen. Aber sie begehrt nur heimlich und in einem Moment auf, in dem sie weit genug weg von den anderen in luftiger Höhe mit sich allein ist. Einen Augenblick lang wird sie zur **Rebellin**. Aber sie weiß bereits: Wenn sie vom hohen Balkon am Turm hinuntersteigen wird, wird sie wieder fein und gesittet bei den anderen sitzen, als wäre nichts geschehen. **Das gelöste, im Winde flatternde Haar** ist in diesem Gedicht das stärkste **Symbol für Protest, Befreiung und** – damit einhergehend – für **Dynamik**. Die Dichterin ist sich dessen bewusst. Darum greift sie es, am Ende nachdenklich und ernüchtert, in den Schlussversen noch einmal auf. Alle äußere und innere Bewegung des Gedichts ist in diesem letzten Quartett (V. 29 ff.) wieder zur Ruhe gekommen, aber in der rhythmischen und klanglichen Fügung (dem Kolon) „und lassen es flattern" (V. 32) erhebt sich noch einmal der **innere Sturm**.

   Das Gedicht hat vier Strophen zu jeweils acht Versen. Jede **Strophe** hat in der Mitte eine Zäsur (einen Einschnitt und Umschwung), die sie in **zwei Quartette** (zweimal vier Verse) gliedert. Der Kreuzreim festigt jedes Quartett auch formal als Einheit in sich. Die ersten drei Strophen sind fast gleich aufgebaut und gehören zusammen, die vierte ist etwas abgesetzt. In ihr kommt es zu einer Art Resümee.

Inhaltlich und sogar räumlich kann man dem Geschehen gut folgen, denn gleich der erste Vers informiert über die **Position** der Sprecherin. Diese steht „auf hohem Balkone am Turm“ (V. 1), Stare schießen um sie herum, ihr Haar ist offen, sie hat sich Luft und Wind ausgesetzt (Strophe 1). Dann geht der Blick in die Tiefe und sie betrachtet „drunten“ den Strand und die lebhaften Wellen – vermutlich die des Bodensees (Strophe 2). Und schließlich schaut sie nach „drüben“ und sieht gegen das andere Ufer hin einen Wimpel und ein sich unruhig auf dem Wasser drehendes Schiff (Strophe 3). In der vierten Strophe zieht sie den Blick gleichsam zu sich und ihrer Realität zurück.

Optische, akustische und haptische Wahrnehmungen verbinden sich in den ersten drei Strophen zum Eindruck einer lebendigen, kräftigen und doch leichten, freien und bewegten **Natur**. Es dominieren **Verben** und damit die dynamische Wortart schlechthin. Das Wetter ist stürmisch, die Stare schreien und umstreichen die Sprecherin auf ihrer „luftigen Warte“ (V. 20), der Wind „wühlt“ in ihrem Haar, so wie er auch das Wasser aufwühlt: Gischtflocken glänzen, sie hört die Brandung als „Geklaff und Gezisch“ (V. 11), sieht die Wellen sich „tummeln“, und denkt bei diesem Anblick an spielende Doggen (V. 10 f.). Was sie in der Natur so intensiv mit allen Sinnen aufnimmt, hat seine **Entsprechung in ihr selbst**. Auch sie fühlt sich aufgewühlt und berauscht wie eine „Mänade“ (V. 3), die man sich als Frau, als Naturwesen und Elementargewalt gleichzeitig vorstellen kann. Sie spürt in sich eine wilde Kraft und Lust, sich auf diese abenteuerliche Natur und aufs Leben überhaupt einzulassen. Auch ihr Begehren ist elementar. Im Augenblick, in dem Naturwahrnehmung in Selbstwahrnehmung umschlägt, entringt sich ihr ein gefühlsstarkes, emphatisches „O“. **Wünsche** steigen in ihr auf: „O […] Ich möchte“ (V. 5 f.), „O, springen möcht ich“ (V. 13), „O, sitzen möcht ich“ (V. 21).

Erschreckend für uns heutige Leser ist dabei, dass die Droste – obgleich als Schriftstellerin geistig frei – sich zu ihrer Zeit eine freie, unabhängige Frau, die ihr Leben selbst in die Hand nimmt, nicht einmal in ihren kühnsten Träumen vorstellen konnte. **Es gibt für sie keine weibliche Freiheit.** Sie erfährt sich als Frau als unerwachsen und unmündig „[g]leich einem artigen Kinde“ (V. 30). Folglich träumt sie sich, wenn sie von Freiheit träumt, in die **Rolle eines Mannes** und heldenhaften Kämpfers hinein. Wie ein Mann möchte sie mit dem Sturm, den sie personalisiert und als Du anspricht, in verwegenem Zweikampf ringen (Strophe 1), im Meer das Walross jagen (Strophe 2) und im „kämpfenden Schiff“ Steuermann sein (Strophe 3). In allen drei Wünschen steigert sich die Dynamik, die bereits in den ersten Quartetten, also in der realen Natur, zu erleben war, sodass die Wellen jetzt zur „tobende[n] Meute“ (V. 14) werden. Vielleicht verwandelt sie in ihrer Fantasie die realen Stare, die um den Turm kreisen, zur wilden, starken „Seemöwe“ (V. 24), zu dem **Freiheitssymbol**, mit dem sie sich gern identifizieren würde. Sie weiß, dass sie keine Seemöwe sein kann; diese dient nur als Vergleich für die Bedürfnisse ihrer Seele, ihrer *Anima*, die seit alters her im Bild des freien Vogels gedacht wird. Sie kann auch kein Jäger oder „[e]in Stück nur von einem Soldaten“ und nicht einmal ein einfacher Mann ohne Attribute von Heldenhaftigkeit sein (V. 25 ff.). Ihre **Wünsche** sind **irreal**; sie weiß das und formuliert sie im grammatischen Irrealis oder Konjunktiv II („Wär ich […]; V. 25 f.), wird immer bescheidener und gibt schließlich auf. Wäre sie ein Mann, so gäbe es Rat. Aber selbst der Himmel scheint frauenfeindlich zu sein (vgl. V. 27 f.). Da sie kein Mann ist, bleibt sie trotz aller Leidenschaftlichkeit ratlos zurück.

Es ist das vielleicht Interessanteste an diesem Gedicht, dass es, wie ihre Urheberin selbst, ein Doppelleben führt. Äußerlich wahrt es die strenge „gebundene“ Form, aber darin eingekapselt sind drängende, springende Daktylen (Daktylus: eine betonte, zwei unbetonte Silben). In Einheiten wie „ei-ner Mä-na-de den Sturm“ (V. 3), „möcht ich im käm-pfen-den Schiff“ (V. 21), „ü-ber das bran-den-de Riff“ (V. 23) und „las-sen es flat-tern“ (V. 32) kann man so etwas wie ein **Mänadenmotiv** hören. So ähnlich wie im Gedicht war wohl in der Dichterin selbst ihre Leidenschaft eingekapselt, wenn sie wieder „fein“ am Teetisch saß.

Bezogen auf das Thema „weibliche Freiheit“ wirkt *Am Turme* wie verspätet. Tatsächlich dokumentiert das Gedicht einen politisch-historischen Rückschlag. Vor der Droste, in der Epoche der Romantik, gab es sehr emanzipierte und selbstbewusste Frauen, die zum Beispiel ihre Haare durchaus auch dann offen trugen, wenn sie von Adel waren, wie etwa Bettina von Brentano (Arnim). Die Zeit der Droste ist aber die der **Restauration** und des **Biedermeier**. Aus ihr konnte sie nicht ausbrechen.

2. Aus dem Gedicht *Am Turme* spricht das Freiheitsbedürfnis einer in Pflichten und Konventionen eingeschnürten Frau des frühen neunzehnten Jahrhunderts. Für die weiblichen Protagonistinnen in Friedrich Schillers Drama „**Maria Stuart**“ ist die Sachlage uneindeutiger. Schiller stellt die beiden Königinnen des sechzehnten Jahrhunderts nicht historisch authentisch dar, sondern charakterisiert sie so, wie er sich um 1800 Frauen (Weiblichkeit) vorstellte. Schon die Romantiker haben sein Frauenbild etwas belächelt.

   Zum Vergleich der **Maria** mit dem lyrischen Ich im Gedicht der Droste lädt vor allem die erste Szene des dritten Aktes (**III. 1**) ein. Maria Stuart darf für kurze Zeit den Kerker verlassen und unter Bäumen auf Gras unter freiem Himmel gehen. Sie läuft ihrer Amme davon vor Seligkeit und fühlt sich leicht und frei wie ein Kind. Die Szene ist ganz **lyrisch**. Maria atmet glücklich „die freie, die himmlische Luft“ (V. 2082), und wie die Droste erlaubt sie sich, **von Freiheit zu träumen:** „Ich will mich frei und glücklich träumen, / Warum aus meinem süßen Wahn mich wecken?“ (V. 2089 f.) Sie sehnt sich nach ihrer Heimat und möchte mit den Wolken davonziehen; die „Segler der Lüfte“ (V. 2098) sollen zumindest ihre Grüße nach Frankreich und Schottland mitnehmen. Und als sie das Jagdhorn hört, stehen ihr Bilder von früheren fröhlichen, tobenden Jagden im schottischen Hochland vor Augen, und ähnlich wie Drostes „O“ entringt sich ihr ein „Ach“ und der Wunsch, sich „auf das mutige Ross […] zu schwingen“ (V. 2136). Der Unterschied zur Droste: 1. Maria Stuart projiziert **nicht Wünsche** ins Nichts, **sondern sie erinnert sich** an real genossene Freiheit. Damals, in Schottland, war sie als Mensch, als Königin und als Frau gleichermaßen frei. Sie ist tatsächlich in gemischter Gesellschaft wilde, fröhliche Jagden geritten. 2. Maria begehrt mit ihren Wünschen nicht gegen ein ihr auferlegtes Frauenbild auf. Sie denkt nicht an „weibliche Freiheit“ (Thema!) und hat nicht den geringsten Grund, daran zu denken. Sie ist eine Gefangene, ein eingesperrter Mensch, weshalb sie sich nach grundsätzlich erfüllbarer Befreiung aus der Haft sehnt.

Allerdings ist das Geschlecht der beiden Königinnen nicht belanglos. „Weibliche Freiheit“ steht jedoch für Maria kaum zur Debatte, während Elisabeth auch unter dem Gesichtspunkt der Freiheit mit ihrem Geschlecht hadert. Stets ist **das „Weib“**, auch wenn es sich um eine Heroine handelt, bei Schiller **schwach**. Maria fühlt sich dem scharfzüngigen Burleigh nicht gewachsen, da sie, „ein ungelehrtes Weib“ (V. 764), nicht argumentieren könne wie er (I. 7). Die Schwäche der schönen Königin war aber vor allem ihre frühere Verführbarkeit. Sie war leichtsinnig, flatterhaft und „verbuhlt“. Vorzuwerfen ist ihr ein Übermaß an „**Weltlust**“. Man kann auch sagen: Sie hat sich alle Freiheiten genommen, die sich die Droste versagen musste. Mehrfach geschah jedoch, dass der Mann, den sie sich erwählt und zum Thron emporgehoben hatte, sich daraufhin zu ihrem Herren aufwerfen wollte. Noch im Kerker bedrängt sie der junge Mortimer, anscheinend verrückt nach ihr, körperlich, obwohl oder gerade weil er sich als ihr Befreier versteht. „Beschützen“ reimt sich für ihn auf „besitzen“. Die gerettete Frau ist ihm eine Art Beute, die auch vor ihrem Erretter erzittern soll (III. 6, V. 2548 f., 2591). Infrage steht hier wohl eher **das Männerbild** als weibliche Freiheit bei Maria.

Königin Elisabeth weist weit von sich, als Frau schwach zu sein: „Das Weib ist nicht schwach. […] / Ich will in meinem Beisein / Nichts von der Schwäche des Geschlechtes hören.“ (II. 3, V. 1374 ff.) Aber sie ist voller Widersprüche, denn bald darauf nennt sie sich selbst „ein wehrlos Weib“ (IV. 10, V. 3221) und **wünscht sich, ein Mann zu sein**. Dieser Wunsch macht sie in gewissem Sinne mit dem lyrischen Ich im Gedicht der Droste vergleichbar. Einerseits rühmt sie sich, „regiert / Zu haben wie ein Mann und wie ein König“ (II. 2, V. 1170 f.), andererseits klagt sie: „Bin ich / Zur Herrscherin doch nicht gemacht! Der Herrscher / Muss hart sein können, und mein Herz ist weich.“ (IV. 9, V. 3159 ff.) Elisabeth verbindet aber mit der Männerrolle weniger Vorstellungen von persönlicher Freiheit als vielmehr von politischem (gleichsam beruflichem) Durchsetzungsvermögen, also von Führungskompetenz.

Drostes Wünsche, zu jagen, zu kämpfen, ein Schiff zu führen und wohl auch sexuell freier zu sein, sind für Elisabeth unerheblich. Sie kann sich zum Liebhaber nehmen, wen sie will, sie kann sich auf Jagden ausleben, und sie führt nicht nur ein Schiff, sondern einen ganzen Staat. Dennoch ist ihr **Selbstbewusstsein schwach**, denn ihr **Vorbild bleibt der Mann**. Nicht ganz folgerichtig erscheint, dass sie die Unfreiheit, unter der sie leidet, vor allem in ihrem Geschlecht statt in ihrem Amt begründet sieht. Auch ein Mann in ihrer Situation, ein Regent, wäre vom Parlament abhängig und müsste sich doppelt um die Gunst des Volkes bemühen (die „Sklaverei des Volksdienstes“ auf sich nehmen), wenn das Land von Feinden umstellt und die Rechtmäßigkeit seiner Herrschaft angefochten wäre. Und auch er würde gedrängt, sich – um eines Nachfolgers willen und aus Gründen der Bündnispolitik – zu vermählen. Es ist sonderbar bürgerlich gedacht, dass Elisabeth sich darüber beschwert, in dieser Frage nicht ihrem Herzen folgen zu dürfen. Noch bürgerlicher ist ihre (Schillers) Vorstellung, dass sie, die Königin, sich bei Verehelichung dem Mann als ihrem „Gebieter" (II. 2, V. 1168) unterwerfen müsste.

Der Vergleich insgesamt hat erbracht, dass die weibliche Freiheit Maria Stuarts während ihrer Regentschaft ungleich viel größer war als die des lyrischen Ich in Drostes Gedicht und dass – im Gegensatz zur eingekerkerten Maria – die souveräne Königin Elisabeth weibliche Freiheit fast ebenso wenig denken kann wie die Droste: Für beide ist eine Frau erst dann frei, wenn sie wie ein Mann wird.

3. Für eine echte Auseinandersetzung mit dem Statement **Christine Brückners** zur Gleichberechtigung der Frau wäre mehr Zeit nötig, denn die Autorin bringt in ihren ersten zwei Sätzen eine Menge von Schlagworten zum Thema „weibliche Freiheit" sowie die Ansicht einer vergangenen Epoche unter und distanziert sich anschließend mit der angefügten Frage „Oder doch nicht?" wieder vom zuvor Gesagten. Ihre beiden Thesensätze geraten dadurch in den Verdacht, nicht ganz ernst gemeint zu sein.

   Heutigen Frauen steht die „Entfaltung ihrer Möglichkeiten durch Unterricht und Studium" rechtlich ebenso zu wie Männern, daran ist kein Zweifel. Fraglich ist aber, ob sie diese Möglichkeiten auch ebenso verwirklichen können wie Männer. Trotz einiger sozialer und rechtlicher Verbesserungen wird es für viele Frauen schwierig, sobald sie ein Kind haben. Ihre „ökonomische Unabhängigkeit" ist dann gefährdeter als die von Männern. Das wiederum hat zur Folge, dass junge, begabte und ehrgeizige Frauen um ihrer geistigen Entfaltung, ihrer ökonomischen Selbstständigkeit und beruflichen Karriere willen den Kinderwunsch unterdrücken.

   Das Zitat im zweiten Satz hört sich ein wenig nach Kant an, stammt aber aus den *Memoiren einer Idealistin* von Malwida von Meysenbug (1816–1903), die ich zufällig einmal gelesen habe. Vom „Joch […] der Mode" werden Frauen wohl nie befreit sein. Mode macht Spaß. Frauen wollen gut aussehen, und in unserer Wohlstandsgesellschaft wird viel und wahrscheinlich zu viel Mode gekauft. Ich gebe zu, dass die ewige Frage, was man heute Abend oder morgen früh anziehen soll, schon eine rechte Plage sein kann. Dennoch braucht eine gut gekleidete Frau nicht gleich gefallsüchtig zu sein. Sogar die Männer interessieren sich gegenwärtig immer stärker für Modefragen. Möglicherweise meinte Malwida von Meysenbug mit „Mode" aber gar nicht Kleidermode und Outfit, sondern verstand darunter noch wie Friedrich Schiller in *Kabale und Liebe* die Unterwerfung unter die jeweils herrschende Denkweise oder Ideologie. Dann ist das Gegenteil von „Mode" „die Menschheit" (siehe Ferdinands Ausruf: „Wir wollen sehen, ob die Mode oder die Menschheit auf dem Platz bleiben wird.", II. 2). Zudem können Männer ebenso wie Frauen abergläubisch und frivol (schamlos und anzüglich) sein.

Ein Stolperstein in Brückners erstem Satz ist die Kombination von Superlativ und Einschränkung. Was heißt es, dass der Gedanke, die Frau zur „völligen Freiheit“ zu führen, „weitgehend“ verwirklicht sei? Wie soll man weitgehend völlig frei sein? Und welcher Mensch kann sich anmaßen, „völlige Freiheit“ zu besitzen? Warum macht Christine Brückner darüber hinaus die Frau zum Objekt dieses Satzes? Wer führt sie (die Frau)? Haben sich nicht in den letzten fünfzig Jahren die Frauen in unserer Gesellschaft selbst Möglichkeiten, Rechte und Anerkennung erkämpft? Nach dieser Analyse ist mir der Verdacht, dass auch dieser Satz ein ironisch gemeintes Zitat ist, fast zur Gewissheit geworden.

Ich finde, wir können als Mädchen froh sein, heute und nicht zur Zeit der Droste oder der Malwida von Meysenbug zu leben oder „drinnen“ als „züchtige Hausfrau“ zu walten, wie es bei Schiller heißt. Ich mache jetzt mein Abitur, freue mich auf eine Ausbildung zur Hotelfachfrau und hoffe darauf, Beruf und Kinder gut miteinander vereinen zu können.

Bewertung und Beurteilung

- **„Gut“ (11 Punkte)** ist die Arbeit mit einer differenzierten Gedichtinterpretation: Es soll zum Ausdruck kommen, wie die Natur als Spiegel der Empfindungen und Wünsche des Ich erlebt wird. Die innere Verfassung des Ich muss aus einer Fülle formaler (struktureller) und sprachlich-poetischer Merkmale erschlossen sein. Über die zweimalige Erwähnung des offenen Haars sollte nachgedacht, Freiheitssymbole müssen bezeichnet und erläutert, die Freiheitsvorstellungen insgesamt kommentiert sein. Der Irrealis sollte bemerkt und möglichst benannt, die besondere Stellung der Schlussstrophe erkannt sein. Die methodischen Fähigkeiten im Umgang mit einem Gedicht müssen überzeugen. – Beim Vergleich sollte neben Textkenntnis hinreichend Scharfsinn entfaltet sein. Es muss reflektiert sein, inwiefern die Freiheitswünsche der Maria Stuart zum Thema „weibliche Freiheit“ beitragen und in welchen Aspekten sich Elisabeth von England mit dem Ich des Gedichts in Beziehung setzen lässt. Durchgängig muss der Bezug zum Thema gewahrt sein. – Es wird nicht erwartet, dass in der Erörterung der Begriff der Freiheit neu und kritisch durchdacht wird.

- Die Arbeit ist **„ausreichend“ (5 Punkte)**, die *Am Turme* nicht nur inhaltlich wiedergibt und auf den Begriff von Freiheit hin abklopft; sie muss auch als Gedichtinterpretation erkennbar sein. Metasprachliche Bemühungen, etwa um die Funktion des Aufbaus und die Zäsur in den Strophen, müssen vorliegen. Trotz vielleicht unverbundener und stichwortartiger Einzeläußerungen sollte sich doch das Bedürfnis bekunden, Details sprachlich zu einem Gesamtergebnis zu führen. – Die Ausführungen zu Aufgabe 2 müssen auf gediegener Textkenntnis fußen und sich erkennbar auf die Charakterisierung der beiden Frauen und den geforderten Vergleich konzentrieren. Dabei müssen Reflexions- und Argumentationsfähigkeit und haltbare Ergebnisse zutage treten. – Zu dem einen oder anderen Punkt des Brückner-Textes muss eine Stellungnahme gelungen sein.

Abiturprüfung Hessen 2011 – Deutsch Grundkurs
Vorschlag C

Soziale Not

Erlaubte Hilfsmittel:
1. ein Wörterbuch zur deutschen Rechtschreibung
2. eine Liste der fachspezifischen Operatoren
3. Büchner, *Woyzeck*

Aufgaben:

1. Fassen Sie den Inhalt des Textauszugs aus Bertolt Brechts Drama *Der gute Mensch von Sezuan* in eigenen Worten zusammen. (Material) (25 BE)
2. Charakterisieren Sie Shen Te und vergleichen Sie sie mit der Figur Woyzeck aus Georg Büchners gleichnamigem Drama. (45 BE)
3. Wie könnte ein heutiger Rezensent, der das literarische Programm der Romantik sehr schätzt, auf den Auszug aus *Der gute Mensch von Sezuan* reagieren? Entwerfen Sie eine Rezension anhand geeigneter formaler und motivischer Aspekte. (30 BE)

Material
Bertolt Brecht: Der gute Mensch von Sezuan (entstanden um 1940)

Drei der höchsten Götter kommen auf die Erde, „den guten Menschen" zu suchen, da das Gerücht geht, so, wie die Welt beschaffen sei, könne kein Mensch zugleich gut und glücklich sein. Nach langer vergeblicher Suche kommen die Götter nach Sezuan, wo sie bei der Prostituierten Shen Te eine Unterkunft für die Nacht erhalten. Die Götter sind froh, in Shen Te endlich „den guten Menschen" gefunden zu haben. Für 1000 Silberdollar soll sie sich, ohne sich weiter selbst verkaufen zu müssen, eine Existenz gründen und ein guter Mensch sein. Doch Shen Te erfährt, dass sie nun mit ihrem kleinen Laden nur ausgenutzt wird. Um überleben zu können, erfindet sie den skrupellosen Vetter Shui Ta, der alle, die sie mit Bitten und Forderungen bedrängen, unnachsichtig aus dem Laden wirft, und schlüpft so in eine Doppelrolle. Shen Te, in ihrem Bemühen, Gutes zu tun, tritt nun immer seltener in ihrer weiblichen Rolle auf, bis schließlich der Vorwurf erhoben wird, Shui Ta habe Shen Te getötet. Es kommt zur Anklage gegen „ihn", wobei die drei Götter in die Rolle der Richter schlüpfen.

10. Gerichtslokal

DER ZWEITE GOTT Was hast du mit unserm guten Menschen von Sezuan gemacht?
SHUI TA Dann laßt mich euch die furchtbare Wahrheit gestehen: ich bin euer guter Mensch! *Er nimmt die Maske ab und reißt sich die Kleider weg, Shen Te steht da.*
DER ZWEITE GOTT Shen Te!
SHEN TE Ja, ich bin es. Shui Ta und Shen Te, ich bin beides.

Euer einstiger Befehl
Gut zu sein und doch zu leben
Zerriß mich wie ein Blitz in zwei Hälften. Ich
Weiß nicht, wie es kam: gut sein zu andern
Und zu mir konnte ich nicht zugleich.
Andern und mir zu helfen, war mir zu schwer.
Ach, eure Welt ist schwierig! Zu viel Not, zu viel Verzweiflung!
Die Hand, die dem Elenden gereicht wird
Reißt er einem gleich aus! Wer den Verlorenen hilft
Ist selbst verloren! Denn wer könnte
Lang sich weigern, böse zu sein, wenn da stirbt, wer kein Fleisch ißt?
Aus was sollte ich nehmen, was alles gebraucht wurde? Nur
Aus mir! Aber dann kam ich um! Die Last der guten Vorsätze
Drückte mich in die Erde. Doch wenn ich Unrecht tat
Ging ich mächtig herum und aß vom guten Fleisch!
Etwas muß falsch sein an eurer Welt. Warum
Ist auf die Bosheit ein Preis gesetzt und warum erwarten den Guten
So harte Strafen? Ach, in mir war
Solch eine Gier, mich zu verwöhnen! Und da war auch
In mir ein heimliches Wissen, denn meine Ziehmutter
Wusch mich mit Gossenwasser! Davon kriegte ich
Ein scharfes Aug. Jedoch Mitleid
Schmerzte mich so, daß ich gleich in wölfischen Zorn verfiel
Angesichts des Elends. Dann
Fühlte ich, wie ich mich verwandelte und
Mir die Lippe zur Lefze[1] wurd. Wie Asche im Mund
Schmeckte das gütige Wort. Und doch
Wollte ich gern ein Engel sein den Vorstädten. Zu schenken
War mir eine Wollust. Ein glückliches Gesicht
Und ich ging wie auf Wolken.
Verdammt mich: alles, was ich verbrach
Tat ich, meinen Nachbarn zu helfen
Meinen Geliebten zu lieben und
Meinen kleinen Sohn vor dem Mangel zu retten.
Für eure großen Pläne, ihr Götter
War ich armer Mensch zu klein.

DER ERSTE GOTT *mit allen Zeichen des Entsetzens:* Sprich nicht weiter, Unglückliche! Was sollen wir denken, die so froh sind, dich wiedergefunden zu haben!

SHEN TE Aber ich muß euch doch sagen, daß ich der böse Mensch bin, von dem alle hier diese Untaten berichtet haben.

DER ERSTE GOTT Der gute Mensch, von dem alle nur Gutes berichtet haben!

SHEN TE Nein, auch der böse!

DER ERSTE GOTT Ein Mißverständnis! Einige unglückliche Vorkommnisse! Ein paar Nachbarn ohne Herz! Etwas Übereifer!

DER ZWEITE GOTT Aber wie soll sie weiterleben?

DER ERSTE GOTT Sie kann es! Sie ist eine kräftige Person und wohlgestaltet und kann viel aushalten.

DER ZWEITE GOTT Aber hast du nicht gehört, was sie sagt?

DER ERSTE GOTT *heftig:* Verwirrtes, sehr Verwirrtes! Unglaubliches, sehr Unglaubliches! Sollen wir eingestehen, daß unsere Gebote tödlich sind? Sollen wir verzichten auf unsere Gebote? *Verbissen:* Niemals! Soll die Welt geändert werden? Wie? Von wem? Nein, es ist alles in Ordnung! *Er schlägt schnell mit dem Hammer auf den Tisch.*

Und nun – *auf ein Zeichen von ihm ertönt Musik.*
Eine rosige Helle entsteht –
Laßt uns zurückkehren. Diese kleine Welt
Hat uns sehr gefesselt. Ihr Freud und Leid
Hat uns erquickt und uns geschmerzt. Jedoch
Gedenken wir dort über den Gestirnen
Deiner, Shen Te, des guten Menschen, gern
Die du von unserm Geist hier unten zeugst
In kalter Finsternis die kleine Lampe trägst.
Leb wohl, mach's gut!

Auf ein Zeichen von ihm öffnet sich die Decke. Eine rosa Wolke läßt sich hernieder. Auf ihr fahren die Götter sehr langsam nach oben.

SHEN TE Oh, nicht doch, Erleuchtete! Fahrt nicht weg! Verlaßt mich nicht! […] Ich kann nicht hier bleiben!

Sie blickt gehetzt nach der Tür, durch die ihre Peiniger eintreten werden.

DER ERSTE GOTT Du kannst es. Sei nur gut und alles wird gut werden!

Herein die Zeugen. Sie sehen mit Verwunderung die Richter auf ihrer rosa Wolke schweben.

WANG Bezeugt euren Respekt! Die Götter sind unter uns erschienen! Drei der höchsten Götter sind nach Sezuan gekommen, einen guten Menschen zu suchen. Sie hatten ihn schon gefunden, aber …

DER ERSTE GOTT Kein Aber! Hier ist er!

ALLE Shen Te!

DER ERSTE GOTT Sie ist nicht umgekommen, sie war nur verborgen. Sie wird unter euch bleiben, ein guter Mensch!

SHEN TE Aber ich brauche den Vetter!

DER ERSTE GOTT Nicht zu oft!

SHEN TE Jede Woche zumindest!

DER ERSTE GOTT Jeden Monat, das genügt!

SHEN TE Oh, entfernt euch nicht, Erleuchtete! Ich habe noch nicht alles gesagt! Ich brauche euch dringend! […]

Während Shen Te verzweifelt die Arme nach ihnen ausbreitet, verschwinden sie oben, lächelnd und winkend.

Aus: Bertolt Brecht: Der gute Mensch von Sezuan, in: Bertolt Brecht: Gesammelte Werke Bd. 4, Frankfurt: Suhrkamp Verlag 1982, S. 1602–1606
Die Rechtschreibung entspricht der Textvorlage.

[1] Lefze: äußerer Maulwinkel eines Tieres

Hinweise und Tipps

Die beiden ersten Aufgaben sind einfach. Sie sollen zunächst die gegebene Szene des Theaterstücks „Der gute Mensch von Sezuan" lediglich inhaltlich zusammenfassen. Nichts ist zu interpretieren; Sie brauchen sich, so scheint es, also nicht den Kopf darüber zu zerbrechen, wie Brecht Szene, Dialog und Figuren gestaltet hat. Was Ihnen vorliegt, ist der Schluss, der zweite Teil des letzten (zehnten) Bildes. – Auch mit der zweiten Aufgabe, die die meisten Bewertungseinheiten hat, dürften Sie gut zurechtkommen, denn mit dem Charakter des Woyzeck aus Georg Büchners gleichnamigem Drama haben Sie sich im Unterricht vermutlich hinreichend vertraut gemacht. Das kleine Manko ist, dass Sie als Grundlage für die Charakterisierung der Shen Te nur eine halbe Szene haben und folglich nichts Konkretes über ihre guten Taten und über die Untaten des Vetters Shui Ta wissen. Außerdem ist Shen Te vielleicht weniger ein Charakter als vielmehr ein Verhaltensmodell und Demonstrationsobjekt. Brecht nennt sein Stück eine „Parabel".
Den größten kognitiven Aufwand erfordert die dritte Aufgabe, die aber nur 30 Bewertungseinheiten zählt. Sie ist vielschichtig. Sie setzt voraus, dass Sie 1. den Dialog doch interpretiert und seine formalen und motivischen Aspekte erkannt haben. 2. wird erwartet, dass Sie über die Romantik Bescheid wissen. Und 3. sollen Sie aus heutiger Sicht in der Textsorte der Rezension indirekt romantische Literaturtheorie mit der Theatertheorie und Weltsicht Brechts vergleichen. Machen Sie sich also am besten gleich bei der ersten Aufgabe an die Arbeit und markieren Sie auf den Materialblättern formale und motivische Aspekte. Gehen Sie auch kurz im Kopf durch, was Ihnen als romantisch erinnerlich ist: Auf welches Gedicht oder welche Erzählung – vielleicht auf den „Peter Schlemihl" von Chamisso oder auf einen Text von E. T. A. Hoffmann oder Eichendorff? – kann sich der Rezensent berufen? Auch Gedanken an Märchen könnten Ihnen weiterhelfen.

Lösungshinweise

1. Das letzte Bild von Bertolt Brechts Stück *Der gute Mensch von Sezuan* spielt vor den Schranken eines **Gerichts**. Zu Gericht sitzen drei Götter, als Angeklagter steht vor ihnen Shui Ta. Er wird verdächtigt, Shen Te, den guten Menschen von Sezuan, umgebracht zu haben. Furchtbarer als der Verdacht, Shen Te ermordet zu haben, ist aber die Wahrheit, die **Shui Ta** jetzt den Richtern offenbart: **Er ist Shen Te.** Shen Te hat sich als ihr **Alter Ego** den harten Vetter Shui Ta erfunden. Shui Ta reißt sich Maske und Kostüm ab, steht unvermutet als die vermisste Shen Te vor ihren Richtern und erklärt ihnen, warum es so weit gekommen ist. Schuld an der **Doppelrolle** ist ihre Überforderung durch die Götter. Diese hatten sie zum guten Menschen von Sezuan erklärt; aber in ihrem Bemühen, gut zu sein und Gutes zu tun, geriet sie in immer größere Bedrängnis und an den Rand des Ruins, denn die Not im Land war größer als angenommen. Sie hatte Mitleid mit den Bedürftigen und Armen, gab ihnen und schenkte gern. Während sie aber der Engel der Vorstädte sein und helfen wollte (Z. 33), kam sie in Gefahr, für ihren Geliebten und ihren kleinen Sohn nicht mehr sorgen zu können (Z. 38 f.). Da rief sie gleichsam den Vetter zur Hilfe, der durchgriff, die Menge der Bittsteller und Fordernden vertrieb und sie schützte. In letzter Zeit sah man nur noch den Vetter.

   Die Götter sind entsetzt; sie können kaum glauben, was sie da hören und sehen, aber Shen Te beschwört sie zu begreifen, dass sie beides, der gute und der böse Mensch ist. Der zweite Gott beginnt zu verstehen und fragt, wie sie nun aber weiterleben soll. Aber der erste Gott verschließt sich Shen Tes Geständnis, dass der göttliche **Befehl zum Gutsein für Menschen nicht durchzuhalten** sei. Verbissen hält er daran fest, den guten Menschen wiedergefunden zu haben, den er braucht, um sich bestätigen zu können, dass die von ihm erschaffene **Welt „in Ordnung**" sei (Z. 57). Eilends bricht er die Gerichtsverhandlung ab und bläst zum Rückzug. Eine rosa Wolke erscheint und führt die Götter langsam nach oben. Während sie entschwinden, senden sie pastorale und beschwichtigende Worte nach unten, aber Shen Te ruft ihnen verzweifelt nach, dass es ohne Vetter nicht gehe. Da feilschen im letzten Kurzdialog erster Gott und Shen Te um ihr Recht, den Vetter doch beizubehalten. Allerdings dürfe er nicht zu oft auftreten, nicht jede Woche, sondern nur einmal im Monat.

2. Shen Te steht im letzten Bild als eine Verzweifelte und in sich Zerrissene vor ihren Richtern, den Göttern. Sie ist eine junge Frau mit einem kleinen Sohn und einem arbeitslosen Geliebten. Sie stammt aus der Unterschicht des Volkes und kam wohl als uneheliches Kind zur Welt, denn es ist nicht von ihrer Mutter, sondern nur von ihrer Ziehmutter die Rede. Die habe sie „mit Gossenwasser" gewaschen (Z. 25 ff.). Ihrer harten Kindheit verdankt sie, realistisch und hellsichtig genug geworden zu sein, um sich keine Illusionen über die **Härte des Lebenskampfes** zu machen. Sie weiß genau, was es heißt, reich zu sein und Fleisch essen zu können (Z. 20) und gesteht sogar, gierig danach zu sein, sich zu verwöhnen (Z. 23 f.). Aber sie hat ein **weiches, mitleidiges Herz**, und es ist ihr eine Freude

und sogar eine „Wollust“ (Z. 34), Menschen glücklich machen zu können. Shen Te braucht nicht mehr als Prostituierte zu arbeiten, seit ihr die Götter ein kleines Kapital geschenkt haben, von dem sie sich einen Tabakladen gekauft hat. Aber der Befehl der Götter, ein guter Mensch zu sein, stürzt sie in einen **unlösbaren Widerspruch:** Er zerreißt sie „wie ein Blitz in zwei Hälften“ (Z. 8). Ihr Wille zum Gutsein ist groß, es fehlt nicht an guten Vorsätzen (Z. 18). Aber je mehr sie gibt, hilft und schenkt, desto mehr richtet die Last dieser Verpflichtung sie selbst zugrunde. Die Empfänger ihrer Gaben sind zu ihren Peinigern (Z. 73) geworden. Ihr redliches Bemühen, ganz und gar ein guter Mensch zu sein, hat sie am Ende dreierlei gelehrt:

– Das Gute ist eine schöne **Idee**, die sich **im konkreten Leben** nicht vollkommen realisieren lässt, denn es braucht einen gewissen Egoismus, um selbst durchzukommen: Man kann nicht leben und zugleich gut sein (Z. 7 f.).
– Armut, Hunger und Elend auf der Erde – und schon allein in Sezuan – sind viel zu groß, als dass **ein Einzelner** dagegen ankommen könnte. Ein Mensch ist schwach und dem Ausmaß der Not nicht gewachsen.
– **An der Welt**, wie die Götter sie konstruiert haben, muss „**[e]twas** […] **falsch** sein“ (Z. 21), wenn ein Mensch um des Gutseins willen nicht ohne das Böse (seine wölfische Natur und den bösen Vetter) auskommen kann.

Shen Tes Klage „[…] alles, was ich verbrach / Tat ich, meinen Nachbarn zu helfen / Meinen Geliebten zu lieben und / Meinen kleinen Sohn vor dem Mangel zu retten“ (Z. 36 ff.), ähnelt ein wenig **Gretchens Klage** in *Faust I:* „Doch – alles, was mich dazu trieb, / Gott! War so gut! Ach war so lieb!“ (Szene: *Am Brunnen*) Aber Shen Te ist nicht nur eine Leidende, sondern sie hat die Gründe für ihr Leiden zugleich scharf **analysiert** und trägt sie in Thesen und geschliffenen Sentenzen vor. Nicht nur Shui Ta ist eine Maske, sondern auch Shen Te selbst: Aus ihr spricht vernehmlich Bertolt Brecht, der scharfsinnige, gesellschafts- und religionskritische Dichter. Der Gott fragt vorwurfsvoll: „Soll die Welt geändert werden?“ Umgehend verwirft er diese Frage wieder: („Nein, es ist alles in Ordnung!“; Z. 56 f.) und flüchtet nach oben, kapituliert also. **Brecht gibt diesen Gott der Lächerlichkeit preis.** Sein Stück ist ein **Lehrstück mit offenem Schluss**. Angesichts des Falls Shen Te soll das Publikum sich von diesen Göttern ab- und der **revolutionären Einsicht** zuwenden, dass die Welt – die herrschenden Verhältnisse – dringend geändert werden müsse.

Auch **Woyzeck**, der Protagonist und Antiheld in Georg Büchners Drama, gehört, wie Shen Te, zur **Unterschicht**, und auch er ist ein Leidender. Auch Büchner führt mit seinen Szenen vor, dass die Gesellschaft so nicht bleiben darf, wie Woyzeck sie erfährt. Und es gibt in diesem stammelnden, einfachen Menschen Ansätze, seine Lage zu durchschauen, sozialkritisch Klage zu führen und der **Religion zu misstrauen**. Auch er wirft die **Frage der Moral** auf, indem er über das Verhältnis von Gut und Böse nachdenkt: Seinem Hauptmann erklärt er, dass die Moral ein Privileg der Oberklasse sei und dass die **Ausbeutung der Armen** wohl nicht einmal **im Himmel** aufhören werde *(Rasierszene)*. Aber er erscheint dem

Leser oder Publikum nicht als Fall, sondern als Mensch aus Fleisch und Blut. Die Geschichte der Shen Te stiftet in erster Linie zur Reflexion an, die Woyzecks zum Mitleiden (zu „Furcht und Mitleid" im Sinne der klassischen Tragödientheorie). Büchner hat sein fragmentarisch überliefertes Stück nicht als Parabel konzipiert wie Brecht das seine, sondern er hat die **Parabel** von der dramatischen Handlung getrennt und – im *Großmuttermärchen* – als gesondertes Element eingefügt.

Woyzeck ist ein Habenichts, wie Shen Te es ursprünglich war. Auch er hat eine kleine Familie, seine Freundin Marie und einen kleinen Sohn. Als Rekrut tut er Dienst in der Kaserne, aber der Sold ist zu gering zum Fristen auch nur des kümmerlichsten Lebens. So hetzt er durch seine Tage, erledigt Nebenjobs und stellt sich zusätzlich einem Mediziner für ihn physisch auszehrende und nervlich zerrüttende Experimente zur Verfügung. Sein Leben ist kein Märchen, in dem Götter herniedersteigen und 1 000 Silberdollar bringen, sondern Woyzeck gerät, seit Marie ihn betrogen hat, so außer sich, dass er, **das Opfer** der Umstände, in tragischer Ausweglosigkeit **zum Täter** wird und Marie ersticht. Wie Shen Te tut Woyzeck das Gute gern. Er hat zwar weder die Mittel noch die Kraft, über den engen Kreis seiner Familie hinaus Gutes zu wirken, aber Marie und das Kind liebt er von Herzen und trägt jeden Cent zu ihnen. Es ist auch nicht Büchners Thema, Woyzecks Hilfsbereitschaft oder Güte gegenüber anderen darzustellen. Er zeigt vielmehr, wie unmenschlich andere mit Woyzeck umgehen und ihn in die Verzweiflung treiben. Da man Woyzeck anfangs als gutwillig und gutmütig und als nicht im Geringsten bösen Menschen kennenlernt, wird besonders nachvollziehbar, wie durch soziales und psychisches Elend und ein tiefes Gefühl seelischer Verlorenheit aus dem guten Menschen der böse Mensch werden kann. Der historische **Fall Woyzeck**, den Büchner aus einer Fachzeitschrift kannte, hat ihn angeregt, in dramatischer Form darüber nachzudenken, dass **für einen Mord** nicht nur der Täter, sondern auch **die sozialen Verhältnisse mit verantwortlich** sein können.

3. THEATER MUSS SEIN Heft 3 / März 2011

Landung auf dem Boden der Tatsachen

„Der gute Mensch von Sezuan" im Stadttheater Magdeburg

Wer sich, wie ich, eine Zeit lang ausschließlich mit romantischer Dichtung beschäftigt hatte und noch etwas verzaubert von ihr seinen Platz im Parkett / Reihe 5 im Stadttheater Magdeburg einnahm, erlebte bald darauf eine krasse **Ernüchterung:** kein Vorhang, scharfes Licht und in die Kulisse projiziert die freche Aufforderung „Glotzt nicht so romantisch!" Eine offene Kriegserklärung also! Meine Seele, eben noch wie ein Vogel leicht und frei über Frühlingshügeln schwebend, landete unvermittelt hart auf dem Boden sozialer Tatsachen. Statt der Sehnsucht nach dem Unendlichen hier sehr diesseitige Sorgen. Statt romantischer Poetisierung hier die Prosa des Lebens. Und statt der Feier des Schönen hier abgearbeitetes Volk auf der Bühne, und von ihm umringt und bedrängt Shen Te, der Engel des sozialen Brennpunkts von Sezuan, die in ihren Anstrengungen scheitert, ein ausschließlich guter Mensch zu sein. Mit seinem **Stück verspottet** Brecht (wie übrigens bereits Büchner) den **Idealismus** und dessen Maxime, dass der Mensch edel sein soll, hilfreich und gut. Er schickt die Ideale der Wahrhaftigkeit, Tugend und Nächstenliebe in den Stresstest der Wirklichkeit, und siehe: Sie unterliegen im täglichen Kampf ums Dasein.

Die ärgste Dreistigkeit, die Brecht sich erlaubt, ist sein **Umgang mit dem Göttlichen**. Nichts ist ihm heilig. Er kennt nicht den hohen Geist, der Himmel und Erde durchweht und belebt. Stattdessen reaktiviert er den alten Theatertrick und lässt die Götter als **Deus ex Machina** zur Erde kommen. Erster und zweiter Gott sehen in Magdeburg ein bisschen so aus wie Goethe und Schiller persönlich. Sie wollen wissen, wo ihr Ideal abgeblieben ist. Rosa Götterlicht verklärt einen Augenblick lang die grauen Menschengesichter. Aber diese Götter mitsamt ihrer rosa Wolke sind eine Lachnummer. Bei ihnen liegen nicht länger die Rätsel des Seins und unergründliche Wahrheiten beschlossen, sondern gerade sie verschließen die Augen vor der Wahrheit, der realen Wahrheit Shen Tes, und bleiben dabei, dass ihre Welt die beste aller möglichen Welten sei. Peinlich berührt ziehen sie sich, um nicht abdanken zu müssen, schleunigst wieder zurück in ihren himmlischen Überbau.

Und dennoch, und dennoch! Dieser Brecht ist ein guter Mann und mit allen Wassern gewaschen, das ist auch in Magdeburg nicht zu übersehen. Zunächst leicht widerwillig und dann doch in den Bann des Spiels geratend, merkt man: Shen Te hat Anmut und Brechts Sprache Witz. Und in der literarischen Tradition kennt er sich aus wie sonst kaum einer. Waren nicht gerade die Romantiker die ersten modernen Menschen, denen die **Identität des Ichs** fragwürdig wurde? Die in *Nachtstücken* den Blick in die Abgründe der Menschenseele wagten und die Übergänge zwischen dem Guten und dem Bösen und die Verwandlung und Rückverwandlung des einen in das andere bereits für möglich hielten und gestalteten? Das unheimliche **Motiv des Doppelgängers** verdankt Brecht ihnen. Shen Te und Shui Ta sind ebenso Aspekte eines Ichs wie die Doppelgänger bei Jean Paul, wie die zwei Gesellen in Eichendorffs gleichnamigem Gedicht oder wie – etwas später – Dr. Jekyll und Mr. Hyde bei Stevenson. Sogar das **Motiv der ehrbaren Dirne**, und Shen Te ist eine solche, taucht bereits in der Romantik auf. Und gerade die Romantiker schätzten das Volksgut, sammelten Volksmärchen und schrieben selber **Märchen**. Märchen erzählen aber nicht nur oft von bitterer Armut und ganz einfachen Menschen, sondern in ihnen wandeln auch Götter unerkannt auf Erden, um die Menschen zu prüfen. Im Märchen siegt nach mancher Bewährungsprobe beruhigenderweise das Gute. Märchen enden glücklich. Im *Guten Menschen von Sezuan* lässt Brecht den Schluss offen, greift aber die Märchentradition auf. Er übernimmt das **Motiv der auf Erden wandelnden Götter** und gibt damit seinem Stück ironisch märchenhafte Züge. Man kann es als Märchenparodie oder **Antimärchen** lesen und auf der Bühne erleben.

Besorgt Euch Karten und fahrt nach Magdeburg! Ein aufregenderer Theaterabend für einen bekennenden Romantiker ist gegenwärtig nirgends sonst in Deutschland zu erleben.

GW

Bewertung und Beurteilung

- „**Gut**" **(11 Punkte)** ist eine Arbeit, in der in Aufgabe 1 Ausgangslage, Konflikt, Spannung und Entwicklung der gegebenen Szene erfasst und sprachlich gewandt wiedergegeben sind. Neben den Dialogen müssen auch die Regieanweisungen berücksichtigt sein. Die Ironie des Schlusses darf nicht übersehen worden sein. – In Aufgabe 2 muss Shen Te in ihrem Dilemma zwischen Verpflichtung, gutem Willen und Überforderung differenziert und textbezogen genau beschrieben und als in sich Zerrissene charakterisiert sein. Als Tertium Comparationis (Grundlage für die Vergleichbarkeit) von Shen Te und Woyzeck müssen soziale Lage, materielle Not und die Sorge für die eigene Familie herangezogen sein. Die daraus in beiden Stücken und für beide Protagonisten sich stellenden Fragen der Moral und der Theodizee (der Rechtfertigung Gottes angesichts des Leidens und des Bösen auf der Erde) müssen argumentativ sorgfältig behandelt sein. – In Aufgabe 3 müssen sich Einfallsreichtum und Witz dokumentieren. Die Textsorte der Rezension muss geschickt gehandhabt sein (sie kann eine Buchrezension, muss natürlich keine Theaterrezension sein wie im Lösungsvorschlag). Zu erwarten ist von der guten Leistung, dass das Verständnis von Romantik nicht zu platt ist bzw. dass sich der Romantiker nicht nur glatt von Brecht distanziert, sondern intelligent genug ist, um bei ihm die Weiterentwicklung und weltanschauliche Umkehrung eigener Motive würdigen zu können.

- Mit „**ausreichend**" **(5 Punkten)** kann eine Arbeit bewertet werden, wenn in Aufgabe 1 Situation (Setting) und Entwicklung der Szene verstanden wurden und ihr Inhalt sprachlich insgesamt zusammenhängend und lesbar wiedergegeben ist. In Aufgabe 2 muss der Konflikt Shen Tes aus dem Text heraus erarbeitet und ihre Begründungen für die Erschaffung des Shui Ta müssen nachvollzogen und überzeugend dargelegt sein. Ansatzweise muss zum Ausdruck kommen, dass in dieser Szene die Weltordnung selbst auf dem Prüfstand steht. Im Vergleich mit Woyzeck sollten zumindest die ähnlichen sozialen Lebensbedingungen aufgezeigt sein. – In Aufgabe 3 muss deutlich werden, dass Kenntnisse zur Romantik vorhanden sind.

Abiturprüfung Hessen 2012 – Deutsch Grundkurs
Vorschlag A

Liebesvorstellungen in der Lyrik

Erlaubte Hilfsmittel:

1. ein Wörterbuch zur deutschen Rechtschreibung
2. eine Liste der fachspezifischen Operatoren

Aufgaben:

1. Interpretieren Sie *Die eine Klage* von Karoline von Günderrode als ein romantisches Gedicht (Material 1). (35 BE)
2. Charakterisieren Sie das Liebeserlebnis im Gedicht *Erinnerung an die Marie A.* von Bertolt Brecht (Material 2) und vergleichen Sie dieses mit der Liebesvorstellung im Gedicht *Die eine Klage* (Material 1). (40 BE)
3. Beurteilen Sie vor dem Hintergrund Ihrer eigenen Erwartungen an ein zeitgenössisches Liebesgedicht (bzw. einen Liebessong), inwieweit Günderrodes und Brechts Gedichte diesen Anspruch erfüllen. (25 BE)

Material 1
Karoline von Günderrode: Die eine Klage (1805)

Wer die tiefste aller Wunden
Hat in Geist und Sinn empfunden
Bittrer Trennung Schmerz;
Wer geliebt was er verloren,
Lassen muß was er erkoren,
Das geliebte Herz,

Der versteht in Lust die Tränen
Und der Liebe ewig Sehnen
Eins in Zwei zu sein,
Eins im Andern sich zu finden,
Daß der Zweiheit Grenzen schwinden
Und des Daseins Pein.

Wer so ganz in Herz und Sinnen
Konnt ein Wesen liebgewinnen
O! den tröstet's nicht
Daß für Freuden, die verloren,
Neue werden neu geboren:
Jene sind's doch nicht.

Das geliebte, süße Leben,
Dieses Nehmen und dies Geben,
Wort und Sinn und Blick,
Dieses Suchen und dies Finden,
Dieses Denken und Empfinden
Gibt kein Gott zurück.

Aus: Karoline von Günderrode: Gedichte, Prosa, Briefe, hg. von Hannelore Schlaffer, Stuttgart 1998, S. 57

Material 2
Bertolt Brecht: Erinnerung an die Marie A. (1920)

1
An jenem Tag im blauen Mond September
Still unter einem jungen Pflaumenbaum
Da hielt ich sie, die stille bleiche Liebe
In meinem Arm wie einen holden Traum.
Und über uns im schönen Sommerhimmel
War eine Wolke, die ich lange sah
Sie war sehr weiß und ungeheuer oben
Und als ich aufsah, war sie nimmer da.

2
Seit jenem Tag sind viele, viele Monde
Geschwommen still hinunter und vorbei.
Die Pflaumenbäume sind wohl abgehauen
Und fragst du mich, was mit der Liebe sei?
So sag ich dir: ich kann mich nicht erinnern
Und doch, gewiß, ich weiß schon, was du meinst.
Doch ihr Gesicht, das weiß ich wirklich nimmer
Ich weiß nur mehr: ich küßte es dereinst.

3
Und auch den Kuß, ich hätt ihn längst vergessen
Wenn nicht die Wolke dagewesen wär
Die weiß ich noch und werd ich immer wissen
Sie war sehr weiß und kam von oben her.
Die Pflaumenbäume blühn vielleicht noch immer
Und jene Frau hat jetzt vielleicht das siebte Kind
Doch jene Wolke blühte nur Minuten
Und als ich aufsah, schwand sie schon im Wind.

Aus: Bertolt Brecht: Gesammelte Werke 8, Frankfurt/Main 1967, S. 232
Die Rechtschreibung beider Gedichte entspricht der Textvorlage.

Hinweise und Tipps

__Zu Karoline von Günderrode:__ 1780 in Karlsruhe geboren, wuchs sie in Hanau auf und wurde bald mit dem Kreis der Romantiker zwischen Frankfurt und Heidelberg bekannt. Clemens und Bettina von Brentano gehörten zu ihren Freunden; ihre Liebe galt allerdings dem verheirateten Heidelberger Gelehrten Friedrich Creuzer. Ihr erster Gedichtband erschien unter dem Pseudonym „Tian". Selbst Goethe, der der Romantik skeptisch gegenüberstand, war von Günderrodes Begabung und Eigenständigkeit beeindruckt. 1806, ein Jahr nach dem Gedicht „Die eine Klage" (M 1), trennte sich Creuzer von ihr. Auf seinen Abschiedsbrief hin nahm sie sich das Leben: Sie erstach sich mit einem Dolch.

Aufgabe 1 gibt Ihnen auf, das Gedicht (M 1) zu interpretieren. Übereilen Sie sich nicht damit. Lesen Sie es mehrfach, hören Sie sich in seinen Rhythmus ein und markieren Sie sich klanglich zusammengehörige, besonders betonte oder sonst auffällige Stellen. Analysieren Sie, wie die Strophen insgesamt, besonders aber Strophe 1 und 2 einerseits und 3 und 4 andererseits, gedanklich und grammatisch (syntaktisch) zusammenhängen. Ihre Interpretation verspricht „gut" zu werden, wenn Sie den Gehalt des Gedichts nicht nur aus der Bedeutung der Wörter, sondern gleichzeitig aus seinen rhetorischen und lyrischen Mitteln erschließen. Schreiben Sie nicht – Strophe für Strophe paraphrasierend – einfach los. Neben der erwarteten Einleitung empfiehlt es sich, bei Aufgabe 1 und 2 vorweg auch einen ersten Überblick über das jeweilige Gedicht und ein vorläufiges Gesamtverständnis zu formulieren.

__Bertolt Brecht__ (geb. 1898) schrieb „Erinnerung an die Marie A." (M 2) 1920, aber der Text erschien erst 1927 zwischen Balladen des Kapitels „Chroniken" in seiner ersten Gedichtsammlung, die er ironisch „Hauspostille" nannte. (Hauspostillen waren christliche Erbauungsschriften.) Brechts Stern war 1920 noch nicht aufgegangen. Er hatte noch keine politische Botschaft, war noch nicht der später bedeutende Dramatiker und bekannte Rebell und Provokateur, sondern fing eben erst an. Lesen Sie also in das Gedicht möglichst nicht hinein, was Sie sonst vom „großen B. B." wissen, sondern begegnen Sie ihm so unvoreingenommen wie möglich. Sie brauchen es nicht eigentlich zu interpretieren. Aber die Art des Liebeserlebnisses, das Sie in Aufgabe 2 charakterisieren sollen, ergibt sich aus dem lyrischen Kontext und aus gewissen inhaltlichen ‚Ungereimtheiten' zwischen den drei Strophen. Beachten Sie also die Textsorte: Sie haben keinen programmatischen Text vor sich, sondern immerhin ein Gedicht, in dem sich manches uneigentlich, indirekt, maskiert und vielleicht auch schwankend zwischen Gefühl und gewollter Gefühlsbrechung mitteilt. (Die Lösungshinweise gehen stärker auf die lyrische Mitteilungsart ein, als von Ihnen verlangt ist.) Als Strophenform wählte Brecht die Oktave oder Stanze: acht fünf-hebige Verse mit nur zwei (umarmenden) Reimen. Auch Brechts Entscheidung für die klassische Form müsste an sich zu denken geben. Das Thema heißt klar „Liebesvorstellungen in der Lyrik". Während der Beantwortung der Fragen wird es aber zum Balanceakt, das, was „in der Lyrik" (im Gedicht) zum Ausdruck kommt, nicht mit den Vorstellungen des Autors gleichzusetzen. Trennscharf gelingt das nicht, weil (außer im Rollengedicht) hinter den Versen mehr oder weniger versteckt immer auch die Autorin oder der Autor steht.

Ihre Ausführungen und Erörterungen zu Aufgabe 3 müssen auf die beiden behandelten Gedichte zurückbezogen sein. Genaugenommen sollen Sie nicht zeitgenössische Texte (Songs) an den alten (M 1 und M 2), sondern die alten an den neuen messen. Sie brauchen ein Beispiel, können aber leider nur aus dem Kopf zitieren. Der Lösungsvorschlag gibt Anregungen und kann in so ausführlicher und mit Zitaten belegter Form nicht von Ihnen erwartet werden.

Lösungshinweise

1. Die 25-jährige Dichterin Karoline von Günderrode schrieb 1805, gerade ein Jahr vor ihrem Tod, eine **Elegie**, ein Liebesklagelied. Aber sie nannte es nicht *eine,* sondern *[d]ie eine* Klage. Es gibt diese Klage für sie offensichtlich nur ein einziges Mal, weil es *die* Liebe nur ein einziges Mal gibt. Bereits der Titel spricht also von der strikten Ausschließlichkeit im Denken und Fühlen dieser Frau. Aber der Ton der vier sechszeiligen Strophen scheint beim ersten Hinhören weich und melodisch zu sein, als schritte jemand mit langer Schleppe über viele Stufen hinab. Dieser erste Eindruck verdankt sich den schwingenden Paarreim-Versen in jeder Strophe (Vers 1 und 2 bzw. 4 und 5 sind jeweils so verbunden und enden klingend, mit einer weichen, unbetonten Silbe) und insgesamt dem klanglichen Reichtum und der Wiederholung vieler Wörter und Klänge. Aber bei genauerem Lesen erweist sich das so elegisch-melodische Gedicht als **Argumentationszusammenhang**. Es ist kein Gedicht mit schönen Bildern und poetischen Metaphern, sondern es begründet – **ohne lyrisches Ich** und sozusagen allgemeingültig –, warum es keinen Trost für den gibt, der den geliebten Menschen verloren hat.

   Strophe 1 und 2 zusammen sind ein langes Satzgefüge mit zwei parallel geführten, vorangestellten Nebensätzen (Strophe 1) und dem nachgestellten Hauptsatz (Strophe 2), dem ein Finalsatz angeschlossen ist (V. 11/12). Die Aussage: Wer den bitteren Trennungsschmerz ganz und gar, „in Geist und Sinn" (V. 2), erlitten, wer ein geliebtes Herz verloren hat, der versteht und weiß, was Liebe ist. Trennung schlägt nicht eine, sondern „die tiefste aller Wunden" (V. 1). Der **Ausschließlichkeitscharakter** der Überschrift erklärt sich also gleich aus dieser ersten, starken Behauptung. Warum Liebesverlust die tiefste aller Wunden ist, erklärt Strophe 2: Nur die Liebe gibt Erfüllung und Lebenssinn, denn immer („ewig", V. 8) sehne sich ein jeder danach, dass sich in der Vereinigung mit einem anderen seine Vereinzelung aufhebe und man „Eins in Zwei" (V. 9) sein könne. Der Mensch **leidet an seiner Individuation**. Das Dasein ist qualvoll, solange er ein Einzelner ist. Nur die **Liebe erlöst** von „des Daseins Pein" (V. 12). Man liebt um dieser Erlösung willen (damit die Grenzen schwinden: V. 11 f.). Die **Form** illustriert sozusagen den Gedanken, denn wie in der Liebe eins sich im andern findet, so verbinden sich die an sich selbstständigen beiden ersten Strophen zu einem Satzganzen.

   Strophe 3 setzt neu an. Sie scheint sich nach außen zu wenden und zu jemandem zu sprechen, der zu trösten versucht hat. (Wahrscheinlich kann man auch Strophe 1 und 2 schon als Argumentation gegen diesen Tröster verstehen, sodass sich das Gedicht insgesamt **als lyrischer Antwortbrief** auffassen ließe.) Die Trostworte sind indirekt wiedergegeben. Sinngemäß müssten sie in etwa gelautet haben: ‚Nimm es nicht so schwer, denn nach dem Verlust kommt ein neues Glück mit neuen Freuden‘ (vgl. V. 16f.). Aber dieser **Trost** wird entschieden (mit adversativem „doch“ in V. 18) **zurückgewiesen**. Und wieder – nach dem doppelten Superlativ „tiefste aller Wunden“ (V. 1) und dem nicht mehr zu steigernden „ewig“ in Strophe 2 – wird mit dem Adverb „ganz“ (V. 13) aus der Haltung der **Unbedingtheit** heraus argumentiert: Wer ein Wesen „so ganz“ geliebt hat, ist untröstlich. Was auch immer an Neuem entstehen („neu geboren“ werden) mag, ist doch nie mehr das, was war.

Die vierte Strophe greift die letzte Behauptung der dritten wieder auf. Sie führt – wohl noch immer an den Tröster adressiert – aus, worin „[j]ene“ (V. 18) Liebesfreuden bestanden, die nichts auf der Welt ersetzen kann. Die Innigkeit der verlorenen Liebe wird damit zugleich erinnert und neu heraufbeschworen, sodass der begründende Gedanke zum Gefühl wird. Die Verquickung von Emotionalität und Rationalität gibt dem Gedicht seine besondere Signatur. Die vier parallelen Aussagen, mit „Das“ eingeleitet und mit anaphorischem „Dieses“ fortgeführt (V. 19, 20, 22, 23), verstärken sich gegenseitig. Durch die vielen substantivierten Infinitive (Nehmen, Geben, Suchen, Finden, Denken, Empfinden) kommt ein schwingender, suggestiver, **wiegender Rhythmus** auf. Eine wehmutsvolle Stimmung entsteht. Aber **der Schluss** kappt dieses Gefühl und ist **jäh und hart**. Strophe 4 ist ein Satz mit dem Subjekt „Gott“. Eigentlich heißt er: ‚Kein Gott gibt das geliebte süße Leben etc. zurück.‘ Die Inversion (Umkehrung der üblichen Satzstellung: hier die von Subjekt und Objekt) bewirkt, dass das Gedicht am Ende in die radikale Verneinung wie in ein unwiderrufliches Fazit einmündet.

Merkwürdig erscheint von Anfang an die Strophenform, die die Günderrode gewählt hat, denn sie weicht von der Volksliedstrophe ab, die in der Romantik besonders beliebt war. Statt der vier Verse der Volksliedstrophe hat ihre Strophe sechs Verse. Vier in jeder Strophe sind trochäisch und vierhebig, harmonieren im Paarreim miteinander und enden klingend (oder „weiblich“ bzw. „weich“). Aber die Verse 3 und 6, jeweils durch Schweifreim verbunden, haben als dreihebige trochäische Kurzverse einen ganz anderen Charakter. Auftakte fehlen insgesamt. Doch die **Kurzverse** beginnen *und* enden mit einer betonten Silbe wie mit harten Schlägen, die Stimme sinkt: **Bitt**-rer **Tren**-nung **Schmerz**. Das Weiche, Melodische und das Herbe stehen also in diesem Gedicht in **Spannung** zueinander. Es ist die Spannung zwischen der Süße der Erinnerung an das genossene Glück und dem Bewusstsein des definitiven Verlusts. Dass der Schlussvers mit seinen bündigen Einsilbern (Gibt – kein – Gott) noch schroffer klingt und in seiner Aussage noch unerbittlicher ist als alles Vorangegangene, ist kein Zufall.

Ästhetisch interessant an Karoline von Günderrodes Liebesklage ist das Fehlen des lyrischen Ichs. Obwohl die Verse ein überzeugender Ausdruck subjektiver Trauer sind, sollte wohl der Eindruck des Subjektivistisch-Gefühligen nicht aufkommen. Das eigene Erleben wird in den **Rang des überindividuell Gültigen** gehoben. Interessant ist auch, dass das Gedicht nicht preisgibt, ob eine Frau oder ein Mann spricht. Das Du wird nicht als Geliebter oder Geliebte bezeichnet, sondern neutral als das „geliebte Herz“ (V. 6), „ein Wesen“ (V. 14) oder als das „geliebte, süße Leben“ umschrieben (V. 19). (Im letzten Fall ist nicht ganz eindeutig, ob mit „Leben“ die Person gemeint ist.) Die Dichterin will sich nicht auf ihr Geschlecht oder auf spezifisch weibliche Gefühle festlegen lassen, sondern sie beansprucht, **unabhängig vom Geschlecht** wie ein Mensch überhaupt zu empfinden und zu denken. An dieser Entscheidung ist gut zu erkennen, dass Karoline von Günderrode zu den kühnen und stolzen **Frauen der Romantik** gehörte, die ihre Ebenbürtigkeit darstellten und diese zu leben versuchten.

Der **Wortschatz** ist, wie oft in romantischen Gedichten, ganz **einfach** und redundant. Allein ‚finden‘ und ‚empfinden‘ kommen jeweils zweimal vor, Wörter zur Stammsilbe „lieb“ fünfmal, „Sinn“ in Einzahl und Mehrzahl dreimal und „Herz“ zweimal. Auf „Herz“ reimt sich auch noch „Schmerz“, sodass ein rechtes Herz-Schmerz-Gedicht vorliegt. (Aber dieser Reim ist so dezent untergebracht, dass er nicht stört.) Der einfache Wortschatz bringt zum Ausdruck, dass **das Gemüt** schlicht ist und wahr. Aber **der Geist** ist kompliziert, denn er sucht die grenzüberschreitende Zweiheit und argumentiert.

Das Schlichte und Wahre ist auch das Elementare, das man mit Gefahr des Lebens nicht zerstören darf. Die **Liebesunbedingtheit** in *Die eine Klage* erinnert ein wenig an Joseph von Eichendorffs Erzählgedicht vom verlorenen Ringlein *(In einem kühlen Grunde)*. Der Verlassene „möcht’ am liebsten sterben“. Auch er sieht keine Lebensalternative mehr nach dem Verlust. Empfindsamkeit und besonders die Romantik waren die ersten Epochen der deutschen Literatur, in denen Liebe alles war. Sie rückten sie in die höchste Position und bürdeten ihr die Last auf, dem Leben den Sinn zu geben. Bricht die Liebe entzwei, wird das Leben sinnlos. Die Romantik blickte in den Abgrund des Nihilismus und erlebte das Scheitern der Französischen Revolution. Seit der Aufklärung verflüchtigte sich die religiöse Sinngebung des Lebens, seit der Herrschaft der Guillotine (1794) und den Eroberungszügen Napoleons brachen politische Hoffnungen zusammen. Übrig blieb die arme Liebe und der andere private Mensch, das Du. Die Götter sind machtlos geworden. ‚Kein Gott‘ wird retten. Also müssen die Menschen einer den anderen in der Geborgenheit der Liebe retten. Transzendenz ist nicht im Himmel, sondern im anderen. Dieser Begriff von Liebe schließt alles ein, die Sinne (den Blick ebenso wie die Sinnlichkeit), das Herz (das Empfinden) und den Geist (Denken und Verstand).

2. *Erinnerung an die Marie A.* heißt ein Gedicht des jungen **Bertolt Brecht**, das von einer früheren Liebe, eben der zu Marie A., erzählt. Diese Liebe liegt nicht nur poetische „viele Monde“ zurück (V. 9), sondern, wenn man Strophe 3 trauen will, mindestens acht und mehr faktische Jahre (vgl. V. 22). Da das lyrische Ich im Präteritum von einer **Episode seiner Vergangenheit** spricht, kann man das Gedicht als Teil einer Lebenschronik auffassen. Balladenähnlich erzählend beginnt

die erste Strophe („An jenem Tag im […] September […] hielt ich sie […]“). Dass die Geliebte beim Namen genannt, vom Nachnamen aber nur der Anfangsbuchstabe angegeben ist, suggeriert, dass der Autor Bertolt Brecht von der Liebe zu einem konkreten (Augsburger?) Mädchen berichtet, dessen bürgerliche Identität er schützen muss.

Wer aber den Autor Brecht mit dem lyrischen Ich gleichsetzen, von authentischer Bekenntnisliteratur ausgehen und vom Entstehungsjahr 1920 und von Vers 22 aus chronikalisch acht Jahre zurückrechnen würde, käme zu dem beunruhigenden Ergebnis, dass der Liebende ein allerhöchstens 14-Jähriger gewesen sein müsste. Chronikalisch und realistisch kommt man hier anscheinend nicht recht weiter. *Erinnerung an die Marie A.* hat auch nur in Strophe 1 den Anflug einer Ballade. Tatsächlich ist es **ein ganz und gar lyrischer Text** voll poetischer Wendungen (ab V. 1 ff. und V. 9 f.) und listiger Finten (vgl. V. 11 mit V. 21). **Poesie und kühle Nüchternheit** treffen darin merkwürdig aufeinander. Es ist ein modernes Liebesgedicht in der klassisch-kunstvollen Form der Stanze. Gelegentlich gibt es sich betont salopp und gleichgültig (vgl. V. 13 ff., 22), aber insgesamt und vom ersten Vers an ist es in einem fast feierlichen, wehmütigen und elegischen Ton vorgetragen.

Das nacherzählbare Liebeserlebnis: Ein junger Mann berichtet rückblickend, dass er an einem sonnigen Tag im September unter einem jungen Pflaumenbaum Marie A. liebte. „Still“ (V. 2) waren sie beieinander, und er empfand auch sie als still und bleich. Er küsste sie und war offenbar beseligt von dieser Begegnung, denn er erinnert sich, sie im Arm gehalten zu haben „wie einen holden Traum“ (V. 4). Das Adjektiv „hold“ drückt zartes Entzücken aus, der Vergleich („wie einen […] Traum“) deutet an, dass etwas geschieht, was kaum für möglich zu halten ist. Am Himmel über Liebespaar und Pflaumenbaum stand gerade **eine weiße Sommerwolke** wie die überirdisch schöne Beglaubigung des als fast unwirklich empfundenen Glücks. Dem Liebenden hat sich die Wolke als „sehr weiß und ungeheuer oben“ eingeprägt (V. 7, vgl. V. 20). Das ist ergriffen und emphatisch gesprochen und doch auch verhalten. Die Gefühlsintensität der Liebe überträgt sich in die Intensität, mit der das Bild der Wolke erfasst und für immer bewahrt wird. Als sich der Liebende aber nach einer Weile wieder auf die Wolke besinnt, ist sie „nimmer da“ (V. 8). So wird sie zum **Sinnbild des geglückten Augenblicks** (sie „blühte nur Minuten“, V. 23) und gleichzeitig zur **Chiffre für** die Flüchtigkeit und **Vergänglichkeit** der Liebe.

Man könnte meinen, das Gedicht sollte besser ‚Der Pflaumenbaum‘ oder noch besser ‚Sommerwolke‘ heißen, denn von der Wolke ist ausführlicher die Rede als von der Liebe. Es liegt nahe zu fragen, **ob Brecht nicht empörend lieblos** mit der Liebe und vor allem mit der Marie A. umgegangen ist, da er sein lyrisches Ich weniger von diesem einst geliebten Menschen sprechen lässt als von den Begleiterscheinungen. Das Ich behauptet sogar, sich weder an die Liebe noch an ein Gesicht erinnern zu können (vgl. Z. 12 ff.) und auch von seinem Kuss damals nur darum noch zu wissen, weil ihm bis jetzt das Bild der Wolke vor Augen stehe. Brecht geht davon aus, dass Liebe nicht bleibt. Sie ist der Zeit unterworfen und vergeht wie die sich im Wind auflösende Wolke. Ist er darum auch ein schnöder Liebender? Achtet er nicht, was doch einmal seine Seligkeit gewesen zu sein scheint?

Die **Verschiebung** vom Empfinden in der Liebe auf etwas Situatives und Dingliches (Jahreszeit, Wetter, Ort, Wolke) ist nicht ungewöhnlich, sondern die lyrische Praxis, denn was Liebende fühlen oder was sich wie Liebe anfühlt, ist kaum in Worte zu fassen. Liebe ist sprachlos. Die Günderrode versuchte es in ihrer vierten Strophe dennoch, indem sie Tätigkeiten nannte, aber die Nennungen an sich prägen sich weniger ein als der dadurch erzeugte wiegende Rhythmus. In anderen Liebesgedichten ist von einem kleinen Vogel auf einem Lindenzweig die Rede, von zwei Segeln auf einem See, von der besonderen Form des Ginkgo-Blattes oder von Blicken und Gebärden. **Liebe wird** mit Gesten, Zeichen, Symbolen und verschiedensten Naturbildern **umschrieben**. Ebenso macht es Brecht. Er umgeht Gefühlswörter, aber ist darum nicht kalt. Das ganze Gefühl des lyrischen Ichs ist wie auf einen Stellvertreter auf die Wolke übertragen. Wäre das Zusammensein mit Marie A. belanglos gewesen, hätte sich auch das Bild der Wolke nicht derart bleibend eingeprägt. In fast schwärmerischem Ton für einen, der Sentimentalität um keinen Preis aufkommen lassen will, ist diese Wolke in der dritten Strophe ein zweites Mal in ihrer Schönheit, ihrer Höhe und in ihrem Dahinschwinden vergegenwärtigt. **Die Erinnerung haftet am visuell Konkreten:** Die Liebe ist mit der Wolke ebenso verknüpft wie die Wolke mit der Liebe. Wie sollte man auch für bare Münze nehmen, dass das Aussehen (das Gesicht) der Geliebten vergessen ist, wenn doch Vor- und Familienname nicht nur bestens bekannt sind, sondern das ganze Gedicht auch noch im Nachhinein dieser verflossenen Liebe gewidmet ist?

Brecht hat in *Erinnerung an die Marie A.* die Erfahrung von Vergänglichkeit mit der Fähigkeit des Erinnerns verbunden. Das Motiv des Zeitvergehens spielt eine große Rolle in diesem Gedicht. Aber auf „nimmer" (V. 8 und 15) reimt sich in gewisser Weise „immer" (V. 19 und 21). Pflaumenbäume sind nicht unsterblich (vgl. V. 11), und vergänglich sind der ‚holde Traum' und die Wolke, aber gerade sie wird zum Bleibenden in der Erinnerung, die auch jenen holden Traum wieder auferstehen lässt.

Beide, die romantische Dichterin Karoline von **Günderrode** und der auf die Neue Sachlichkeit sich wohl erst zubewegende, noch stilistisch suchende Bertolt Brecht, thematisieren in ihren Gedichten eine Liebe, die vorbei ist. Günderrodes Gedicht *Die eine Klage* drückt den großen Schmerz über den Verlust aus und scheut nicht vor Wörten wie „Wunden" und „Schmerz". In der Liebesvorstellung dieser Romantikerin ist **Liebe etwas Einmaliges und Unwiederbringliches**. Sie umfasst den ganzen Menschen, Körper und Geist, Seele und Herz, und gibt dem Dasein Sinn. Das Auseinandergehen eines Paares scheint hier tödlich zu sein. **Brechts** Gedicht klagt nicht. Der Ausdruck von Schmerz ist vermieden. Es scheint ihm als **naturgegeben** hinzunehmen zu sein, **dass alles vergeht**, ein Baum ebenso wie eine Wolke oder die Liebe. Die gewollt lässige, ernüchternde Erwägung in Vers 22 kann aber nicht wirklich verhindern, dass Strophe 3, aus fast barockem Vergänglichkeitsbewusstsein heraus gesprochen, sehr poetisch und elegisch und einfach ‚schön' ist. Was genau für Brecht Liebe bedeutet, ist aus diesem einen Gedicht nicht hinreichend zu erfahren. In jedem Fall ist seine Vorstellung von Liebe flüchtiger und **irdischer** als die der Romantikerin. Die beiden unterm Pflaumenbaum dürften nicht gerade ihre geistige Übereinstimmung miteinander gepflegt haben.

3. Ich erwarte von einem zeitgenössischen ebenso wie von einem alten Liebesgedicht keinen bestimmten Inhalt, sondern dass es gut ist. Ich erwarte so noch nicht gehörte Bilder oder Wendungen und vor allem, dass es mich berührt. Das heißt: Es müssen „Verbindungsfäden zwischen Satz und Seele" (Rühmkorf) spürbar werden. Ich will weder Kitsch noch ausgeleierte Klischees und auch keine Songs und Lyrics, die sich vielleicht fetzig anhören, sich aber beim Nachlesen der Texte als nichtssagend herausstellen.

Mit dem romantischen Höhepunkt der Liebe hat auch ihre Entzauberung eingesetzt, obgleich man sich doch die Liebe eher als Verzauberung wünscht und als tiefes Glück. Liebe ist zu einer ebenso begehrten wie schwierigen und kritisch kommentierten Angelegenheit geworden. Zeitgenössische Dichterinnen oder Dichter schreiben vorsichtig und mit vielen Brechungen von diesem zentralen Thema. Ewige Treue und die fast religiöse Liebesauffassung der Günderrode kommen in ihren Texten nicht mehr vor. Eine Sammlung von Liebesgedichten aus dem Jahr 2000 hat den bezeichnenden Titel *Nichts ist versprochen.* Männer und Frauen fürchten, in der Bindung ihre Freiheit einzubüßen. Erotische Momente fehlen nicht, aber Bindungen sind Wagnisse; die Ehe wird ironisch als Unfall bezeichnet, der „meistens zu lange" währe (Beat Brechbühl; vgl. Gottfried Benn: „er raucht, sie dreht ihre Ringe"). Rolf Dieter Brinkmann sprach (in: *Immer mehr Worte*) „von der entsetzlichen / Mühsal zu lieben". Junge Frauen ergreifen die Initiative und jagen ihre Geliebten davon. Ich frage mich manchmal, wo das Zarte und Zärtliche geblieben ist, und bin froh, wenn ich einen schlichten Text finde, der die Sehnsucht verteidigt: „Anders / ist die Nacht / geworden / anders der Tag / die Stunde / anders die Liebe / anders / der Liebende / nicht anders / geworden / ist die Sehnsucht." (Elisabeth Alexander) Dieser Text gefällt mir. Er gesteht ein, dass alles dem Wandel unterworfen ist; aber die Sehnsucht bleibt als Konstante. Vielleicht ist sie die Antriebskraft von allem, was wir tun, und wichtiger als Glück und Erfüllung.

Drei gerade aktuelle Songs gefallen mir und stehen für mich in einer gewissen Verbindung mit den Gedichten von Karoline von Günderrode und Bertolt Brecht. Der erste Song (*Nur noch kurz die Welt retten;* 2011) greift die erzkonservative Mann-Frau-Konstellation noch einmal auf und führt sie lustig und parodistisch ad absurdum. Der Mann ist der Held, der die Welt retten und eben noch 148 Mails checken muss. Er ist ein Macho, wie es wohl auch Brecht war: sehr wichtig natürlich, stets rastlos, stets unabkömmlich und voller Projekte. Er hat eine Mission, eine geheime, versteht sich. Die Geliebte sitzt zu Hause und wartet und soll schon mal mit dem Essen anfangen, er komme gleich, er fliege gleich ein, sei gleich da, müsse aber noch eben schnell die Welt retten. Der Song ist ein großer, gekonnter Spaß, vorgetragen von dem noch ganz jungen **Tim Bendzko**.

Ernsthafter sind die neuen Lieder von **Jason Derulo** und von **Adele**. Zu meiner Überraschung schließen sie sich fast nahtlos an das romantische Gedicht der Günderrode und das moderne Gedicht von Brecht an. Was in der sogenannten großen Literatur nicht mehr möglich ist, lebt in der Unterhaltungsindustrie weiter, als wäre die Zeit fast – es gibt Unterschiede – stehen geblieben. Derulos Titel *I only miss you when I'm breathing* (2012) ist sehr reizvoll. Durch die Einschränkung („only") im Beginn des Satzes wird die Hörererwartung in die Irre geführt. Tatsächlich ist die Liebe nicht gering, sondern gerade im Gegenteil das Einzige, was das Leben rechtfertigt. Die Liebesunbedingtheit der Romantik ist also nicht verschwunden. Günderrodes *Klage* müsste Derulo gefallen und ihm gar nicht altbacken erscheinen. Fragmente seines Textes in der deutschen Übersetzung: „Ich vermisse dich nur, wenn ich atme / Ich brauche dich nur, wenn mein Herz schlägt [...]. Du bist es, du bist es, was mich am Leben hält [...]". Die Liebste hat ihn verlassen, aber er wird auf sie warten bis zum Ende. Der einzige Grund zum Leben ist die Hoffnung, dass sie zurückkehren wird. Der Unterschied zur Günderrode: Sie ist untröstlich. Der moderne Verlassene hofft – und hat Humor. Wortspiele und ausführliche Gefühlsausbrüche (Wooooh!: i-i-i-i-i yo!) spicken den Text.

In **Adeles** Pianoballade mit dem Titel *Someone like you* (2012) spricht eine Verlassene. Man könnte sie sich als moderne, selbstbewusste Marie A. vorstellen. Brechts Motive der Liebesjahreszeit, des vergessenen oder nicht vergessenen Gesichts, der Vergänglichkeit und der Erinnerung kehren in Adeles Text wieder. Die Liebe entstand während eines Sommers („Wir wurden geboren und wuchsen auf in einem Sommernebel") und ist schon vorbei. Die Frau beklagt das schnelle Vergehen der Zeit und erinnert sich. Sie liebt den Mann noch immer. Er aber hat ein anderes Mädchen gefunden, das seine Träume mehr zu erfüllen versprach, und hat es geheiratet. Aber die Verlassene resigniert nicht. Sie kann sich nicht zurückhalten, sondern besucht ihn. Sie setzt darauf, dass er ihr Gesicht nicht vergessen hat. Er soll es sehen und sich erinnern und merken, dass es für sie nicht vorbei ist. Die Liebesbeziehungen sind offener geworden. Der Gedanke an eine moderne Dreiecksbeziehung ist nicht ausgeschlossen.

Mir gefallen viele der schwierigen und reflektierten literarischen Liebesgedichte der Gegenwart, aber auch die drei zitierten Pop-Songs entsprechen durchaus meinen Erwartungen, weil sie nicht kunstlos sind. Zugleich veralten und verblassen aber auch die alten großen Gedichte nicht vor den neuen. Brecht gefällt mir nach wie vor sehr, und vor Karoline von Günderrodes *Klage* habe ich Respekt. Mag die Auffassung der Günderrode selten geworden sein, so hört ihre Kunst doch nicht auf, den Anspruch zu erfüllen, der an ein Gedicht zu stellen ist. Heikler wäre es sicher, umgekehrt zu fragen, welches zeitgenössische Liebesgedicht wohl dem Anspruch und Maßstab gerecht wird, den viele klassische Liebesgedichte vorgegeben haben. *Erinnerung an die Marie A.* vergesse ich nicht mehr. Wann ich die drei Songs wieder vergessen habe, wird sich zeigen.

GK 2012-10

Bewertung und Beurteilung

- **„Gut" (11 Punkte)** ist die Arbeit, die den argumentativen Charakter des ersten Gedichts (M 1) erkannt und die Gedankenschritte mitsamt ihrer strophischen und syntaktischen Gliederung und Folgerichtigkeit annähernd richtig nachvollzogen und wiedergegeben hat. Erkennbar sein muss das Bemühen, die grammatische Struktur und rhetorische Qualität des Gedichts aufzuschließen. Gesehen und bedacht sein sollte der Adressatenbezug. Der Liebesbegriff der Günderrode muss aus der Analyse aller vier Strophen erarbeitet und zutreffend paraphrasiert und charakterisiert sein. Für die gute Arbeit wünschenswert wäre ein Ohr für Versmaß und Reim, Rhythmen und Klänge. Für die Epochenzuordnung des Gedichts muss die eine oder andere zutreffende Begründung formuliert sein. – Brechts Gedicht muss mit einigem literarischen Gefühl und Sachverstand als lyrischer Text begriffen und behandelt sein. Vorbildung im Umgang mit Gedichten muss deutlich erkennbar werden. Der Wechsel zwischen poetisch-gefühlvoller und kühl-sachlicher Stimmlage darf nicht unbemerkt geblieben sein. – In Aufgabe 3 sollte die Formulierung „Erwartungen an ein […] Liebesgedicht" resp. einen „Liebessong" differenzierende Rückfragen darüber angeregt haben, ob wohl persönliche und existenzielle, weltanschauliche oder ästhetische Erwartungen abgefragt sind. Die Lösung zu Aufgabe 3 kann knapp, muss aber argumentativ kraftvoll sein.

- **„Ausreichend" (5 Punkte)** ist eine Arbeit, die Lyrik nicht wie Prosa oder öffentliche Verlautbarungen behandelt. Günderrodes Behauptung von der Unersetzlichkeit der einen großen Liebe muss erkannt und in ihrer zentralen Begründung in Strophe 2 gedanklich nachvollzogen und in eigenen Worten wiedergegeben und erläutert sein. Charakteristika des lyrischen Sprechens müssen wahrgenommen und ansatzweise überzeugend interpretiert sein. Überlegungen zur Art des Liebeserlebnisses in Brechts Gedicht müssen durch Beobachtungen zur Konstellation Pflaumenbaum – Marie A. – Wolke im Verlauf des Gedichts gestützt sein. Es wäre wünschenswert, wenn Brechts Gestus der Gleichgültigkeit nicht ganz fraglos hingenommen wäre. – Die Entwicklung eigener Vorstellungen in Aufgabe 3 muss in Beziehung zum zuvor Erarbeiteten stehen.

Abiturprüfung Hessen 2012 – Deutsch Grundkurs
Vorschlag B

Handeln oder nicht handeln? Kämpfen oder dulden?

Erlaubte Hilfsmittel:
1. ein Wörterbuch zur deutschen Rechtschreibung
2. eine Liste der fachspezifischen Operatoren
3. Schiller, *Maria Stuart*
4. Hein, *In seiner frühen Kindheit ein Garten*

Aufgaben:

1. Geben Sie Hamlets Gedankengang in eigenen Worten wieder. (Material) (25 BE)
2. Vergleichen Sie die Situation und die Überlegungen Hamlets mit der Situation und dem Verhalten Mortimers in Schillers *Maria Stuart*

   oder

   Oliver Zureks in Heins *In seiner frühen Kindheit ein Garten*. (45 BE)
3. Nehmen Sie dazu Stellung, welche literarische Figur Sie im Hinblick auf die Alternative „Handeln oder nicht handeln? Kämpfen oder dulden?“ positiv oder negativ beeindruckt hat. Beziehen Sie sich dabei auf eine Figur, die Sie im Deutschunterricht der Qualifikationsphase kennengelernt haben, mit Ausnahme der von Ihnen in Aufgabe 2 bearbeiteten. (30 BE)

Material

William Shakespeare: Hamlet (vermutlich um 1600), Textauszug; bearbeitet von Heiner Müller (1989)

Hamlet, Prinz von Dänemark, unterbricht sein Studium und kehrt nach Hause zurück, weil sein Vater, König Hamlet, gestorben ist. Eines Nachts erfährt er durch den Geist seines verstorbenen Vaters, dass sein Onkel Claudius der Mörder sei, der sich daraufhin selbst zum König gekrönt hat. Der Geist fordert Hamlet auf, Rache zu üben. Hamlet zögert. Seine Zweifel bringt er im folgenden Monolog zum Ausdruck.

Dritter Akt, 1. Szene

HAMLET Sein oder nicht sein, das ist die Frage –
Ob es von edlerm Geist ist, auszuhalten
Schleuder und Pfeil des wütenden Geschicks
Oder, in Waffen gegen eine See
Von Plagen, enden im Aufstand. Sterben, schlafen
Nicht mehr, und sagen mit dem Schlaf: vorbei
Das Herzweh und die tausend Qualen, unser
Fleischliches Erbteil. Das ist ein Schluß
Aufs innigste zu wünschen. Sterben, schlafen.
Schlafen, träumen vielleicht. Da ist der Haken.
Denn was für Träume aufsteigen im Todesschlaf
Wenn abgeworfen sind die sterblichen Fesseln
Hemmt unsern Drang. Da steckt die Vorsicht
Die unserm Elend langes Leben leiht.
Wer trüge Peitschenhieb und Hohn der Zeiten
Des Mächtigen Druck und Mißhandlung des Stolzen
Verschmähter Liebe Qual, des Rechts Verschleppung
Die Anmaßung der Ämter und den Fußtritt
Des Abschaums gegen schweigendes Verdienst
Wenn er doch selbst den Schlußpunkt setzen kann
Mit schnellem Stoß? Wer schleppte seine Last
Stöhnend und schwitzend ein mühsames Leben durch
Wenn nicht das Graun vor etwas nach dem Tod
Das unentdeckte Land, von dessen Grenzen
Kein Reisender wiederkehrt, den Willen verstörte
Daß wir die Übel lieber tragen, die
Gewohnt sind, als zu unbekannten fliehn.
So macht Bewußtsein alle uns zum Feigling
Der angebornen Farbe der Entschließung
Wird des Gedankens Blässe angekränkelt
Und Unternehmungen von Mark und Nachdruck
Durch solche Vorsicht aus der Bahn gelenkt
Verliern den Namen Tat. […]

*Aus: William Shakespeare: Hamlet, bearbeitet von Heiner Müller, Mitarbeit Matthias Langhoff, in: Heiner Müller, Shakespeare Factory, Bd. 2, Berlin 1989, S. 56 f.
Die Rechtschreibung entspricht der Textvorlage.*

Hinweise und Tipps

Vorschlag B ist in allen Aufgaben rein literarisch und unterscheidet sich damit von A und C, die in der jeweils dritten Teilaufgabe den Transfer in lebensweltliche Erörterungen fordern.

Zu Aufgabe 1: *Hamlets Monolog aus Szene III.1 ist 400 Jahre alt und wird seit 400 Jahren diskutiert. Wenn Sie das Werk im Englisch-Unterricht besprochen haben und der englische Wortlaut Ihnen vielleicht noch im Ohr ist, so kann Ihnen das helfen, denn manche Stellen in der vorliegenden (und in jeder anderen) Übersetzung bleiben in ihrer Bedeutung etwas unklar. Aber verlieren Sie sich nicht in Detailerörterungen. Ihre Aufgabe ist es lediglich, Hamlets Gedankengang in eigenen Worten wiederzugeben, sodass Sie eine stabile Vergleichsbasis für die folgenden Aufgaben haben. Wissenswert ist über die gegebene Einführung hinaus, was dem Monolog vorausgegangen ist: Hamlet ist sich der Glaubwürdigkeit des ihm erschienenen Geistes nicht ganz sicher. Er schließt nicht aus, dass vielleicht ein Teufel ihn getäuscht und ihm Unwahres gesagt hat, um ihn zu verderben (Monolog am Ende von II.2). – Als Vorarbeit für* ***Aufgabe 2*** *empfiehlt sich eine zweispaltige Liste, in der Sie in Stichworten Vergleichbares zwischen Mortimers (bzw. Oliver Zureks) und Hamlets Situation und Denken sammeln. Besonders zur Einführung Mortimers ist recht viel Inhalt zu rekonstruieren. Bewegen Sie sich dennoch konsequent auf die zu behandelnde Frage zu. Einen vollen Lösungsvorschlag finden Sie für Mortimer. Nachzulesen wären dafür besonders die Szenen I.6, II.6, II.8 und III.6. Für Oliver Zurek ist vor allem der auf Hamlet (und Mortimer) bezogene Aspekt ausgeführt, das Thema aber nicht ausgeschöpft. –* ***Aufgabe 3*** *lässt Ihnen viel Entscheidungsspielraum. Es ist nicht verlangt, verschiedene Figuren Revue passieren zu lassen, sondern Sie sollen eine auswählen. Sie können sich noch einmal auf „Maria Stuart“ beziehen. Das Erdulden der Heldin lässt sich gut vor dem Hintergrund von Mortimers Rettungseifer darstellen und reflektieren. Aber auch die Betrachtung Woyzecks oder Georg Bendemanns kommt infrage. Der Lösungsvorschlag beschäftigt sich mit Faust. Bei der Entscheidung für diese Figur sollte man aber nicht ohne konkreten Bezug zur Lektüre arbeiten. Wählen Sie also Faust nur, wenn ein Textexemplar „Faust“ zur Einsicht bereitliegt.*

Lösungshinweise

1. Im zentralen dritten Akt von William Shakespeares Tragödie *Hamlet, Prinz von Dänemark* steht der berühmte **Entscheidungsmonolog**, in dem Hamlet seine Lage reflektiert und sich nicht entscheiden kann. Er ist zum Begräbnis des Vaters nach Helsingör gekommen. Dem Begräbnis fast auf dem Fuße folgte die Vermählung seiner Mutter mit Claudius, dem Bruder des Vaters. Diese überstürzte Heirat ließ ihn ahnen, dass etwas „faul“ sei „im Staate Dänemark“. Da erscheint ihm der Geist des toten Vaters und teilt ihm mit, dass Claudius ihn ermordet, ihn mit Gift aus dem Weg geräumt habe. Er trägt dem Sohn auf, ihn zu rächen. Hamlet ist sich noch nicht ganz sicher, ob der Geist die Wahrheit spricht. Er fürchtet das Schlimmste, muss sich aber noch Gewissheit verschaffen.

Hamlet überlegt und zögert; er erwägt und fragt, was die würdigere, edlere Haltung oder Entscheidung für ihn wäre, das Verhängnis **passiv** hinzunehmen (zu erdulden) oder **aktiv** handelnd die bewaffnete Auseinandersetzung zu suchen, um „im Aufstand“ zu „enden“ (Z. 5). Die Übersetzung „enden im Aufstand“ bedeutet vermutlich, dass Hamlet sich vorstellt, im Kampf bzw. in der Konfrontation mit König Claudius und der eigenen Mutter umzukommen, denn seine Gedanken kreisen um Tod und Freitod. In seiner Schwermut wünscht er sich „innigst“ den **Tod** als ewigen Schlaf, als Traum und Erlösung (Z. 9). Seit der Geist des Vaters zu ihm gesprochen hat, ist für ihn die Zeit aus den Fugen, und es bedrückt ihn die ihm zugefallene Aufgabe, sie wieder einrenken zu sollen (Ende von I.5). Gern würde er diese Last abwerfen. Mit der Ausgangsfrage, ob er heroisch **handeln oder nicht handeln** soll, ist auch die andere gestellt, ob er weiter **existieren** (sein) **oder** vielmehr „nicht sein“ (**nicht existieren**, tot sein) sollte. Manches spricht dafür, sich für den Tod zu entscheiden; anderes spricht dagegen. Hamlet kommt darauf, dass ein „Haken“ (Z. 10) an der an sich verlockenden Sache sei, der die Menschen zurückschrecken lasse. Er fragt sich, warum sie großes Leid ertragen – politische Zwänge, Kränkungen, Ungerechtigkeiten im Rechtswesen, Ämtermissbrauch und persönliches Unglück in der Liebe (vgl. Z. 15 ff.) – wenn sie doch diesem allen mit „schnellem Stoß“ (Z. 21) ein Ende setzen könnten. Aber sie tun es nicht, weil sie den Tod als unheimliche Schwelle in ein unerforschtes Land begreifen. Keiner weiß, was das für Träume sein werden, die im Tod aufsteigen (vgl. Z. 11). Und nicht zu wissen, was nach dem Tod kommen wird, lähme den Entschluss zur Tat. Lieber ertrage man die Übel, die man kenne, als sich freiwillig solchen auszusetzen, die man nicht kenne (vgl. Z. 25 ff.).

Hamlet wirft Fragen auf. Seine Redeformen sind die indirekte und direkte Frage und der Konditionalsatz. Er wägt Möglichkeiten gegeneinander ab. Bezeichnend für ihn ist das Adverb „**vielleicht**“ (Z. 10). Am Ende charakterisiert er es als Schwäche, die Dinge so hin- und herwenden und bedenken zu müssen. Bewusstheit macht zögerlich, feige und vorsichtig und nimmt dem zu tatkräftigem Handeln Berufenen den Wind aus den Segeln. Hamlet verachtet und verspottet sich selbst dafür, kein gradliniger Held und Tatmensch, sondern ein **melancholischer Grübler** zu sein.

2. **Mortimer**

Maria Stuart, die schottische Königin, ist in Friedrich Schillers gleichnamiger Tragödie die Gefangene der Königin Elisabeth von England. **Mortimer** ist der zwanzigjährige Neffe des Ritters Paulet, der Maria in ihrem Gefängnis bewacht. Er müsste also ebenso wie sein Onkel ein treuer Parteigänger der protestantischen Elisabeth sein. Aber während langer Studienaufenthalte in Frankreich und Italien hat er die Welt des Katholizismus und hohe katholische Würdenträger kennengelernt, die die Sache der katholischen Maria unterstützen. Er ist ihr Schüler geworden und hat sich ihnen angeschlossen, ist in Rom **katholisch geworden** und kommt mit der festen Überzeugung nach London zurück, dass Maria die rechtmäßige Anwärterin auf Englands Thron ist. Er überbringt ihr einen Brief des Bischofs von Lothringen, gibt sich ihr als Freund zu erkennen und gewinnt ihr Vertrauen. Er bewundert sie, aber während der ersten Begegnung mit ihr verliebt er sich auch. Er fühlt sich **vom Himmel berufen**, sie aus ihrem Kerker zu befreien.

Hamlet und Mortimer sind junge, studierte Männer von Stand. Beide kommen aus dem Ausland zurück in ihre Heimat und an den Königshof. Und wie Hamlet befindet sich auch Mortimer dort in einer prekären Situation. Hamlet müsste den Vater rächen, Mortimer möchte Maria befreien; aber die Macht liegt jeweils in der Hand der Gegner. Hamlet zögert zu handeln. Mortimer drängt auf Entscheidung und weiß, dass man nicht länger zögern oder „säumen" (I.6) dürfe, denn Marias Todesurteil ist bereits gefällt, Elisabeth scheut sich nur noch, es zu unterschreiben. Hamlet zweifelt an der Glaubwürdigkeit des ihm erschienenen Geistes. Mortimer ist sich seiner hohen Sendung sicher. Er ist von keines „Gedankens Blässe angekränkelt" (Z. 30), sondern – Hamlet genau entgegengesetzt – **ein zum Handeln drängender, furchtloser und zielstrebiger Held**. Die **Befreiungstat** ist vorbereitet. Er hat eine Schar von Verschwörern um sich gesammelt, die im Schutz der französischen Gesandtschaft die Einzelheiten des Coups beraten haben. Aber Maria kann sich über den Plan zu einer gewaltsamen Befreiung nicht freuen. Eindringlich rät sie Mortimer ab, sein Leben und das seiner Gefährten aufs Spiel zu setzen, denn sie würden entdeckt wie andere vor ihnen, sie alle würden geköpft und ihre Häupter öffentlich aufgespießt. Aber Mortimer erklärt, dass ihn die Gefahr nicht schrecken könne, denn **Ruhm und Glück** sei der Lohn all derer, die für Maria gestorben seien und vielleicht auch jetzt stürben (I.6). Anders als Hamlet ängstigt der Tod ihn nicht. Als er am Ende stirbt, ist er sich gewiss, in den christlichen Himmel aufgenommen zu werden. Hamlet weiß, dass die Tragödie („Schleuder und Pfeil des wütenden Geschicks", Z. 3) schon begonnen hat. Mortimer will nicht sehen, dass sein hitziger **Tatendrang** einen guten Ausgang nicht erhoffen lässt. Er ist ein **Heißsporn** und **Schwärmer**. Maria schickt ihn zu ihrem besonneneren Freund, dem Grafen Leicester.

Da die Mächtigen intrigieren, täuschen, heucheln und sich verstellen, verstellen sich auch Hamlet und Mortimer im Umgang mit ihnen. Hamlet wird vortäuschen, wahnsinnig geworden zu sein, um die Verhältnisse bei Hofe und den Wahrheitsgehalt dessen zu ergründen, was der Geist ihm gesagt hat. Er handelt, wie er als Sohn handeln muss. Er will für sich nichts gewinnen als die Wahrheit und wird alles, allem voran die Geliebte, dafür aufopfern und verlieren. Mortimer *muss* nicht handeln, aber er will es. Freiwillig und aus **Enthusiasmus** für Maria hat er sich selber sein Ziel gesteckt. Als er Königin Elisabeth seine Aufwartung macht, bietet er sich ihr verwegen und verschlagen als Meuchelmörder ihrer Feindin an, um jeden möglichen Verdacht von sich abzuwenden und um auszuschließen, dass sie einen anderen, einen willigen Mörder, dingen könnte. Er verachtet Elisabeths Ränke und täuscht sie, um Maria besser dienen zu können. Aber ihn treibt auch maßlose, **eitle Ruhmsucht:** „Ich selber kann sie retten, ich allein, / Gefahr und Ruhm und auch der Preis sei mein!" (II.6)

Wie Maria urteilt auch Leicester, dass eine gewaltsame Entführung zu gefährlich sei. (Er setzt darauf, dass eine Begegnung der Königinnen Elisabeth vielleicht gnädig stimmen würde.) Die beiden Männer geraten in einen harten Schlagabtausch. Offen wirft Leicester dem jüngeren vor, dass er **zu rasch** sei. Sein Mut sei **Tollkühnheit und Raserei** (II.8). Ähnlich wie Hamlet versucht Leicester, sein Ziel mit Klugheit und List zu erreichen, während Mortimer auf **die kühne Tat**, den **Handstreich**, setzt. Hamlet hatte sich der Feigheit bezichtigt (vgl. Z. 28). Als Feigheit schmäht Mortimer Leicesters Vorsicht.

Das Treffen der Königinnen missglückt. Mortimer hat Maria aber in ihrem Zorn gesehen und ist dadurch vollends in **Leidenschaft** zu ihr entflammt. Es stachelt seine Eifersucht an, wenn Maria nach Leicester fragt. Schließlich vergisst er alle ritterliche Haltung und fällt sie an wie ein Tier. Sie soll vor ihm zittern. Er will sie besitzen. Mortimer ist kein Mann, auf den Verlass wäre. Maria muss ihre Amme rufen, um vor diesem blindwütigen Erretter beschützt zu werden (III.6).

Hamlet ist reflektiert, Mortimer ist **naiv**. Sein kindisches Ideal ist der Held, der die schöne Prinzessin, koste es, was es wolle, aus der Höhle des Drachen befreit. Er ist der **Typus des** jünglingshaften Kriegers und **Eroberers**, dem die befreite **Frau** nach der Tat **als Beute** zufallen muss. Lächerlicherweise will Mortimer den Lohn schon vor dem Sieg. In seine Bereitschaft zum Handeln spielt die egoistische Verlockung hinein, sich einen Namen zu machen; Bewunderung und Liebeswahn feuern ihn an und auch sein schwärmerischer Katholizismus, der hysterische und **fanatische Züge** trägt. Hamlet hat keine Ideologie und folglich auch keinen Halt in irgendeiner Glaubensgewissheit. Er ist ganz auf sich selbst angewiesen und damit ein unglaublich früher moderner Mensch. Er weiß, dass er nichts weiß, darum muss er nachdenken. Mortimer aber fühlt sich über Zweifel erhaben, weil er glaubt.

Aber als der kluge Leicester sich am Ende nur aus der Schlinge ziehen kann, indem er Mortimer gefangen nehmen lässt, verrät dieser ihn nicht, sondern hat die stolze Größe, sich selbst zu erdolchen (IV.4). Es ist seine edelste Tat. Im Taktiker Leicester und im **Draufgänger** Mortimer hat Schiller zwei Handlungsweisen antipodisch einander gegenübergestellt, die beide ihr Ziel, die Errettung der Protagonistin, verfehlen. Schillers Maria kann sich nur selber retten, indem sie sich für den **Weg des Erduldens** (vgl. Hamlet, Z. 2) entscheidet. Sie nimmt ihr Schicksal auf sich und wird zur innerlich freien, erhabenen und schönen Seele.

Oliver Zurek
Hamlet ist ein Zauderer, Mortimer ein Draufgänger. Der junge Oliver Zurek in Christoph Heins Roman *In seiner frühen Kindheit ein Garten* ist weder das eine noch das andere. Er hat keine ganz scharfen Umrisse und will weder dulden noch eigentlich handeln. Er **gerät** in linke, dann in linksextreme und schließlich in linksextremistische Kreise, ohne deren Radikalisierung und Kriminalisierung intellektuell oder moralisch eigentlich gewollt zu haben. Irgendwann sei es zum Aussteigen zu spät gewesen, erläutert später seine Gefährtin Katharina Blumen-

schläger. Hein zeigt Oliver als **Opfer der politischen Umstände** der Bundesrepublik der 1970er-Jahre, da er ohne eigenen Entschluss allmählich zum Terroristen wird. Dass er ohne eigenen inneren Wunsch und Antrieb dennoch ein Täter und ein Schuldiger wird, rückt ihn an Hamlets Seite. Da er aber noch sehr idealistisch, sehr jung und sehr beeinflussbar ist, geschieht es ihm eher wie Mortimer, dass er **in Denkstrukturen** oder in eine Ideologie **hineingezogen** wird, die er für die richtige und wahre hält, und von ihr vereinnahmt wird. Das Erzähler-Ich, Olivers Vater, ist davon überzeugt, dass der Sohn vom Staatsschutz **zum Terroristen gemacht** wurde. Oliver ist tot, wir hören von ihm nur aus dem Rückblick. Zwei Schlüsselerlebnisse sollen seinen Weg bestimmt haben. Als Junge mit feinem Rechtsempfinden und großer Wahrheitsliebe wurde er mit achtzehn Zeuge eines brutalen Polizeieinsatzes gegen Demonstranten, die den Vietnamkrieg als Unrecht anprangerten. Seitdem waren Polizisten für ihn Faschisten. Das sei der Anfang gewesen. Fortan zog es ihn zu linken Freunden, zu Marxisten und Utopisten, die wie er das **Unrecht nicht hinnehmen** und eine gerechte, bessere Welt ohne Gewalt schaffen wollten. Er habe wie Hamlet an der „Mächtigen Druck" (Z. 16) und der fragwürdigen Rechtspraxis gelitten, sei aber (wie Hamlet) ein eigentlich in sich gekehrter, nachdenklicher **Träumer** gewesen. Als die Szene in die Illegalität und den Untergrund abgedriftet ist, wird Oliver eines Tages unter dem Verdacht des illegalen Waffentransports festgenommen. Der Verdacht erweist sich als haltlos. Oliver ist unschuldig. Aber dass man ihn auf den bloßen Tatverdacht hin ein halbes Jahr lang in Isolierhaft festhielt und ihn auf diese Weise **zum Terroristen abstempelte**, habe ihn zum Terroristen und Staatsfeind gemacht.

Oliver Zurek wollte das Unrecht der Staatsmacht, das er erst nur wahrnahm und dann am eigenen Leibe erfuhr, **nicht erdulden**, nicht „aushalten" (*Hamlet*, Z. 2); er hat aber auch nicht das klassische Helden- oder Täterprofil. Hein zeigt den merkwürdigen Fall eines an sich passiv zum Täter gewordenen Menschen. Interessant ist der Brief eines Bischofs in Olivers Nachlass (Ende des 5. Kapitels). Im Geist der lutherschen Philosophie und in Anbetracht der Gebrechlichkeit der Welt legt er dem jungen Mann nahe, seinen Frieden mit dem Staat zu machen. Ihm sei Unrecht geschehen, aber er solle umkehren und die Rechtsmittel ausschöpfen. Wenn ihm aber der Rechtsstaat nicht Gerechtigkeit zuteilwerden lasse, so sei es für ihn und seine Zukunft dennoch besser, erlittenes Unrecht zu erdulden, als es mit Gewalt und neuem Unrecht zu vergelten. Oliver Zurek war für den Rat eines Weisen wohl zu jung und zu unbedingt in seinem Denken. Aber seine Gefährtin kommt zu einem ähnlichen Schluss wie der Bischof (Ende des 16. Kapitels): Sie schreibt, dass „das Ungeheuer" nicht sie gewesen seien. Sie hätten nur versucht, das Ungeheuerliche nicht hinzunehmen. Das aber sei ihr Fehler gewesen und „die eigentliche Schuld", die sie auf sich geladen hätten.
Der Handelnde, folgt daraus, wird zwangsläufig schuldig.

3. *Faust I* von Johann Wolfgang von Goethe beginnt mit einem mächtigen **Stoßseufzer:** „Habe nun, ach! […].“ (V. 354) Und bald nach dem „Ach!“ entringt sich ein „Weh!“ der gequälten Brust (V. 398). Der vielfache Doktor und angesehene Gelehrte Johannes **Faust** scheint ein rechter **Schmerzensmann und Dulder** zu sein. Er ist nicht untätig gewesen an seinem Schreibpult. Er hat alles studiert und durchgearbeitet, was ihm zugänglich wurde; aber es macht ihn nicht froh. Er fühlt sich eingekerkert, bang und krank und würde gern draußen im Freien im Mondlicht und im Tau der Nacht „gesund“ sich „baden“ (V. 397). Faust leidet viel und wird noch viele Male „Ach!“ sagen. Aber ‚leiden‘ und ‚dulden‘ oder ‚erdulden‘ sind nicht ganz synonym. Leiden *widerfährt* einem Menschen. Zum Dulden kann man ebenfalls gezwungen sein, aber man kann sich zu ihm auch entschließen, indem man bewusst auf Kampf verzichtet. Angesichts der Alternative „Handeln oder nicht handeln? Kämpfen oder dulden?“ zögert Hamlet und erwägt das Dulden als die klügere Lebensvariante. Aber Faust ist **kein Hamlet:** Er entscheidet sich für das Handeln und **die Tat**. Er hat auch das Gelehrtendasein nicht als wütendes Geschick (*Hamlet*, Z. 3) ertragen, sondern es sich aus freien Stücken gewählt. Nun ist er dessen überdrüssig und spornt sich zu neuer Tat und Lebensphase an: „Flieh! Auf! Hinaus ins weite Land!“ (V. 418) Bis Faust aber ganz in der Natur und im konkreten Leben ankommt, erlebt er noch **viele Auf- und Zusammenbrüche**. Vor allem dieser Faust der Gelehrtentragödie beeindruckt mich. In seinem Verlangen nach umfassender Erkenntnis experimentiert er mit allem, was ihm aufschlussreich und bereichernd zu sein verspricht. Er ist furchtlos und kühn (er fürchtet sich „weder vor Hölle noch Teufel“, V. 369) und wird sich mit Mephisto verbünden. Er beschwört die Zeichen des Nostradamus und zitiert den Geist der Erde herbei. Aber er ist am Boden zerschmettert, denn der Geist stößt ihn zurück „[i]ns ungewisse Menschenlos“ (V. 629). Hier, in diesem Augenblick der Verzweiflung, fragt er – interpunktiert von einem weiteren schweren „Ach!“ – so ähnlich wie Hamlet und findet, dass es letztlich ganz einerlei sei, ob man nun handle oder dulde:

„Wer lehret mich? was soll ich meiden?
Soll ich gehorchen jenem Drang?
Ach! **unsre Taten** selbst, so gut als **unsre Leiden**,
Sie hemmen unsres Lebens Gang.“ (V. 630 ff.)

Faust ist weder ein strahlender Held noch ein feinsinniger Träumer. Er ist **ein Scheiternder**. Aber er **beeindruckt** in seiner leidenschaftlichen Unruhe und der Eigenschaft, sich seiner Begrenztheit bewusst zu sein und dennoch eine ihn (uns) übersteigende Vorstellung von vollkommenem Glück, von Allseligkeit und Allerkenntnis nicht zu unterdrücken. Er ist ein Sich-Sehnender. So strebt er das Höchste an, geht durch Abgründe und schwingt sich dennoch und in fast existenzialistischem **Trotzdem** wieder auf zum Licht. Er ist ein Handelnder, voll von der Vitalität und Dynamik des Sturm und Drangs. Und gleichzeitig ist er **ein Grübler**, der in seiner Ungenügsamkeit, Neugierde und Rastlosigkeit immer wieder innehält, über das Los des Menschen nachdenkt und zu tiefen Einsichten gelangt.

Im Vergleich mit Hamlet und angesichts des Themas „Handeln oder nicht handeln? Kämpfen oder dulden?" beeindruckt mich besonders die „**Selbstmord-Szene**" (V. 690–736): Hamlet wünscht sich Schlaf und Tod, um aller Pein enthoben zu sein. Aber er fürchtet sich wie – so denkt er – fast alle anderen Menschen auch vor dem „unentdeckten Land" hinter dem Tod, von dem kein Reisender je zurückgekehrt sei. Faust sucht ebenso die Erlösung vom Schmerz des Lebens (vgl. V. 696). Und wie Hamlet ist auch er sich dessen bewusst, dass „die Pforte", der „Durchgang" vom Leben in den Tod, beängstigend ist und von menschlicher Fantasie fürchterlich als Hölle ausgemalt (vgl. V. 720 ff.). Aber er strafft sich **entschlossen**, um „durch Taten zu beweisen, / Dass Manneswürde nicht der Götterhöhe weicht." (V. 712 f.) Er flieht nicht, sondern fordert das Geschick heraus. Er geht das Risiko ein, dabei vielleicht „ins Nichts dahin zu fließen" (V. 719). Beeindruckend ist, dass Faust den Freitod nicht als Kapitulation versteht, sondern als positiven Akt menschlicher Würde und Willens- und Entscheidungsfreiheit. Aber Faust tut den letzten Schritt nicht nur heroisch, sondern auch festlich und heiter. Er preist die Phiole mit dem Gift, zelebriert den Vorgang, denkt an frohe Feste zurück, verflucht das Leben nicht, nennt die Erdensonne, von der er Abschied nimmt, ohne Bitterkeit „hold" und ist erfüllt von der Vision, „[z]u neuen Ufern" (V. 701) und „Sphären reiner Tätigkeit" (V. 705) aufzubrechen. Auch im Entschluss zum Tod bezeugt sich also sein Bestreben nach grenzüberschreitender Lebenserfahrung. Das ist einfach nur gigantisch: groß gedacht und herrlich geschrieben.

Bewertung und Beurteilung

– „**Gut**" **(11 Punkte)** ist die Arbeit, die Hamlets Monolog trotz seiner sprachlichen Komprimiertheit und versbedingt ungewöhnlichen Satzstellung klar verstanden und in eigene Worte übertragen hat. Es soll zum Ausdruck gebracht sein, dass die Frage des Handelns mit der nach Leben oder Tod verknüpft ist, dass Hamlet den Freitod erwägt und am Ende ein scharfes Urteil über sich und alle Nachdenklichen fällt. Die Gestalt des jungen Mortimer in *Maria Stuart* muss textkundig und in ihrer Ambivalenz differenziert vergegenwärtigt und in Bezug zur Leitfrage des Themas selbstständig durchdacht sein. Es muss zum Ausdruck kommen, dass trotz mancher Ähnlichkeiten in der äußeren Situation Mortimer, der Tatmensch, ein völliges Gegenbild Hamlets ist. Ist in Aufgabe 2 Oliver Zurek behandelt, so sollte erwogen sein, welche Züge ihn trotz seiner terroristischen Karriere Hamlet vergleichbar machen. Obwohl es für das Thema an sich notwendig wäre, kann man im gegebenen Arbeitsrahmen nicht erwarten, dass die beiden Stimmen des Romans einbezogen sind, die für das Erdulden sprechen (Katharina und der Bischof). Die Lösung der Aufgabe 3 muss stichhaltige Argumente und einen kleinen geschlossenen Gedankengang bieten. Statt, wie in Aufgabe 2, ausschließlich vergleichend zu arbeiten, muss jetzt der Schritt zum persönlichen Urteilen vollzogen sein.

- „**Ausreichend**“ **(5 Punkte)** ist die Arbeit, in der insgesamt verstanden ist, dass und warum Hamlet sich in seinem Entscheidungsmonolog nicht entscheiden kann. Einige der Bilder und Umschreibungen des Monologs („in Waffen gegen eine See von Plagen“, „den Schlusspunkt setzen“, „des Gedankens Blässe“) müssen zutreffend erschlossen und in eine eigene sprachliche Fassung gebracht sein. In der Beschäftigung mit Mortimer oder Oliver Zurek darf sich die Inhaltsrekonstruktion nicht verselbstständigen: Der vergleichende Aspekt muss dominieren, der Vergleich muss ansatzweise differenziert durchgeführt und mit einigen wesentlichen Ergebnissen abgeschlossen sein. Solide Lektürekenntnisse müssen der Arbeit zugrunde liegen. In Aufgabe 3 muss – textgestützt und themenbezogen – eine insgesamt überzeugende persönliche Würdigung einer literarischen Figur gelungen sein. Entscheidend ist dabei die Argumentation in eigener Sache.

Abiturprüfung Hessen 2012 – Deutsch Grundkurs
Vorschlag C

Realitätsverlust

Erlaubte Hilfsmittel:
1. ein Wörterbuch zur deutschen Rechtschreibung
2. eine Liste der fachspezifischen Operatoren
3. Goethe, *Faust I*
4. Büchner, *Woyzeck*

Aufgaben:

1. Geben Sie den Inhalt von Paulo Mouras Prosatext *Der virtuelle Seitensprung* wieder und analysieren Sie diesen im Hinblick auf Malones Wirklichkeitsauffassung. (Material) (35 BE)
2. Untersuchen Sie, inwiefern die Vorstellungen und Handlungsweisen der Figuren Woyzeck aus Büchners *Woyzeck* und Faust aus Goethes *Faust I* Elemente von Realitätsverlust aufweisen. (40 BE)
3. Erörtern Sie, inwiefern virtuelle Welten Möglichkeiten und Gefahren für den heutigen Menschen darstellen können. (25 BE)

Material
Paulo Moura: Der virtuelle Seitensprung (1995)

Als die Polizei – alarmiert von ihrem PC-Abhörnetz – in der Altbauwohnung auf dem Hollywood Boulevard ankam, war es zu spät. Ein Körper in einem Cyberspace-Anzug lag bewegungslos über der Tastatur der jüngsten Generation eines Macintosh Quadra. Tot.

John Malone lebte seit zehn Jahren in New York, aber seit fünf Jahren hatte er seine Dachwohnung in der Spring Street mitten in Soho[1] nicht mehr verlassen. Sein Essen und alles, was er sonst benötigte, bestellte er über America On Line (AOL), das öffentliche Computernetz, dessen Mitglied er war – wie 100 Millionen weitere Amerikaner. Sein Bildschirmname war R. U. Sirius. Über sein Modem verschickte er jeden Tag die Marktanalysen, die er für seine Firma mit Sitz in Memphis, Tennessee, erstellte.

Alle Kontakte, die er beruflich oder privat herstellen mußte, spielten sich auf dem riesigen hochauflösenden Bildschirm ab, der an seinen IBM angeschlossen war. Der Computer hatte es ihm ermöglicht, einen über den ganzen Kontinent verteilten

Freundeskreis aufzubauen. So hatte er es schon lange nicht mehr nötig, die Bars und Cafés im Cyberspace aufzusuchen.

Vor ungefähr einem Jahr hatte John Malone Candi 2000 kennengelernt – bei einem Fest in einer der virtuellen Begegnungsstätten für Singles der AOL. Candi war 20 Jahre alt, hatte grüne Augen und blondes Haar, aber was John mehr anzog als alles andere, war[en] die Sinnlichkeit und Ungezwungenheit, die allen Frauen in der ‚Stadt der Engel'[2] eigen waren. Es war offenkundig, daß Candi Los Angeles kaum kannte, ebensowenig wie John sich an New York erinnerte, doch das war unwichtig, denn im Cyberspace sind Städte keine Städte: Sie sind Ideen.

Candi 2000 erinnerte John an Frauen, die er in Kalifornien gesehen hatte, bevor er endgültig in die virtuelle Welt eingetreten war. An diese Zeit erinnerte er sich nur noch wie an einen Traum. Zuweilen kamen ihm flüchtige Bilder in den Sinn [...]. Candi ist nichts weiter als ein wunderschönes Bild auf dem Computerbildschirm, erschaffen von Candi selbst. John schuf ebenfalls ein Bild seines Körpers, das bei Candi zu Hause auf dem Bildschirm erschien.

Sie redeten ganze Nächte lang, widmeten einander Lieder, die sie aus dem Verzeichnis der digitalen Aufnahmen des AOL-Servers auswählten und über ihre in den Computer integrierten Stereoanlagen hörten.

Doch sie redeten nicht nur. Manchmal zogen sie Cyberspace-Anzüge mit elektrischen Stimulatoren an den erogenen Zonen an. Wenn der Partner auf der anderen Seite des Kontinents den Cursor auf dem Bildschirm zu einem dieser Punkte bewegte und ihn anklickte, spürte der andere eine Liebkosung.

John verliebte sich immer heftiger in Candi, doch im selben Maß wie seine Leidenschaft wuchs auch sein Mißtrauen. In der virtuellen Welt, auf der Datenautobahn, so schien es John, war der Wert der Treue wichtiger denn je. Und da verschiedene Indizien seinen Verdacht nährten, daß seine Geliebte Beziehungen zu anderen AOL-Mitgliedern unterhielt, beschloß er, der Sache auf die Spur zu kommen.

Er schuf einen zweiten Bildschirmnamen, D. Juan 007, mit dem er versuchen wollte, Candi 2000 kennenzulernen und sie zu verführen. Für D. Juan 007 erfand er einen Körper, der zwar nicht schöner war als der von R. U. Sirius – denn das war seiner Ansicht nach unmöglich – der aber Candis Vorlieben mehr entsprach. Eines [N]achts schließlich schlief Candi 2000 virtuell mit D. Juan. John fühlte sich mit sich selbst betrogen. Er begann, Candi zu hassen und beschloß, sie zu töten. Über den Computer zog er die gesamte verfügbare Literatur über den virtuellen Liebesakt zu Rate.

Bei der nächsten Begegnung bat er Candi, ihren virtuellen Anzug anzulegen. Sie tat es, überzeugt, daß er das [G]leiche tun würde, doch darin täuschte sie sich: die sanften Elektroschocks, die sie leidenschaftlich aussandte, verloren sich nutzlos in Johns Anzug, der die ganze Zeit an seinem Haken hing.

In der Zwischenzeit betätigte R. U. Sirius sorgfältig die Klicks, die nötig waren, um Candi völlig verrückt zu machen. Klick, klick, klick. Candi kam zum Höhepunkt, einmal, zweimal, doch R. U. Sirius hörte nicht mehr auf, klick, klick, klick, kliiick ... bis zum bitteren Ende, bis Candi tot war, hingerichtet durch Elektroschocks.

Die Polizei in Los Angeles brachte den verbrannten Körper ins Leichenschauhaus. Unter dem Anzug, der ihn getötet hatte, fand man den Körper eines etwa

50jährigen Mannes. Da niemand aus der realen Welt kam, um ihn zu identifizieren, gaben die Behörde[n] eine Anzeige im AOL auf: Im Netz hatte der Mann den Bildschirmnamen Candi 2000 benutzt.

Aus: Paulo Moura: Die Liebschaften des John Malone. Der virtuelle Seitensprung, in: Süddeutsche Zeitung, Beilage Nr. 45 vom 23. 2. 1995
Die Rechtschreibung entspricht der Textvorlage. Tippfehler wurden bereinigt.

1 Soho: Stadtteil im New Yorker Bezirk Manhattan
2 Los Angeles (span.) bedeutet eigentlich „die Engel"

Hinweise und Tipps

Dreimal, bezogen auf drei literarische Figuren, haben Sie zu untersuchen, wie diese in der Wirklichkeit stehen oder die Wirklichkeit auffassen. Das entscheidende Stichwort wird Ihnen durch die Überschrift des Vorschlags an die Hand gegeben: Alle, Malone, der Held des Ihnen fremden Textes (Material), aber auch Woyzeck und Faust leiden nach Maßgabe des Themas an „Realitätsverlust" oder sie unterliegen ihm mehr oder weniger; herauszufinden ist nur, auf welche Weise und in welchem Umfang ihnen das jeweils widerfährt – und was man sich eigentlich unter dem Begriff „Realitätsverlust" vorzustellen hat. – Es ist nicht verlangt, dass Sie Mouras Kurzgeschichte interpretieren, etwas darin problematisieren oder ihre Machart beurteilen. Nach der – ordentlich einzuleitenden – Inhaltsangabe haben Sie lediglich den einen fraglichen Aspekt zu erforschen und möglichst klar darzustellen. Zu empfehlen ist, sich im Text die Vokabeln oder Begriffe zu markieren, die der Autor für Wirklichkeit bzw. Nichtwirklichkeit und ihre Wahrnehmung einsetzt. Vielleicht fällt Ihnen auf, wo bzw. inwiefern sich die Bereiche überschneiden. In Aufgabe 3 wird der Begriff der Virtualität aus dem Material neu ins Spiel gebracht. Es lohnt sich aber auch während der Erarbeitung von Aufgabe 2, darüber nachzudenken, dass der Gegensatz von „virtuell" streng genommen nicht „real", sondern „physisch vorhanden" ist. Die Wortfügung „virtual reality" ist nicht unsinnig!
Schließen Sie die Arbeit an Aufgabe 1 noch vor Ende der ersten Doppelstunde ab, damit Sie die ins Gewicht fallende Aufgabe 2 so umsichtig wie möglich erledigen können. Reservieren Sie sich 20 Minuten für Aufgabe 3. Sie werden keine Zeit finden, sich Stichworte oder einen Plan zu machen. Eine erhebliche Erleichterung ist es aber, dass alle Aufgaben, obgleich durch ein Thema verbunden, isoliert für sich stehen: Die Rückbindung von 2 an 1 ist nicht verlangt, und innerhalb der Aufgabe 2 muss auch nicht Fausts Wirklichkeitsverhältnis mit dem des Woyzeck verglichen oder sonst in Beziehung gesetzt werden. Wenn Sie dennoch Überleitungen oder Anknüpfungen formulieren, so hebt das die Qualität Ihrer Arbeit.

Lösungshinweise

1. In der Beilage der *Süddeutschen Zeitung* erschien im Februar 1995 *Der virtuelle Seitensprung,* die Kurzgeschichte eines gewissen Paulo Moura. Erzählt wird vom Leben in der digitalen Parallelwelt. Der US-amerikanische Marktanalyst John Malone hat seine Dachwohnung in Soho/Manhatten seit fünf Jahren nicht mehr verlassen. Seine täglichen Marktanalysen gehen über sein Modem direkt an seine Firma in Memphis, und was er privat zum Leben benötigt, bestellt er online (per AOL). Sein Leben und seine sozialen Beziehungen spielen sich am Computer und auf seinem sehr großen und hochwertigen Monitor ab. Für seine Freunde im Cyberspace hat er den Namen R. U. Sirius. Im Netz, bei einem virtuellen AOL-Treff für Singles, hat er Candi 2000 kennengelernt und sich in sie verliebt. Candis äußere Erscheinung und ihre ungezwungene Sinnlichkeit ziehen ihn an. Sie hat grüne Augen, blondes Haar und einen wunderschönen Körper. Er vermutet, dass sie in Los Angeles wohnt. Candi und er unterhalten sich ganze Nächte lang, hören gemeinsam Musik und stimulieren sich sexuell. Zum Zweck des Liebesspiels tragen sie Cyberspace-Anzüge. Sie sind mit elektrischen Kontakten zu ihren erogenen Zonen versehen, die der Partner mit dem Cursor aktiviert.

   Nach ungefähr einem Jahr des Glücks kommt Malone der Verdacht, dass seine Geliebte ihm vielleicht nicht treu ist. Er fragt sich, ob sie außer zu ihm vielleicht noch andere AOL-Kontakte unterhält. Treue, findet er, sei aber gerade in der virtuellen Welt unabdingbar und der höchste Wert. Malone nimmt sich vor, Candi auf die Probe zu stellen. Für den Bildschirm erfindet er sich einen anderen attraktiven Körper und einen zweiten Namen. Als D. Juan 007 surft er im Netz, sucht und findet Candi 2000 und freundet sich mit ihr an. Eines Nachts lässt Candi sich von D. Juan verführen. Malone sieht sich betrogen. Als er Candi als treulos überführt hat, schlägt seine Liebe zu ihr in Hass um. Er bereitet sich mit Fachliteratur aus dem Netz darauf vor, sie bei der nächsten Begegnung mit einer Überdosis an erotischen Elektroschocks zu töten. Als sie sich treffen, zieht Candi 2000 bereitwillig ihren Cyperspace-Anzug an, Malone aber bleibt ohne Anzug und treibt Candi per Mausklick erst in sexuelle Ekstasen, dann in den Wahnsinn und schließlich in den Tod.

   Die Kurzgeschichte hat einen Rahmen. Am Anfang erfährt man von einem Polizeieinsatz in Los Angeles. Das PC-Abhörnetz der Polizei hat die Einsatzkräfte alarmiert, aber sie kommen zur Rettung zu spät. In einer realen Straße und Wohnung finden sie, tot zusammengebrochen über der Tastatur seines Macintosh, einen realen Menschen im Cyberspace-Anzug. Das Ende enthüllt die Identität des Toten. Im Leichenschauhaus von Los Angeles öffnet man den Anzug und birgt den verbrannten Körper eines etwa 50-jährigen Mannes, der von niemandem in der realen Welt vermisst wird.

   Mouras Erzählung ist Satire, Science-Fiction und Horror-Story in einem. Der Held, John Malone, hat drei Identitäten, eine reale und zwei irreale. Die erste ist ihm zugefallen, die beiden anderen hat er sich erfunden oder erschaffen (der Erzähler verwendet beide Begriffe synonym: Z. 27f., 42, 43). Malone hat eine **bürgerliche Identität** mit einem realen Körper, mit realen Gefühlen, einer realen Adresse in New York und einem Pass, der auf seinen Namen lautet. Aber diese **Wirklichkeit** interessiert ihn (anscheinend) nicht mehr. Seit fünf Jahren hat er sich für ein **Leben in der virtuellen Welt** des Netzes entschieden. Er ist „endgültig" in sie „eingetreten" (Z. 25). Im Netz surft, kommuniziert, liebt und lebt er als R. U. Sirius. Der Sirius ist, nebenbei, der hellste Stern unseres Nachthimmels. Sein Licht ist von kaltem Weiß. Malone steigt also aus seiner realen Existenz aus, um virtuell etwas Großartiges, unerreichbar Fernes und Strahlendes zu sein. Entsprechend bewegt er sich im digitalen Raum auch in einem vollkommenen Körper, einer Kreation, die seinen wirklichen Körper an Perfektion übertrifft. Für seine zweite virtuelle Existenz modelt er sich einen ebenfalls idealen Körper und gibt dieser Erscheinung den Namen des unwiderstehlichsten Liebhabers und Verführers der europäischen Geschichte: Don (D.) Juan. Der Name ist also Programm.

Malone weiß, dass die virtuelle Welt, für die er sich entschieden hat, keinen Wirklichkeitsgehalt im physischen Sinne hat. Sie besteht aus binomischen **Zeichen**, Daten und Impulsen. Er lebt also in einer Welt des Scheins. Die Städte im Netz „sind keine Städte", sagt er sich, „[s]ie sind **Ideen**" (Z. 23). Auch das Geschöpf, das er unter dem Kunstnamen Candi 2000 liebt, ist „nichts weiter als ein wunderschönes **Bild** auf dem Computerbildschirm" (Z. 27). Und er selbst erschafft sich auch nicht eigentlich einen anderen Körper, sondern *das Bild* eines Körpers. Die Beziehung zwischen Candi und Sirius oder D. Juan ist eine Phantombeziehung, und ihre Liebkosungen sind digital gesteuerte elektrische Reize, die sich mit Vorstellungen verbinden. **Malone kann** also genau **zwischen Realität und Virtualität unterscheiden**, so scheint es.

Aber an dem Punkt fängt es an, interessant zu werden. *Alles* wird zur Idee, zum Traum oder zum Bild, das sich nirgendwo sonst als **im Bewusstsein** abspielt und speichert. Denn auch die wirkliche Welt verblasst für Malone, seit er der virtuellen den Vorzug gegeben hat, zur vagen Erinnerung, also zum Bewusstseinsinhalt, dessen konkretes Äquivalent (dessen Entsprechung) er mit seinen Sinnen nicht mehr physisch erfährt oder überprüft. Auch **Erinnerung ist virtuell**. Sie bewahrt **Abbilder** von etwas. Malone war einmal in Kalifornien und hat dort schöne Frauen gesehen, an die Candi ihn erinnert. Aber er erinnert sich an die wirklichen, einst körperlich vorhandenen Frauen „wie an einen Traum" (Z. 26). Nicht die Wirklichkeit, sondern „flüchtige Bilder" von einmal wirklich Gewesenem kommen ihm „in den Sinn" (ebd.). Auch das Hirn sendet, wie der PC, nichts als Impulse. – Die Wertigkeiten von realer Welt und virtueller Welt scheinen sich für Malone aber umzukehren. Von der Wirklichkeit bleibt nichts anderes übrig als einige schattenhafte Erinnerungsspuren, während von der Scheinwelt der Bilder auf dem Monitor lebendige Wirkungen ausgehen. Doch dieser Eindruck enthält einen Trugschluss. Das Paradox besteht darin, dass R. U. Sirius virtuell mit Candi 2000 verkehrt, aber Freude und Bereicherung, Sehnsucht und Befriedigung, Eifersucht und Misstrauen empfindet nicht Sirius, sondern Malone. Die virtuellen Reize werden zu Gefühlen, die ein wirklicher Mensch hat. Es trifft nicht R. U. Sirius, wenn das Phantom Candi Sirius betrügt, sondern **Malone**. Er **bleibt das physisch reale Subjekt hinter seinen Masken**.

Verwirrend bis zur Bewusstseinsspaltung wird es, wenn die zweite Fiktion Malones, D. Juan, seine erste Fiktion, R. U. Sirius, bei Candi aussticht und Malone „sich mit sich selbst betrogen“ fühlen muss (Z. 46f.). Da Malone am Computer in den egozentrischen Projektionsraum seines eigenen Bewusstseins und seiner Entwürfe eingeschlossen bleibt, kommt es zur gruseligen Pointe, dass er als R. U. Sirius im Hass auf die untreue Bildschirmschöne den wirklichen Menschen hinter dem virtuellen Bild tötet (‚hinrichtet‘, Z. 57). Die Pointe der Pointe oder die ironische Potenzierung der Selbsttäuschungen: Hinter der Schönen verbarg sich ein Mann. Malone hat Candi und sich getäuscht und ist der durch Candis Schöpfer seinerseits Getäuschte. Angesichts des tatsächlich letalen Ausgangs der virtuellen Liebesgeschichte irritiert das eher leichtgewichtige Wort „Seitensprung“ im Titel.

Paulo Moura zeigt mit seiner etwas unappetitlichen Geschichte, dass die virtuelle Welt eine Welt der multiplen Täuschungen, des Selbstbetrugs und des gegenseitigen Betrugs der korrespondierenden Mitglieder dieser Community ist oder sein kann. Solange Malone weiß, dass er sich gegen die Wirklichkeit für eine Scheinwelt der virtuellen Bilder entschieden hat, erleidet er nicht eigentlich einen Realitätsverlust, sondern begeht bewusst **Wirklichkeitsflucht:** Er steigt aus und um. Er macht sich zum zweiten Schöpfer, der die primäre Schöpfung, sein naturgegebenes Dasein, selbstherrlich korrigiert, und sucht im Netz ein überhöhtes, aufregenderes Ersatzleben. Da aber durch die merkwürdigen Cyberspace-Anzüge die wirklichen Körper und Menschen, die hinter ihrem virtuellen Bild stehen, physisch manipuliert werden, müsste Malone wissen, dass sein Rache-Finale nicht Candi, sondern einen wirklichen Menschen umbringt. Entweder ist hier ein Denkfehler in Mouras Konstruktion, oder Malone hat – blind vor Hass – plötzlich seine eben noch wohlreflektierte Unterscheidungsfähigkeit verloren. Das wäre dann in der Tat ein **Realitätsverlust**, der die strafbare Handlung der vorsätzlichen Tötung eines Menschen am Ende noch abmilderte.

2. **Woyzeck**

Es sträubt sich etwas dagegen, einer literarischen Figur, die trotz ihrer rollenbedingten Unbeholfenheit auch Gedanken und Empfinden ihres Dichters zum Ausdruck bringt, definitiv Realitätsverlust zu bescheinigen wie in einem psychiatrischen Gutachten. Dichtung selbst ist eine Art Realitätsverlust und Schritt in eine fiktive Welt mit der Möglichkeit, die wirkliche zu deuten. Dichtung ist *virtual reality.* (1995, im gleichen Jahr, in dem Mouras Geschichte erschien, nannte Hans Magnus Enzensberger die Dichtung so in seinem Gedicht *Altes Medium.*)

Franz Woyzeck, der Held in Georg Büchners szenischem Fragment *Woyzeck,* ist ein grüblerischer, von Ahnungen und Gedanken geplagter junger Mann der Unterschicht, den die Untreue seiner geliebten Marie in den Wahn und zu ihrer Ermordung treibt. Er hat auf der Welt sonst nichts als sie und seinen kleinen Sohn. Für diese beiden tut er, was er kann. Er ist Rekrut, sein Sold ist gering. So ist es durchaus sein **Realitätssinn**, der ihn Nebentätigkeiten annehmen lässt, um Marie zusätzliches Geld bringen und sie einmal zur Kirmes ausführen zu können.

Büchner lässt in der Schwebe, ob Woyzeck anfangs, als Marie ihn noch nicht betrogen hat, halluziniert oder einen Sinn mehr hat als andere Leute. Woyzeck **erlebt die Welt nicht als sicheren Ort**, sondern meint, eine ‚doppelte Natur' und Welt hinter der Welt wahrzunehmen. Als er mit dem Kameraden Andres draußen ist, um Stecken zu schneiden, meint er etwas hinter sich und unter sich gehen zu hören, sieht am Himmel so etwas wie das Feuer des Jüngsten Gerichts aufziehen, horcht wieder und findet „[a]lles hohl da unten. [...] so kurios still. [...] Still. Alles still, als wär die Welt tot." (Szene 1 der Reclam-Ausgabe von 2005) Was Woyzeck hier empfindet, ist auch ein Kunstgriff Büchners, in poetischen Bildern auf das blutige Ende vorauszuweisen. Andres ängstigt sich, Marie fürchtet, ihr Franz werde noch ‚überschnappen' mit seinen Gedanken (Szene 2), und als er dem Doktor etwas von dem mitzuteilen versucht, womit er innerlich nicht fertig wird, erntet er statt Rat und Hilfe blanken Hohn (Szene 8): Er philosophiere wieder, verspottet ihn der Doktor und erklärt Woyzecks Geschichte zur **fixen Idee**, zu einem Anfall von **Realitätsverlust** also. Aber man sollte eher Büchners Urteil als dem des Doktors folgen. Vorstellungen davon, dass die Wirklichkeit nicht so platterdings einfach ist, wie manche meinen, dass das Rätsel des Daseins unter der Oberfläche liege und unter der dünnen Kruste des Erdbodens vielleicht das blanke Nichts klaffe, durchziehen auch die anderen Werke Büchners (das Drama *Dantons Tod* und die Erzählung *Lenz*). Und das von Büchner dem *Woyzeck* eingefügte „**Großmuttermärchen**" würde wohl niemand als ein Zeugnis von Realitätsverlust deuten. Für das „arm Kind" in dieser traurigen Parabel ist alles auf der Erde und im Himmel tot und leer (Szene 19). In dessen **Gottverlassenheit** spiegelt sich die Gottverlassenheit des armen Woyzeck. Ahnungen des Nichts streifen den schlichten Rekruten ebenso wie Büchner selbst. Und **Woyzeck philosophiert wirklich**. Den Hauptmann macht er „ganz konfus" mit seinen Überlegungen zur Abhängigkeit von Tugend und Moral vom gesellschaftlichen Status; es sind scharfsinnige, **keineswegs realitätsblinde** Überlegungen (Szene 5). Er hat Zweifel an der Gerechtigkeit Gottes (ebd.), stellt sich die Hölle – ziemlich avantgardistisch – nicht heiß, sondern kalt, das heißt leer von Liebe und Sinn vor und grübelt über die Spanne zwischen Ja und Nein nach und darüber, was ein Mensch einem anderen anzutun in der Lage sei (Szene 9). Als er so spricht, haben Doktor und Hauptmann ihm gegenüber gerade angedeutet, dass Marie ihn mit einem Nebenbuhler betrüge. Woyzeck ist ganz außer sich und so verzweifelt, dass er daran denkt, sich aufzuhängen. Aber was ihn peinigt und schließlich in den Wahn treibt, ist eben keine fixe Idee, sondern **die fatale Realität** selbst. Der Verlust Maries macht Franz Woyzeck **krank**; es setzt so etwas wie eine **Ich-Störung** und **Psychose** ein. Sein Kamerad empfindet richtig, dass er ins Lazarett gehörte (Szene 18). In einer Art Persönlichkeitsspaltung hört Woyzeck Stimmen, die ihm einreden, Marie töten zu müssen. Er handelt zwanghaft, als Getriebener, erwirbt ein Messer, führt Marie vor die Stadt und ersticht sie. **Wahnsinnig** und mit Blut an Hand und Arm kehrt er im Wirtshaus ein und wird der Tat überführt. Unbestreitbar also ist Woyzeck am Ende nicht mehr mit sich und seiner Umgebung in Einklang. Die Welt hat einen Riss, der nun auch mitten durch ihn hindurchgeht. Dennoch muss man sich gut überlegen, ob man dieses Leben und sein Ende **tragisch** nennen oder unter dem Stichwort „Realitätsverlust" abbuchen will.

Faust
Einen Verlust erleidet man. Den **Begriff „Realitätsverlust"** muss man wohl so verstehen, dass einem der Bezug zur Wirklichkeit abhandenkommt, ohne dass man es will. **Faust** in Goethes gleichnamigem Werk ist aber kein passiv sein Schicksal Erleidender (kein Woyzeck), sondern ein im großen Stil Wollender und Handelnder. Er **verliert die Wirklichkeit nicht, sondern will sie im Gegenteil gewinnen**. Seine Existenz als Gelehrter in einer Studierstube, die er ein verfluchtes dumpfes Mauerloch nennt, wird ihm unerträglich. Er sitzt zwischen seinen Folianten (seinen schweren wissenschaftlichen Büchern) wie in einer irrealen Welt der ererbten Dateien und Zeichen. Er will sie verlassen. Statt sich weiter Sekundärwissen einzuverleiben, macht er einen scharfen Schnitt, schließt eine Epoche seines Lebens ab und beginnt eine neue. Er will nun aus der **„lebendigen Natur"** (V. 414) lernen statt aus Büchern. **Hunger nach Unmittelbarkeit** treibt ihn ins wirkliche Leben. Er geht durch die *Kleine Welt*, zu der Gretchen gehört, und vom Kaiserhof aus durch die *Große Welt*, die durch Zeiten und Räume führt, bis er am Schluss zum Gründer eines eigenen Volkes wird. Im letzten Akt also ist Faust konkret ein die Wirklichkeit Gestaltender.

Faust ist keine milieugerecht und realistisch durchgezeichnete Figur mit einer plausiblen bürgerlichen Biografie wie Woyzeck. Er ist zwar ein Fühlender und Denkender wie wir, aber dimensioniert ins Große. In Anlehnung an die alte Sage schuf Goethe den Prototyp des universalen menschlichen **Genies**, das (noch einmal) Gegenwart und Vergangenheit und Himmel und Erde durchmisst. Auf dem Prüfstand steht die Frage, was der Mensch eigentlich sei. Fausts Programm: Er will, „was der ganzen Menschheit zugeteilt ist", in sich selbst durchleben und ansammeln, das Höchste und das Tiefste, „Wohl und Weh". Nichts will er auslassen, nichts soll ihm fremd bleiben, um so – das Risiko des Scheiterns eingeschlossen – sein „eigen Selbst zu ihrem Selbst" zu **erweitern** (V. 1770 ff.). Er will also **die Fülle des menschlich Wirklichen und Möglichen** in sich konzentrieren, der Mensch in der Potenz und ein Übermensch werden. Der **Realitätsbegriff** im *Faust* ist nicht eng, sondern **umfassend**. In ihm ist Platz für Vorstellungen und Fantasien, für Sinnliches und Übersinnliches und die Kräfte der Magie und der Natur. Zudem waren Goethe Zauberorte, -tränke und -pferde – zum Teil Elemente des alten *Faust*-Stoffes – willkommen, weil er mit ihnen den Vorgang der Erfahrungserweiterung dichterisch veranschaulichen konnte. So wünscht Faust sich einen Zaubermantel, um sich vom Boden erheben zu können. Er ist nicht psychisch krank, als ihm der Erdgeist erscheint; sondern er hat ihn beschworen, weil er bis an die Grenze seiner Sphäre heranreicht und wissen möchte, was die Natur im Innersten bewegt. Die Figur des Mephisto, des ironischen Neinsagers und Antipoden Gottes, hat Goethe nicht im Delirium oder in einem Anfall von Realitätsverlust entworfen, und auch der Walpurgisnacht-Spuk ist nicht etwa wahnhaft, sondern veranschaulicht in turbulenten Bildern die Herrschaft des Sexus, des Mammon und des Gemeinen. **Es geht nicht nur realistisch zu im „Faust“, sondern auch symbolisch und poetisch.** Erfahrungsräume werden ausgelotet und transzendiert. Den Erdgeist konnte Faust nicht halten, aber Mephisto kann er sich verbinden, um mit seiner Hilfe die Geheimnisse des Seins zu erschließen. Auch die schwarzen Künste Mephistos und des ihm hörigen Hexengesindels verschmäht er nicht. Ihm, der sich selbst noch vom Tod die Erfahrung einer neuen Dimension erhofft, ist zuzutrauen, auch mit bewusstseinserweiternden Drogen zu experimentieren.

Eine fundamentale, vermutlich die fundamentalste Erfahrung Fausts ist die Liebe. Aber seine Liebe zu Gretchen und ihre Liebe zu ihm ziehen den Tod der Mutter, des Bruders, des Kindes und Gretchens Unglück und Tragödie nach sich. Faust wird schuldig. Er wollte dem „Weh“ nicht ausweichen, das zur menschlichen Existenz gehört. Aber in diesem kritischen Augenblick, als es über ihn und Gretchen hereinzubrechen droht, knickt der Übermensch ein: Er ist **der Realität** in ihren sozialen Regeln und emotionalen Verstrickungen **nicht gewachsen**. Nicht Realitätsverlust, sondern **Realitätsflucht** ist die Folge. Er verkriecht sich in *Wald und Höhle*. Gretchens Not drückt ihn nieder; er verflucht sich als den, der ihren ‚Frieden untergraben‘ musste und ihr Leben zerstören wird. Der große Faust also wird sich in *Wald und Höhle* der Macht der Realität und der eigenen **Ohnmacht** bewusst. Weil er liebt, ist er **menschlich**; und weil er menschlich fühlt, wird er zum **hilflosen**, verzweifelten und schuldbeladenen Geschöpf. Klinisch krank wie Woyzeck ist er wohl nie.

3. Ich kann mir in meinem Umfeld und in ganz Mitteleuropa keinen Jugendlichen mehr denken, der ohne Internet-Zugang auskäme. Alle nutzen die Suchmaschinen des Internets und haben ihre Mail-Adresse. Darüber hinaus kann man, wie in Mouras Geschichte, aus der Wirklichkeit aussteigen und sich in den Cyberspace, die **virtuelle Erlebniswelt** des digitalen Zeitalters, einklicken. Virtuelle Welten im Netz können ebenso **kreativ** sein wie erfundene Geschichten in Büchern. Aber sie sind als Simulation von Wirklichkeit vielleicht fesselnder. Sie sind nicht nur ‚Kino im Kopf‘, sondern erscheinen visuell mit sich verändernden computergenerierten Landschaften und sich bewegenden computergenerierten Figuren wie Lara Croft. Computerspiele sind auch Spielfilmen überlegen, denn man kann in ihnen mitmachen und sie verändern – und darin hängenbleiben. Sie machen Spaß. Und sie machen **süchtig**. Manche Nutzer vergessen alles um sich herum: Ihnen kommt die Wirklichkeit abhanden, wenn sie zum Beispiel C*ityVille* bei Facebook spielen, Häuser bauen, Handel treiben und in Panik geraten, wenn ihnen die Credit-Points ausgehen. Schon Neunjährige spielen *farmville* und tragen schwer an der Entscheidung, ob sie einen See anlegen oder Obstbäume pflanzen sollen. Es gibt Computer-Freaks, die nicht mehr aus dem Haus gehen, ihre Freunde nicht mehr treffen, keinen Sport mehr machen und sonderbar, verschlossen und beziehungsscheu werden. Die virtuelle Welt verschlingt sie. Aber der Unterschied zu denen, die die Welt der Literatur und des Theaters verschlingt, ist eigentlich nicht gravierend.

Natürlich spielen nicht alle wie besessen, sondern viele twittern ab und zu und sind, wie die meisten meiner Mitschüler, bei **Facebook** registriert, dem mittlerweile beliebtesten digitalen sozialen Netzwerk mit annähernd 900 Millionen Mitgliedern. Über dieses Portal kann man Leute wiederfinden, zu denen die Verbindung abgerissen ist. Es ist eine großartige Wiederfindens- oder Kontaktbörse. Beunruhigend nach der Lektüre von Paulo Mouras Geschichte ist aber die Tatsache, dass Nutzer sich auch eine fiktive Identität geben und sich mehrere Profile anlegen können. Facebook erlaubt die Ich-Aufspaltung und Inszenierung seiner selbst annähernd so, wie von Moura beschrieben.

Nicht als Gefahr, aber doch als sonderbar empfinde ich, dass bei Facebook alle „**Freunde**" sind. Der Gebrauch dieses Wortes ist inflationär und absolut oberflächlich. Die Qualität eines Mitglieds scheint sich quantitativ nach der Anzahl seiner „Freunde" zu bemessen, die er im Netz hat. Ich rufe einen Namen auf und stelle ehrfurchtsvoll fest: O, 230 Freunde! Ich habe jetzt 90, aber zu meinem Geburtstag würde ich vielleicht fünfzehn von ihnen einladen, und auf der Straße würde ich mich mit manchen dieser sogenannten Freunde nicht einmal grüßen, denn sie bedeuten mir nichts. Das zeigt mir deutlich die Differenz zwischen Lebenswirklichkeit und virtueller Welt. Meine wirklichen Sorgen und mein wirkliches Glück gehen das Internet nichts an. Manche Leute entwickeln aber eine regelrechte Freunde-Sammel-Neurose und sind im echten Leben ziemlich isoliert. Schlussfolgerung: Sie ziehen ihre virtuelle Existenz der real gelebten vor und verlieren sich. Es gibt einen virtuellen Marktplatz bei Facebook und Feste wie in Mouras Geschichte. Ich bin mir aber nicht sicher, ob die Teilnahme daran der Eintritt in eine virtuelle Welt ist oder – solange man sein konkretes Leben mit Elternhaus, Schule und Berufsfragen lebt – nur die Teilnahme an einem digital ermöglichten Kommunikationsforum wie bei einer telefonischen Konferenz-Schaltung.

Wer aber aussteigen möchte bei Facebook, weil es letztlich nur ein modischer Zirkus ist, dem wird es außerordentlich schwer gemacht, sein Profil zu löschen.

Weil jedermann sich im Netz produzieren, Ideen und Blogs hineinstellen und zu allem seine Meinung veröffentlichen kann, halten sich manche Leute für enorm wichtig und verlieren jeden Maßstab. Es wird über Nichtigkeiten gechattet. Abscheulich ist, dass das virtuelle Medium die Hemmschwelle der Nutzer zu senken scheint, sodass sie zu bösartigen Scrips, zu **Cyber-Mobbing** und Verleumdungen fähig werden, zu denen sie in der realen Welt nicht den Mut hätten. Sie sehen dem Adressaten nicht in die Augen und vergessen darum anscheinend, dass er ein Mensch ist. **Extremistische Elemente** können im Netz leichter als sonst irgendwo ihresgleichen finden und sich gegenseitig bestärken. Auch bei Facebook fanden sich massenhaft Websites mit rechtsextremem Inhalt. Andererseits sollen sich durch Twittern die jungen Oppositionellen des arabischen Frühlings 2010/11 – vorbei an den Zensoren ihrer Länder – zu ihren Demonstrationen verabredet haben. Aus virtuellen – oder sind es in diesem Fall nur digitale? – Möglichkeiten kann also eine Realität werden, die Regierungen stürzt.

Bewertung und Beurteilung

- „**Gut**“ **(11 Punkte)** ist eine Arbeit, die Mouras Geschichte so verstanden hat, dass das Changieren des Wirklichkeitsbegriffs, mit dem der Autor spielt, verstanden und sprachlich-begrifflich präzise benannt und herausgearbeitet ist. – Der Leitbegriff „Realitätsverlust“ sollte in seiner Anwendung auf *Woyzeck* und *Faust* nicht einfach hingenommen, sondern in seinen Bestandteilen und seiner Bedeutung und Tragfähigkeit immer neu geprüft sein. Dass Woyzeck ein in seinen Gefühlen und Handlungen zwar labiler, aber ernstzunehmender und kein durchweg wahnhaft handelnder Mensch ist, sollte differenziert beschrieben sein. Zudem sollte bemerkt sein, dass es nicht ganz einfach ist, den Begriff „Realitätsverlust“ auf Goethes *Faust* anzuwenden, weil manche Szenen und die Gesamtkonzeption gar nicht realistisch oder als Darstellung von Realität verstanden sein wollen. Für die Überprüfung eines möglichen Realitätsverlusts bei Faust müssen Handlungszusammenhänge (Szenen) klug ausgewählt sein. Die Erörterung der Frage muss differenziert und abwägend sein. Ein abschließendes Fazit muss vorliegen. – Aufgabe 3 muss einen kleinen Argumentationszusammenhang bieten, der von Beispielen gestützt ist.

- „**Ausreichend**“ **(5 Punkte)** erreicht eine Arbeit, in der Mouras Geschichte inhaltlich richtig und sprachlich annähernd bündig und lesbar wiedergegeben ist. Die Analyse der Wirklichkeitsauffassung des Helden muss nachvollziehbar textbezogen (Textstellen zitierend und erläuternd) gewonnen sein und in ihrem Ertrag in einigen maßgeblichen Momenten zutreffen. Sichere inhaltliche Kenntnisse der Lektüren *Woyzeck* und *Faust* müssen sich bezeugen. Der Prüfling muss nachweislich in der Lage sein, die beiden Figuren im Licht des Begriffs „Realitätsverlust“ neu zu durchdenken, und an ausgewählten Beispielen in eine annähernd überzeugende Auseinandersetzung mit dem Begriff und konkreten Handlungen der jeweiligen Figur eintreten. Es darf nicht zu dem Missverständnis kommen, pauschal alles, was im *Faust* symbolisch ist und in Bildern des Magischen, Zauberischen und Übernatürlichen erscheint, als Realitätsverlust zu etikettieren. – Aufgabe 3, sofern sie noch begonnen werden konnte, muss erörternd angelegt sein.

Abiturprüfung Hessen 2013 – Deutsch Grundkurs
Vorschlag A

Das Lorelei-Motiv

Erlaubte Hilfsmittel:
1. ein Wörterbuch zur deutschen Rechtschreibung
2. eine Liste der fachspezifischen Operatoren

Aufgaben:

1. Interpretieren Sie das Gedicht von Heinrich Heine unter Berücksichtigung von inhaltlichen und sprachlich-formalen Aspekten (Material 1). (30 BE)

2. Vergleichen Sie das Lorelei-Motiv im Heine-Gedicht (Material 1) mit dem im Eichendorff-Gedicht (Material 2). Berücksichtigen Sie dabei auch die jeweilige Stimmung. (40 BE)

3. In seinen Überlegungen zur Lyrik stellte Bertolt Brecht 1927 u. a. folgende These auf:

   Es gibt Gedichte, „die etwa einen Regentag schildern oder ein Tulpenfeld, und sie lesend oder hörend verfällt man in die Stimmung, welche durch Regentage oder Tulpenfelder hervorgerufen wird, das heißt, selbst wenn man Regentage und Tulpenfelder ohne Stimmung betrachtet, gerät man durch die Gedichte in diese Stimmungen. Damit ist man aber ein besserer Mensch geworden, ein genußfähigerer, feiner empfindender Mensch, und dies wird sich wohl irgendwie und irgendwann und irgendwo zeigen."

   Bertolt Brecht: Die Lyrik als Ausdruck, in: Schriften zur Literatur und Kunst 1, Gesammelte Werke Bd. 18, hrsg. von Elisabeth Hauptmann, Frankfurt/Main: Suhrkamp 1967, S. 59f.

   Diskutieren Sie die Gültigkeit dieser Aussagen sowohl vor dem Hintergrund der beiden Gedichte (Material 1 und 2) als auch auf der Grundlage Ihrer eigenen Erfahrung mit expressionistischer Lyrik. (30 BE)

Material 1
Heinrich Heine: Ich weiß nicht, was soll es bedeuten (1824)

Ich weiß nicht, was soll es bedeuten,
Daß ich so traurig bin;
Ein Märchen aus alten Zeiten,
Das kommt mir nicht aus dem Sinn.

Die Luft ist kühl und es dunkelt,
Und ruhig fließt der Rhein;
Der Gipfel des Berges funkelt
Im Abendsonnenschein.

Die schönste Jungfrau sitzet
Dort oben wunderbar,
Ihr goldnes Geschmeide blitzet,
Sie kämmt ihr goldenes Haar.

Sie kämmt es mit goldenem Kamme,
Und singt ein Lied dabei;
Das hat eine wundersame,
Gewaltige Melodei.

Den Schiffer im kleinen Schiffe
Ergreift es mit wildem Weh;
Er schaut nicht die Felsenriffe,
Er schaut nur hinauf in die Höh.

Ich glaube, die Wellen verschlingen
Am Ende Schiffer und Kahn;
Und das hat mit ihrem Singen
Die Lorelei getan.

Aus: Heinrich Heine: Werke in fünf Bänden,
Bd. 1, Gedichte, Berlin/Weimar 1974, S. 57f.

Material 2
Joseph von Eichendorff: Waldesgespräch (um 1812)

Es ist schon spät, es ist schon kalt,
Was reit'st du einsam durch den Wald?
Der Wald ist groß, du bist allein,
Du schöne Braut, ich führ' dich heim!

„Groß ist der Männer Trug und List,
Vor Schmerz mein Herz gebrochen ist,
Wohl irrt das Waldhorn her und hin,
O flieh, Du weißt nicht wer ich bin!"

So reich geschmückt ist Roß und Weib,
So wunderschön der junge Leib,
Jetzt kenn' ich dich – Gott steh mir bei!
Du bist die Hexe Lorelay.

„Du kennst mich wohl – vom hohen Stein
Schaut still mein Schloß in tiefen Rhein;
Es ist schon spät, es wird schon kalt,
Kommst nimmermehr aus diesem Wald!"

Aus: Joseph von Eichendorff: Werke in sechs Bänden,
Bd. 1, Gedichte, Versepen, o. O. 1987, S. 86.
Die Rechtschreibung beider Gedichte entspricht den Textvorlagen.

Hinweise und Tipps

Motivgleiche Gedichte erhellen sich gegenseitig, zumal wenn sie nicht metaphorisch verklausuliert oder hermetisch sind, sondern anscheinend schlicht eine Geschichte erzählen. (Heines Version der Lorelei wurde sehr populär und erfuhr zahlreiche Vertonungen. Eichendorffs Gedicht vertonte Robert Schumann.) Aber: Es geht nicht nur um das Was, sondern ebenso um das Wie.

Lesen Sie beide Texte, bevor Sie sich dem ersten ausführlich widmen. Hören Sie sich in ihren Klang und Rhythmus ein und fragen Sie sich, woran es wohl liegt, dass sie trotz formaler Ähnlichkeit so ganz und gar anders klingen. Obgleich sich in beiden Handlung ereignet, sind sie sehr lyrisch, und Lyrik ist wesentlich Musik. Man kann eine Gedichtinterpretation sogar damit beginnen, erst einmal etwas über die (musikalische) Wirkung des Textes zu sagen, denn das übergreift Inhaltsaspekte und Detailanalyse und führt zur Frage: Wie ist das gemacht? Wie hat der Dichter diese Wirkung erzeugt? Machen Sie sich Aufbau und Struktur der Gedichte klar, halten Sie Ausschau nach dem lyrischen Ich und seiner Gestimmtheit und fragen Sie nach dem Schauplatz und nach dem Verhältnis zwischen Mann und Frau (Lorelei/Lorelay). Achten Sie auf den Wortschatz insgesamt und sogar auf Auffälliges in der Silbenzahl der Wörter und Reimwörter. Und: Wie steht es mit der Dramatik oder Spannung des Geschehens? Stellen Sie Ihrer Heine-Interpretation ein bis zwei Sätze voran, die bereits auf Eichendorff vorausweisen und den Vergleich vorbereiten.

(Anm:. 1. Es gibt keine Lorelei-Sage „aus alten Zeiten", sondern Clemens Brentano hat 1802 zum Rheinfelsen dieses Namens die Figur und ihre Geschichte erfunden. 2. Die Ihnen als Lösung gegebene Heine-Interpretation hat zu überraschenden Erkenntnissen geführt. Ihre Interpretation kann anders ausfallen. Welche Leistung von Ihnen erwartet wird, finden Sie unter „Beurteilung, Bewertung". 3. Zur von Aufgabe 2 geforderten Untersuchung der Stimmung in Eichendorffs Gedicht geht der Lösungsvorschlag metrischen Fragen genauer nach, als von Ihnen verlangt ist.)

Im Unterricht haben Sie sich außer mit romantischer auch mit expressionistischer Lyrik beschäftigt. Wenn Sie Brechts Erklärung zur Lyrik in eigenen Worten wiedergegeben haben, brauchen Sie Beispiele für die Diskussion. Am besten wäre es, ein oder zwei expressionistische Gedichte auswendig parat zu haben, um konkret argumentieren zu können. Notieren Sie, bevor Sie Aufgabe 3 schriftlich ausführen, was Ihnen zu Programmatik und Stilmitteln expressionistischer Dichter einfällt; notieren Sie aber vor allem zwei, drei Gedichtüberschriften und möglichst auch Verse oder Satzfragmente, mit deren Hilfe Sie den Unterschied zur romantischen Sprechweise nachweisen können.

Lösungshinweise

1. **Die Dichter der Romantik** haben Natur als Gegenwelt zur Welt der Zivilisation erlebt und als geheimnisvollen Resonanzraum der menschlichen Seele. Sie haben sich für naturmagische Vorgänge und Naturkräfte interessiert, die sich seit mythischer Zeit in verführerischen Sirenen, Nixen und Undinen verkörpern, in Zauberinnen und Hexen. Auch Lorelei gehört zu ihnen, und so liegt es nahe, dass um

1812 auch Joseph von Eichendorff im Gedicht *Waldesgespräch* dieses Motiv aufgriff und zwölf Jahre später mit *Ich weiß nicht, was soll es bedeuten* der romantisch fühlende Romantikkritiker (der „letzte Dichter der Romantik") Heinrich Heine. Bei Heine ist die Lorelei vermutlich eine Wassernixe auf hohem Felsen, bei Eichendorff ist sie eine Hexe, aber beide haben gleichermaßen Gewalt über den Mann.

Heinrich Heines Gedicht entwickelt sich in sechs gleichmäßig schwingenden Strophen. Der **Rhythmus** fließt so unaufgeregt und ruhig wie der Rhein, von dem die Rede ist (vgl. V. 6). Heine hat die in der Romantik beliebte Volksliedstrophe gewählt. Dreihebige Verse, stets mit Auftakt und an sich trochäisch, aber von Daktylen reich aufgelockert, fügen sich zu Quartetten zusammen. Sie sind durch alternierend stumpfe (männliche) und klingende (weibliche) Kreuzreime gebunden. Enjambements (Sätze, die Reimwort und Zeilenende überspülen: V. 7 f., 9 f., 17 f., 21 f., 23 f.) erzeugen zusammen mit den Daktylen und den klingenden Versenden und Auftakten einen elegisch-weichen und fließenden Gesang. Die Dramatik des eigentlichen Geschehens ist von Rahmenstrophen aufgefangen. Sonderbar ist die **Gedichtüberschrift**. Das Gedicht heißt gar nicht *Lorelei*, sondern verweist mit seinem Titel auf die Stimmung dessen, der an die Lorelei denkt und ihre Geschichte erzählt. Es kann also sein, dass es weniger um die Lorelei als um die **innere Verfassung des lyrischen Ichs** geht. Der Name „Lorelei" fällt bei Heine erst im letzten Vers.

Das lyrische „**Ich**" eröffnet die erste und letzte Strophe. Der, der hier spricht, ist traurig und weiß nicht warum. Etwas Unbestimmtes, Ambivalentes drückt sich beide Male (V. 1 f., V. 21 f.) aus. In dieser diffusen Stimmung geht ihm das alte Lorelei-Märchen durch den Sinn. Strophe 2 ist wie ein **Übergang zwischen Realität und Märchen**, denn sie gibt eine realistische Begründung für das Lorelei-Phänomen. Gehört sie schon zu den Binnenstrophen, zum Märchen? Oder ist sie noch Rahmenstrophe? Es könnte so sein, dass das lyrische Ich der reale Dichter ist, der an diesem Abend am Rhein sitzt. Bei ihm im Tal ist es schon kühl und schattig, aber er sieht zu, wie die Abendsonne in der Höhe die Berggipfel vergoldet. Auch das ist elegisch und Abschiedsstimmung. Aber im Kontrast zum ruhigen Rhein, der Kühle des Abends und der Gedämpftheit des Gemüts tritt plötzlich dieses exponierte, lebendige, stark betonte Reimwort „**funkelt**" auf (V. 7), das den nächsten Vers anführt. Hier setzt die **Verwandlung ins Wunderbare** an, sodass bald nicht mehr die Sonne die Bergspitze verklärt, sondern die Lorelei dort oben „sitzet" (V. 9) und ihr goldenes Haar kämmt. Das ist dann aber schon die **Perspektive** und das Erleben **des Schiffers** in seinem Kahn. Ist es auch die des lyrischen Ich? Identifiziert es sich mit dem Schiffer? Es sieht fast so aus.

Der Blick geht nun unverwandt nach oben. Die Jungfrau übertrifft alles bisher Gesehene an Schönheit, sie ist die „schönste" (V. 9). Gold schimmert in dreifacher Weise: Ihr Geschmeide, ihr Haar und der Kamm sind golden, das Geschmeide (nicht mehr die Sonne) „blitzet" (V. 11). Und sie singt. **Überwältigendes** drückt sich in Superlativen und Wiederholungen aus: Die Jungfrau sitzet dort „wunderbar“ (V. 10), das Lied, das sie singt, hat eine „wundersame“ – also fremde, anrührende, betörende und „[g]ewaltige“ (V. 15f.) – Melodie und ergreift den Schiffer mit „**wildem Weh**“ (V. 18). Heine bringt mit dieser alliterativ verbundenen Wortfügung einen seelischen Vulkanausbruch zum Ausdruck, eine Eruption. Etwas unkontrollierbar Wildes, also auch Ursprüngliches, bricht durch die Kruste der Vernünftigkeit. Der Schiffer verliert die Herrschaft über sich und den Kahn. Er vergisst die Vorsicht, die beim Umsteuern des Riffs nötig gewesen wäre, und erliegt der **Magie aus Schönheit und Musik**.

Wer oder was ergreift den Schiffer so elementar? Der Schluss urteilt definitiv: „Und das hat mit ihrem Singen / Die Lorelei getan.“ (V. 23f.) Sie ist schuld. Kein freundlicher Daktylus mehr im letzten Vers, kein Ausklingen, sondern drei harte Jamben (xx́ / xx́ / xx́): eine **Verurteilung**. Aber klingt sie nicht etwas naiv und übereilt mit dem kindlichen Verb „tun“ und der nicht eben poetischen Substantivierung „mit ihrem Singen“? Ist das nicht blanke Ironie? **Die Lorelei hat gar nichts getan**, als in sich versunken schön dazusitzen, sich zu kämmen und dabei zu singen. Das, was den Schiffer ergreift, heißt in Strophe 5 „**es**“. Dieses Subjekt bezieht sich nicht auf „Melodei“ (V. 16). Es kann sich auf „Lied“ (V. 14) zurückbeziehen. Es könnte aber auch dieses undefinierbare, unterbewusste Etwas im Schiffer selbst sein, sein jähes Verlangen nach Liebe, sein Herz und innerstes Wesen.

Rätsel gibt auch der Anfang der letzten Strophe (vgl. V. 21 f.) auf, der zum lyrischen Ich zurückführt. Hat der Dichter wirklich vergessen, wie das Märchen ausgeht? Das ist unwahrscheinlich. Drückt er, als wäre er ein Augenzeuge am Ufer, seine Befürchtung aus, dass der Kahn gleich kentern wird? Dann wäre es kein Märchen, von dem er spricht, sondern Gegenwartsgeschehen. (Tempus des Gedichts ist durchgehend das Präsens, nicht das epische Präteritum des Märchens!) Oder spricht er als Schiffer im kleinen Lebenskahn indirekt von sich und der eigenen **Sehnsucht nach erlösendem Liebestod**? (Auch andere Heine-Gedichte enden mit einem Todeswunsch.)

Wenn aus dem lyrischen Ich von *Ich weiß nicht, was soll es bedeuten* (wie seit Strophe 2 angenommen) Heinrich Heine spricht, dann erzählt er in Wahrheit kein altes Märchen nach. Er wird wissen, dass es dieses alte Volksmärchen nicht gibt, sondern dass die Lorelei-Geschichte etwa zwanzig Jahre zuvor von Brentano erfunden wurde. Die „alten Zeiten“ (V. 3) wären dann für ihn nicht das Mittelalter, sondern die **Zeiten der Romantik**, in der auch er sich als Jüngling vom Wunderbaren und von Liebesweh und Todesverlangen hat hinreißen lassen. Damals lebte sein Herz. Seine wehmütige Stimmung hätte dann ihren Grund darin, dass er, nun 27-jährig, seine gegenwärtig kritisch-ironische Geistesverfassung als „kühl“, „ruhig“ und verschattet – eben als traurig – erlebt und sich zurücksehnt. Mit den Unbestimmtheitsformeln „Ich weiß nicht“ (V. 1) und „Ich glaube“ (V. 21) lässt er das in der Schwebe, und genau das ist die ihm notwendige ironische Schwebe zwischen Verzauberung und Entzauberung, zwischen romantischem Herzen und intellektueller Nüchternheit.

2. In **Joseph von Eichendorffs Gedicht** *Waldesgespräch* ist die Lorelei nicht minder kostbar geschmückt und schön als bei Heine, aber sie singt nicht: Musik fehlt. Sie ist eine Hexe. Schauplatz des Geschehens ist jetzt ein großer Wald. Die Tageszeit, ein Abend, erinnert an Heine. Im Wald begegnet ein Mann einer jungen Frau, deren Identität er anfangs nicht erkennt. Viel zu spät begreift er, wen er vor sich hat, und erst da gibt auch sie sich zu erkennen. Sie kommt zu Ross dahergeritten, aber ihr Schloss steht auf dem Felsen über dem Rhein. Ob auch der Mann zu Pferd durch den Wald streift und vielleicht ein Jäger ist, bleibt ungesagt. (Vielleicht ist er mit einer Jagdgesellschaft in Verbindung zu bringen und dem hier und da zu hörenden Klang des Waldhorns, das ihn vielleicht ruft: V. 7.) Es gibt bei Eichendorff kein lyrisches Ich, keine Rückerinnerung an alte Zeiten und auch keinen Erzähler wie bei Heine, sondern nichts als die **szenische**, **dramatische Unmittelbarkeit** des **Dialogs**. Zweimal (Strophe 1 und 3) spricht der Mann, zweimal (Strophe 2 und 4) die Frau; sie hat das endgültige, letzte Wort. In der Konzentriertheit dieser vier kleinen Strophen enthüllt sich die Wahrheit (das Grauen) und vollzieht sich das Unheil.

Bei Heine lag eine große Distanz zwischen dem von unten aufblickenden Schiffer und der Jungfrau hoch auf dem Felsen, die ihn vermutlich gar nicht bemerkte, sondern ihn passiv in ihren Bann zog. Bei Eichendorff stehen Mann und Frau Aug in Auge einander gegenüber. Bei Heine war offenbar, wer dort oben sang. Bei Eichendorff schwebt der Mann von Anfang an in höchster Gefahr, hält sich aber, **verblendet**, für überlegen. Er eröffnet das Gespräch, er gibt seiner Verwunderung Ausdruck, die Frau noch zu später Stunde einsam hier anzutreffen; er will sie heimführen. Sie spricht vielsagend von der Männer „Trug und List" (V. 5) und (mit dem Binnenreim „Schmerz" / „Herz", V. 6) von ihrem gebrochenen Herzen und gibt damit ohne Umschweife zu verstehen, worum es hier geht: nicht um Sehnsucht (wie bei Heine), sondern um Begehren, Sexualität und Liebesverrat. Sie **warnt** ihn. Und indem sie ihn (in zwei knappen Sätzen und sechs kurzen Wörtern von hellem, fast schrillem Klang: V. 8) warnt, gehen ihm (in Strophe 3) erst vollends Reichtum und Reiz ihrer Erscheinung auf und er erkennt sie in **jähem Erschrecken:** „Jetzt kenn' ich dich – Gott steh mir bei! / Du bist die Hexe Lorelay." (V. 11 f.)

Die beiden ersten und die beiden letzten Verse schließen das Gedicht wie mit einem **Rahmen** ein. Vers 1 und 15 sind – bis auf den Wechsel vom Präsens ins Futur – gleich, die Reimwörter („kalt" – „Wald") sind dieselben. Aber das erste Verspaar war die Anrede des Mannes. Wenn am Ende die Lorelay seine Worte aufnimmt („Es ist schon spät, es wird schon kalt"), wird in ihrem Mund daraus eine Drohung und furchtbare Prophezeiung, der ihr **Bannspruch** auf dem Fuße folgt (vgl. V. 16). Es ist ihr Zauberwald, in den sich der Mann verirrt hat. Er ist der Schönen verfallen, die in einer Person Hexe und Zauberin ist.

Hatte Heine geträumt, so herrscht bei Eichendorff von vornherein **Erlkönig-Stimmung**. Der Mann ist spät am Tag an einem schaurig-dämonischen Ort, über den weder Vernunft noch Christentum (seine Anrufung Gottes: V. 11) etwas vermögen. Eine starke **Spannung** baut sich von der ersten Strophe an über Vers 8 zu Vers 11 f. und dann zu Vers 16 auf. Bei Heine war die Stimmung – getragen vom melodischen Metrum mit Auftakt, Daktylen, abwechselnd (alternierend) klingenden und stumpfen Reimen und vielen Enjambements – wehmütig, fließend und elegisch. Obwohl auch Eichendorffs Lied die Volksliedstrophe hat, klingt es darum ganz anders, weil alle **Reimwörter** (außer in Vers 3) einsilbig, also **hart** und betont sind und Enjambements (außer in V. 13 f.) fehlen, sodass Versende und Satzende in eins fallen. Jeder Vers steht wie gemeißelt für sich und wird noch härter durch Zäsuren (Teilung in zwei Sätze: besonders in V. 1/15, 3, 4, 11). Der Wortschatz insgesamt besteht aus auffällig vielen einsilbigen Wörtern, die in manchen Sätzen, sich verdichtend am Schluss, wie Kieselsteine fallen (V. 1, 3, 8, 11, 13, 14, 15). Die **Einsilber** bringen Prägnanz und Tempo. Den Atem hält das Gedicht aber gleichsam in seinen drei dreisilbigen Wörtern an: im Dreischritt: „wunderschön" – „Lorelay" – „nimmermehr". Dass die **Stimmungsunterschiede** bei Heine und Eichendorff dem jeweiligen Verbund aus Syntax, Rhythmus, Wortklang und Wortbedeutung geschuldet sind, lässt sich aus der Behandlung der Tageszeit ablesen. Beide Male ist es Abend:

Heine: „Die Luft ist **kühl** und es **dunkelt**, …" (x / x́x / x́xx / x́x …)
Eichendorff: „Es ist schon **spät**, es ist schon **kalt**," (xx́ / xx́ // xx́ / xx́ //)

Bei Heine ist es nicht kalt, nicht warm, nicht mehr ganz Tag und noch nicht dunkel. Er gibt Zwischenwerte, drückt Übergänge und Ungefähres aus. Bei Eichendorff dagegen klopft der harte Rhythmus mit zwei parallelen Kurzsätzen aus Einsilbern schon gleich zu Anfang die **Unerbittlichkeit** dessen hin, was kommen wird. „Spät" und „kalt" sind eindeutig und mit böser Vorahnung aufgeladen durch das vorgestellte Adverb „schon".

Heines Sprecher hängt etwas versonnen seinen Gedanken nach und spielt mit Ambivalenzen, sodass sein Gedicht viele Fragen aufwirft. Zu Eichendorff stellen sich zwei Fragen, die unerheblich sind (Wer ist der Mann? Was hat es mit dem Waldhorn auf sich?). Alles andre vollzieht sich mit der Folgerichtigkeit der Tragödie.

3. Von **Bertolt Brecht**, der ja nicht nur der berühmte Stückeschreiber war, sondern auch viele Gedichte veröffentlicht hat, gibt es in seinen *Schriften zur Literatur und Kunst* auch Äußerungen über die **Wirkung von Gedichten**. Brecht ist der Überzeugung, dass Gedichte im Leser Spuren hinterlassen, indem sie Stimmungen hervorrufen und auf diesem Weg seine Wahrnehmung von Wirklichkeit beeinflussen und sogar bessere Menschen aus uns machen. Er begründet seine Thesen mit einem Beispiel. Man könne etwa ein Tulpenfeld oder einen Regentag „ohne Stimmung", also gleichgültig und ohne Gefühlsbeteiligung ansehen. Wenn man aber ein Gedicht über einen Regentag oder über ein Tulpenfeld gelesen habe, so habe man die Stimmung eines solchen Gedichts in sich aufgenommen und übertrage sie auf den Gegenstand. Er folgert daraus, dass Gedichte uns emotional bereichern, bilden und sensibilisieren.

Die moralische Schlussfolgerung halte ich für das Fragwürdigste in Brechts Ausführungen. Ich bin mit ihm aber der Meinung, dass Gedichte, sofern sie mich etwas angehen, mich bereichern und dass mich irgendetwas in ihnen manchmal die Welt anders sehen lässt als bisher. Aber die Bereicherung ist komplex, während Brecht sie **auf den Begriff der Stimmung reduziert**. Stimmung ist der rein gefühlsbezogene und etwas vage Begriff, den ich von Brecht, dem Autor der Neuen Sachlichkeit, am wenigsten erwartet hätte. Außer Frage steht für mich aber, dass ein **Gegenstand**, über den ich ein mich etwas angehendes Gedicht gelesen habe, sich mit einem gewissen „**Mehrwert**" auflädt. Ich werde an der geografischen Lorelei nicht mehr vorbeifahren, ohne an die Jungfrau mit goldenem Kamme zu denken, an den Schiffer und die „gewaltige Melodei". Ein Felsen neben dem anderen ragt aus dem Rhein, aber ich will jetzt wissen, welcher dieser eine, nun besondere Lorelei-Felsen ist. Ich habe nun sozusagen eine Beziehung zu ihm. Beim Stichwort „Wald" versteht man sogar im Ausland gleich „deutscher Wald", und „deutscher Wald" ist fast synonym mit „deutscher Romantik". Die mitgedachten Attribute: Der Wald ist still, ernst und erhaben, aber auch undurchdringlich, tief, verwunschen, geheimnisvoll und schaurig wie in Märchen und in Eichendorffs Gedichten. Wald minus Romantik wäre Forstbetrieb und Naherholungsgebiet. Zweifellos vermitteln die romantischen Gedichte Stimmungen. Die Stimmung, die *Waldesgespräch* hervorruft, ist die des Unheimlichen. Aber außer der Stimmung beeindruckt mich **Handwerkliches:** die Dramatik zum Beispiel, die Eichendorff in diesem Gedicht erzeugen konnte, und das unmerkliche Zusammenwirken aller Formelemente. Als Geschenk empfinde ich das poetische Wort „nimmermehr". Neben und mit der Stimmung ist es also die **Sprache**, die mir viel gibt. Und Gegenstand, Ästhetik, Sprachmusik und Stimmung zusammen transportieren ein Lebensgefühl und geben Einblicke in Denkweisen und Träume einer früheren Epoche: Diese **historische Dimension** der romantischen Gedichte appelliert mehr an meinen **Verstand** als an mein Gefühl, aber auch dieses aus Gedichten bezogene Wissen über die Romantik beeinflusst meine Wahrnehmung von Wirklichkeit.

Expressionistische Gedichte, besonders die, die grotesk, zynisch und provozierend schroff sind, machen die innere Zerrissenheit junger Dichter vor und nach dem Ersten Weltkrieg erfahrbar, die mit Tradition, Glauben und Ästhetik der Vätergeneration brechen. Zwar gibt es bei Trakl oder Heym und Benn auch Stimmungen, zum Beispiel die einer sanften Melancholie (mit braunen Abenden, verwitternden Brunnenrändern oder einer hohen Nacht, vom Mantel schwarz umflossen), und auch expressionistische Gedichte entspringen Gemütszuständen. Aber in der Regel stimmen sie den Leser nicht liebenswürdig auf schöne Naturbilder (Tulpenfelder, Regentage) ein und sind nichts für Gourmets (Brecht: Gedichte machen genussfähiger). Viele sind sogar **ungemütlich** bis an den Rand der Ungenießbarkeit. Sie zeigen eine zerberstende Welt und desorientierte, in den Städten einsame, in Fabriken zum Maschinenzubehör degradierte Menschen. Sie sprechen vom **Zerfall** des Ich. Oft fehlt der Fokus des lyrischen Ich. August Stramm erlebt in der Todesangst seiner Kriegsgedichte die Menschen als verdinglicht, während die Dinge böse und lebendig werden („Steine feinden / Fenster grinst Verrat"). Brechts

Begriff von Stimmung will dazu nicht passen. Die **Auflösung** alter Sinnzusammenhänge drückt sich im Zeilenstil aus und im Nebeneinander des Heterogenen. In *Weltende* von van Hoddis sind die Menschen lächerlich zerbrechliches Spielzeug („Dachdecker stürzen ab und gehen entzwei"), während Natur gewaltig aufsteht und sie samt ihren Hüten, Dämmen und Eisenbahnen wegfegt. In der Verschiebung des Mitgefühls vom Ertrunkenen auf dem Seziertisch zur kleinen Aster (Benn) drückt sich Bitterkeit aus. Der Gang durch die *Krebsbaracke* (Benn) lehrt, wie der Mensch, diese Krone der Schöpfung, zu stinkendem Fleisch wird. Gemüt und desillusioniertes Bewusstsein, Trauer, Daseinszweifel und ein gewisser Ingrimm reiben sich in diesen Gedichten aneinander. Oder es flackert eine Art irrsinnigen Gelächters auf, wenn „ein junges Auto" nach Ithaka flieht, während die Städte brennen (Lichtenstein: *Der Sturm*). Auch der Expressionismus hatte seine „Stimmung": Die vorherrschende nennt man Endzeit- oder **Weltuntergangsstimmung**. Wir verstehen Stimmung aber meistens (wie Brecht?) als einheitliches, gleichmäßiges, harmonisches Gefühl, sodass auch die schaurige Atmosphäre in *Waldesgespräch* noch sonderbar ‚schön' ist. Bezeichnend für den Expressionismus dagegen sind **Disharmonie** und **Stimmungsbruch**. Und dennoch: In vollen S-Bahnen sitze ich so unangenehm „dicht hineingehakt" wie von Wolfenstein in *Städter* beschrieben, oder ich sehe mit Heyms *Spitzköpfig kommt er* dem Mondaufgang zu. Stimmung? Auch Atmosphäre und Weltsicht expressionistischer Gedichte haben sich für mich mit manchen Dingen verbunden und haften nun an ihnen. Auch sie bereichern meine Rezeption von Realität.

Bewertung und Beurteilung

- „**Gut**“ **(11 Punkte)** ist die Leistung, wenn für die Wiedergabe der Gedichtinhalte und für die Gedichtinterpretationen eine annähernd angemessene Sprache gefunden wurde, in der sich Wahrnehmungsfähigkeit, Formgefühl, Sensibilität und zutreffende Begrifflichkeit verbinden. Mehrdeutiges in Heines Lied darf nicht vorschnell plausibilisiert sein. Man muss der guten Arbeit das Bemühen anmerken, Lösungen zu finden, etwa nach Gründen für die Traurigkeit des Ich zu fragen oder Vorschläge zum Verständnis von Vers 21 f. zu machen. Das Verhältnis zwischen Rahmen- und Binnenstrophen muss in die Interpretation einbezogen und nachvollziehbar erläutert sein. Die Beschreibung der Atmosphäre (des Tons, der Stimmung) muss in beiden Gedichten an einige Merkmale der Sprachwahl und klanglichen Gestaltung gebunden sein. Obgleich eine umfassende Interpretation von Eichendorffs Gedicht nicht verlangt ist, muss doch seine Struktur als Dialog, das Geschehen als dramatisch und unheimlich erkannt und differenziert nachgewiesen sein. Der Motiv-Vergleich muss reichhaltig sein. – Brecht muss verstanden und kann ansatzweise kritisch hinterfragt sein. Der Transfer muss überzeugen. Es wäre gut, wenn auch der Begriff der Stimmung, der seit Aufgabe 1 verwendet wurde, ansatzweise mit reflektiert würde. Einige Beispiele zum Expressionismus müssen der Diskussion Substanz geben.
- „**Ausreichend**“ **(5 Punkte)** ist die Arbeit, die den narrativen Anteil beider Gedichte (die Geschichte von der Lorelei) richtig verstanden und wiedergegeben und sich zudem mit einigem Erfolg bemüht hat, auch ihrem lyrischen Charakter gerecht zu werden. Die Rahmenstruktur beider Gedichte und die dialogische Aufteilung der Strophen bei Eichendorff müssen erkannt und in ihrer Wirkung ansatzweise zutreffend analysiert sein. Erscheinung und Wirkung der jeweiligen Lorelei (Lorelay) müssen beschrieben und textbezogen gedeutet sein. Einige wichtige Gemeinsamkeiten und Unterschiede in Auffassung und Behandlung des Lorelei-Motivs sollten erarbeitet sein. Auch Aussagen zur „Stimmung“ müssen aus dem Text heraus begründet und nachvollziehbar sein. Der Umgang mit Zitaten muss insgesamt überzeugen. – In Aufgabe 3 muss der Rückbezug auf die Gedichte gelingen, Kenntnisse zu expressionistischer Lyrik müssen die eigene Argumentation stützen.

Abiturprüfung Hessen 2013 – Deutsch Grundkurs
Vorschlag B

Väter und Söhne

Erlaubte Hilfsmittel:
1. ein Wörterbuch zur deutschen Rechtschreibung
2. eine Liste der fachspezifischen Operatoren
3. Kafka, *Das Urteil*
4. Hein, *In seiner frühen Kindheit ein Garten*

Aufgaben:

1. Geben Sie den Inhalt des Romanausschnitts von Thomas Mann wieder und charakterisieren Sie die beiden Figuren und deren Beziehung zueinander. (Material) (35 BE)

2. Vergleichen Sie das Verhältnis zwischen Hanno und Thomas Buddenbrook (Material) mit dem zwischen Georg Bendemann und seinem Vater aus Franz Kafkas Erzählung *Das Urteil.* (35 BE)

3. Gestalten Sie einen Brief Oliver Zureks aus Heins Roman *In seiner frühen Kindheit ein Garten*, den Oliver kurz vor den Vorkommnissen in Kleinen an seinen Vater geschrieben, aber nie abgeschickt hat. Thema des fiktiven Briefs soll Olivers Beurteilung des Vaters und ihres Verhältnisses zueinander sein.

   Beziehen Sie sich dabei vergleichend **entweder** auf den Ausschnitt aus Thomas Manns Roman *Buddenbrooks* (Material) **oder** auf Franz Kafkas Erzählung *Das Urteil.*
   Begründen Sie abschließend Ihre Ausführungen.

   Der Brief soll mit einer der beiden folgenden Formulierungen beginnen:
   „Lieber Vater, wie oft stand ich in deinem Arbeitszimmer vor den Werken Thomas Manns und dachte an Hanno, an seinen Vater – und an uns …"

   oder

   „Lieber Vater, wie oft stand ich vor deinem Bücherschrank, sah die Werke Kafkas darin und fühlte mit Georg Bendemann, denn manchmal kamst du mir auch wie ein Riese vor …". (30 BE)

Material
Thomas Mann: Buddenbrooks – Verfall einer Familie (1901)

Thomas Manns Roman „Buddenbrooks" schildert das Leben und den Niedergang der Lübecker Kaufmannsfamilie Buddenbrook über mehrere Generationen hinweg. Johann (genannt Hanno) Buddenbrook ist der einzige Sohn des Kaufmanns und Senators Thomas Buddenbrook und dessen Frau Gerda, er ist der letzte Spross der Familie. Der Vater setzt einige Hoffnung in ihn, vor allem die, dass er das Geschäft später erfolgreich weiterführen und das Ansehen der Familie wahren möge. Der Textauszug findet sich gegen Ende des Romans.

Der kleine Johann mußte auch während der Ferien – denn im Juli waren Sommerferien – Privatunterricht im Rechnen nehmen, um in diesem Fache mit seiner Klasse Schritt halten zu können. Irgendwo in der Vorstadt Sankt Gertrud, in einer heißen Stube, in der es nicht zum besten roch, erwartete ihn ein Mann mit rotem Bart und unreinlichen Fingernägeln, um mit ihm dies verzweifelte Einmaleins zu exerzieren. Zuvor aber galt es, dem Papa das Gedicht aufzusagen, das Gedicht, das er mit Ida[1] auf dem Altan[2] in der zweiten Etage sorgfältig erlernt …

Er lehnte am Flügel, in seinem Kopenhagener Matrosenanzug mit dem breiten Leinwandkragen, dem weißen Halseinsatz und dem dicken Schifferknoten, der unter dem Kragen hervorquoll, die zarten Beine gekreuzt, Kopf und Oberkörper ein wenig abgewandt, in einer Haltung voll scheuer und unbewußter Grazie. Vor zwei oder drei Wochen war sein langes Haar ihm abgeschnitten worden, weil in der Schule nicht nur seine Kameraden, sondern auch seine Lehrer sich darüber lustig gemacht hatten. Aber auf dem Kopfe war es noch stark und weich gelockt und wuchs tief in die Schläfen und in die zarte Stirn hinein. Er hielt seine Lider gesenkt, daß die langen, braunen Wimpern auf die bläuliche Umschattung seiner Augen fielen, und seine geschlossenen Lippen waren ein wenig verzerrt.

Er wußte wohl, was geschehen würde. Er würde weinen müssen, vor Weinen dies Gedicht nicht beenden können, bei dem sich einem das Herz zusammenzog, wie wenn am Sonntag in der Marienkirche Herr Pfühl, der Organist, die Orgel auf eine gewisse, durchdringend feierliche Weise spielte … weinen, wie es immer geschah, wenn man von ihm verlangte, daß er sich produziere, ihn examinierte[3], ihn auf seine Fähigkeit und Geistesgegenwart prüfte, wie Papa das liebte. Hätte nur Mama lieber nichts von Aufregung gesagt! Es sollte eine Ermutigung sein, aber sie war verfehlt, das fühlte er. Da standen sie und sahen ihn an. Sie fürchteten und erwarteten, daß er weinen werde … war es da möglich, *nicht* zu weinen? Er hob die Wimpern und suchte die Augen Idas, die mit ihrer Uhrkette spielte und ihm in ihrer säuerlich-biderben[4] Art mit dem Kopfe zunickte. Ein übergroßes Bedürfnis befiel ihn, sich an sie zu schmiegen, sich von ihr fortbringen zu lassen und nichts zu hören als ihre tiefe, beruhigende Stimme, die da sagte: Sei still, Hannochen, mein Jungchen, brauchst nichts hersagen …

„Nun, mein Sohn, laß hören", sagte der Senator kurz. Er hatte sich in einen Lehnsessel am Tische niedergelassen und wartete. Er lächelte durchaus nicht – heute so wenig wie sonst bei ähnlichen Gelegenheiten. Ernst, die eine Braue emporgezogen, maß er die Gestalt des kleinen Johann mit prüfendem, ja sogar kaltem Blick.

Hanno richtete sich auf. Er strich mit der Hand über das glattpolierte Holz des Flügels, ließ einen scheuen Rundblick über die Anwesenden hingleiten, und ein wenig ermutigt durch die Milde, die ihm aus den Augen Großmamas und Tante Tonys entgegenleuchtete, sagte er mit leiser, ein wenig harter Stimme:

„Schäfers Sonntagslied … Von Uhland.[5]"

„Oh, mein Lieber, das ist nichts!" rief der Senator. „Man hängt dort nicht am Klavier und faltet die Hände auf dem Bauche … Frei stehen! Frei sprechen! Das ist das Erste. Hier stelle dich mal zwischen die Portièren[6]! Und nun den Kopf hoch … und die Arme ruhig hängen lassen …"

Hanno stellte sich auf die Schwelle zum Wohnzimmer und ließ die Arme hängen. Gehorsam erhob er den Kopf, aber die Wimpern hielt er so tief gesenkt, daß nichts von seinen Augen zu sehen war. Wahrscheinlich schwammen schon Tränen darin.

„Das ist der Tag des Herrn", sagte er ganz leise, und desto stärker klang die Stimme seines Vaters, der ihn unterbrach:

„Einen Vortrag beginnt man mit einer Verbeugung, mein Sohn! Und dann viel lauter. Noch einmal, bitte! ‚Schäfers Sonntagslied' …"

Das war grausam, und der Senator wußte wohl, daß er dem Kinde damit den letzten Rest von Haltung und Widerstandskraft raubte. Aber der Junge sollte ihn sich nicht rauben lassen! Er sollte sich nicht beirren lassen! Er sollte Festigkeit und Männlichkeit gewinnen … „Schäfers Sonntagslied …!" wiederholte er unerbittlich und aufmunternd …

Aber mit Hanno war es zu Ende. Sein Kopf hing tief auf der Brust, und seine kleine Rechte, die blaß und mit bläulichen Pulsadern aus dem unten ganz engen, dunkelblauen, mit einem Anker bestickten Matrosenärmel hervorsah, zerrte krampfhaft an dem Brokatstoff[7] der Portière. „Ich bin allein auf weiter Flur", sagte er noch, und dann war es endgültig aus. Die Stimmung des Verses ging mit ihm durch. Ein übergewaltiges Mitleid mit sich selbst machte, daß die Stimme ihm ganz und gar versagte, und daß die Tränen unwiderstehlich unter den Lidern hervorquollen. […] Er beugte sich seitwärts, legte den Kopf auf die Hand, mit der er sich an der Portière hielt und schluchzte.

„Nun, das ist kein Vergnügen!" sagte der Senator hart und gereizt und stand auf. „Worüber weinst du? Weinen könnte man darüber, daß du selbst an einem Tage wie heute, nicht genug Energie aufbringen kannst, um mir eine Freude zu machen. Bist du denn ein kleines Mädchen? Was soll aus dir werden, wenn du so fortfährst? Gedenkst du dich später immer in Tränen zu baden, wenn du zu den Leuten sprechen sollst? …"

Nie, dachte Hanno verzweifelt, nie werde ich zu den Leuten sprechen!

„Überlege dir die Sache bis heute Nachmittag", schloß der Senator; und während Ida Jungmann bei ihrem Pflegling kniete, ihm die Augen trocknete und halb vorwurfsvoll, halb zärtlich tröstend auf ihn einsprach, ging er ins Eßzimmer hinüber.

Aus: Thomas Mann: Buddenbrooks, Frankfurt/Main: S. Fischer 2010, S. 483–486.
Die Rechtschreibung entspricht der Textvorlage.

[1] Ida ist Hannos Kinderfrau
[2] Altan: balkonartiger Anbau
[3] examinieren: prüfen, ausfragen
[4] biderb: bieder, rechtschaffen, verlässlich
[5] Ludwig Uhland (1787–1862), deutscher Dichter der Romantik
[6] Portière: Vorhang
[7] Brokatstoff: schwerer, oft prunkvoll verzierter Stoff

Hinweise und Tipps

Der Kontext und Anlass der Buddenbrook-Szene (Material): Sie ereignet sich ausdrücklich und ausgerechnet am Morgen des 7. Juli 1868, dem festlichen Tag des hundertsten Jubiläums der Firma Buddenbrook. Man kann die Szene ohne diesen Hintergrund verstehen. Der Lösungshinweis berücksichtigt ihn, denn er gibt dem Geschehen eine tiefere Dimension. Sie haben nicht den Auftrag, den Text eigentlich zu interpretieren; achten Sie dennoch auf die Erzählperspektive und auf Auffälligkeiten in der Wortwahl, zum Beispiel in der Titulierung von Vater und Sohn. Fassen Sie am Ende der Charakterisierung Ihre wichtigsten Erkenntnisse zusammen.

Sie werden bemerken, dass Thomas Manns Roman ebenso wie die Erzählung Kafkas von einer Kaufmannsfamilie handelt. Diese Tatsache könnte in der Einleitung zu Aufgabe 2 stehen, wenn Sie einen Überblick über sofort sichtbare Gemeinsamkeiten und Unterschiede zwischen den Vater-Sohn-Paaren nennen. Zur Klärung des Vater-Sohn-Verhältnisses in Kafkas Erzählung werden Sie recht viel Inhalt rekonstruieren müssen, denn die Bedeutung des Erzählten ist kaum davon loszulösen. Sie brauchen Ihre Unsicherheit Kafka gegenüber nicht zu verbergen, denn mancherlei bleibt rätselhaft bei diesem Dichter. Verlieren Sie, schreibend, aber nie den von Aufgabe 2 geforderten Vergleich aus den Augen.

Im Lösungshinweis zu Aufgabe 3 ist nur die erste der möglichen Alternativen ausgeführt. Thomas Mann hat hauptsächlich, Kafka ganz aus der Perspektive des Sohnes erzählt. Weil Hein aber aus der Perspektive des Vaters Richard Zurek und aus dem Rückblick heraus erzählt, gibt es keine Szene, in der der Sohn sagt, was er vom Vater hält; der Brief Olivers ist darum nicht ganz einfach zu schreiben. Fantasieren Sie, von Thomas Mann oder Kafka ausgehend, nicht einfach etwas in Oliver Zurek hinein, sondern erschließen Sie sich seine Haltung zum Vater indirekt aus dem Text heraus. Sie kommen dabei nicht ohne Zeit verschlingende Textarbeit und Konzeptpapier aus. Notieren Sie sich ausgeprägte Eigenschaften des Vaters, die den Werdegang des Sohnes bestimmt haben könnten. Suchen Sie sich zwei oder drei Begebenheiten, Vorfälle oder Aussagen im Romanzusammenhang, die Oliver erwähnen könnte. Die Tendenz Ihres Briefes kann vom Lösungshinweis abweichen.

Lösungshinweise

1. Der Ausschnitt aus Thomas Manns Roman *Buddenbrooks. Verfall einer Familie* (erschienen 1901) gibt Einblick in das Verhältnis zwischen Senator Thomas Buddenbrook und seinem Sohn Johann, genannt Hanno. Thomas Buddenbrook ist das Oberhaupt einer alten, angesehenen Kaufmanns- und Patrizierfamilie in einer norddeutschen Hansestadt. Sein Titel „Senator" besagt, dass er ein hohes politisches Amt im Rang eines Ministers innehat. Hanno ist sein einziger Nachkomme. Die – szenisch-dialogisch ausgestaltete – Episode spielt im Familienkreis. Vater und Mutter, die Großmutter, Tante Tony und das Kindermädchen Ida Jungmann haben sich im Musikzimmer versammelt. Zur Feier des besonderen Tages (vgl. Z. 67 f.) soll Hanno dem Vater ein Gedicht vortragen, das er mit Idas Hilfe auswendig gelernt und eingeübt hat. Hanno wird etwa sieben Jahre alt sein. Er ist ein empfindsames Kind und ein schwacher Schüler, wie aus dem Absatz vor der eigentlichen Szene hervorgeht. Es sind Sommerferien, aber Hanno muss doch zur privaten Nachhilfe gehen, weil es bei ihm mit dem Einmaleins hapert. (Der Kaufmannssohn ist schwach im Rechnen!) Und nun fürchtet er seinen Auftritt mit Uhlands Gedicht *Schäfers Sonntagslied.* Hanno steckt in einem festtäglichen (und standesgemäßen) Matrosenanzug mit breitem weißen Leinenkragen. Er fängt Idas aufmunternden Blick auf, aber er weiß, dass alle voraussehen, was auch er kommen sieht: Er wird aus Schüchternheit und Ergriffenheit im Text steckenbleiben und weinen müssen. Und so passiert es. Der Vater unterbricht und kritisiert ihn von Anfang an. Hanno muss sich anders hinstellen, den Platz wechseln, sich zuerst einmal verbeugen, lauter sprechen und zweimal mit der Gedichtüberschrift neu ansetzen. Er schafft es dann gerade noch bis zum zweiten Vers, bevor er sich ganz in Tränen auflöst. Der Vater erhebt sich verärgert aus seinem Lehnsessel, weist den Sohn auf seine spätere Verpflichtung hin, frei und ohne Tränen zu den Leuten sprechen zu müssen, gibt ihm auf, bis zum Nachmittag über die Sache nachzudenken, und verlässt den Raum. Ida nimmt sich des verzweifelten Hanno an. Der Tag steht, so erkennt man deutlich, von Anfang an unter einem schlechten Stern.

   Ein Kind soll dem Vater eine Freude mit einem auswendig gelernten Gedicht machen. Es bleibt aber im Text stecken, und dem Vater ist die Freude verdorben. Ist denn das so schlimm? Das Kind steht ja nicht auf einer öffentlichen Bühne, es blamiert nicht etwa die Familie mit seinem Versagen (und selbst dann würde ihm jeder verzeihen, denn es ist ja noch ein Kind). Das Missgeschick passiert vielmehr zu Hause im privaten Kreis. Aber beide, Hanno Buddenbrook und sein Vater, erleben die vermeintliche Bagatelle als Eklat und sogar als Tragödie. Die kurze Szene öffnet den Blick für die **seelische Anspannung** Hannos und seines Vaters im Umgang miteinander, für die grundsätzliche Befangenheit in ihrem Verhältnis zueinander und die offen ausbrechende **Verzweiflung** des Kindes ebenso wie die latente, aber hinter jedem Wort vibrierende Nervosität und Verzweiflung des Vaters. Beide leiden.

Hanno ist ein hübscher, aber sehr zarter und schutzbedürftiger Knabe mit weißer Haut, durch die bläulich die Adern schimmern, mit dunklen Locken und langen dunklen Wimpern. Seine langen Haare sind eben erst abgeschnitten worden: Das Kind **soll zum Mann werden**. Anfangs steht er mit gekreuzten Beinen „voll scheuer und unbewußter Grazie" (Z. 11) am Flügel. Gehorsam folgt er dann dem Vater, der ihn auf die Schwelle zum Wohnzimmer dirigiert. Symbolisch könnte auch diese Schwelle auf den Übergang in ein erwachseneres Alter hindeuten, aber das Kind verhält sich nicht so, wie es der Vater sich wünscht. Hanno hat dafür zu empfindliche Nerven und ein zu weiches Gemüt. Das sonntägliche Orgelspiel des Organisten Pfühl bringt ihn aus der Fassung, weil ihn Musik so ergreift wie sonst nur noch die Poesie (vgl. Z. 18 ff.). Jetzt kann er den Blick nicht nur darum nicht heben, weil er den Vater fürchtet und Angst hat, ihn enttäuschen zu müssen, und weil er es verabscheut, derart vorgeführt und examiniert (vgl. Z. 22) zu werden – denn genau das tut der Vater (vgl. Z. 35) –, sondern auch, weil ihn Uhlands Verse zu sehr bewegen. Er zerschmilzt vor Selbstmitleid, weil er den Vers des Schäfers (vgl. Z. 60) auf seine eigene Stellung in der Welt und dem Vater gegenüber bezieht. Er, Hanno, sieht sich **allein** stehen **auf weiter Flur**. Er steht nicht nur aktuell exponiert vor der Familie, sondern er spürt, vom Vater nie in seinem besonderen Wesen akzeptiert werden zu können. Er wird vor ihm **nicht bestehen** können. Er möchte darum am liebsten gar nicht groß werden, sondern **fliehen** und sich **wie ein kleines Kind** bei Ida Jungmann in Sicherheit bringen (vgl. Z. 28 ff.).

Aufschlussreich sind die Benennungen: Hanno ist noch klein, er ist Idas „**Hannochen**" und „Jungchen" (Z. 30), ihr „Pflegling" (Z. 74) und Hätschelhans. Der Erzähler sagt sachlich ‚das Kind', „der Junge" (Z. 52 f.). Aber wenn Thomas Buddenbrook ihn mit „Nun, **mein Sohn**" anspricht und „die Gestalt des kleinen Johann" mit „kaltem Blick" taxiert (Z. 32 ff.), so spricht daraus sein Bewusstsein, dass dieses Kind den Namen der Vorväter trägt und dazu bestimmt ist, zum großen Johann und zu seinem Nachfolger zu werden, nach seinem Tod die Geschäfte zu übernehmen und die Familientradition fortzuführen. Hanno steht vor „Papa" und „Mama" (Z. 23). Aber gerade weil heute der Tag des hundertsten Firmenjubiläums ist, kann Thomas Buddenbrook dem Sohn nicht einfach als **Vater** begegnen, sondern ist schon am anscheinend noch rein familiären Tagesbeginn „**der Senator**" (wie Thomas Mann hartnäckig fünfmal wiederholt: Z. 32, 41, 52, 66, 73). Das Datum, das Anlass zum Feiern bietet, beschwert ihn mit Zukunftssorgen. Er ist der Regent mit der Verantwortung für ein Imperium, der **Zweifel an der Eignung des Thronfolgers** haben muss. Darum am Anfang der Ernst (vgl. Z. 33 ff.) und am Ende die Gereiztheit des Thomas Buddenbrook. Er kann nicht nett sein und lächeln, denn auch ihm ist das Herz schwer. Er sieht, wie zerbrechlich und wenig vielversprechend für einen künftigen Geschäftsmann Hanno ist. „Was soll aus dir werden, wenn du so fortfährst?", herrscht er den Sohn an (Z. 69). **Der Sohn muss** Haltung, Festigkeit, Energie, Widerstandskraft und Männlichkeit erlernen. Er muss sich in der Hand haben können um der Aufgabe willen, die auf ihn wartet. **Rolle und Funktion** stehen **gegen die individuelle Natur** und Neigung. Der Vater demütigt den Sohn und fasst ihn darum so hart, ungerecht, kränkend und „grausam“ (Z. 52) an, weil er sich gerade „an einem Tage wie heute“ (Z. 67 f.) nicht eingestehen möchte, dass es nach seinem Tode aus sein wird mit der stolzen Familie Buddenbrook. Er ist nicht bitter, weil sein Sohn ein Gedichtchen nicht zu Ende bringt, sondern weil dessen Haltung ihn ausgerechnet am Jubiläumstag der Firma überdeutlich lehrt, dass er die in Hanno gesetzten Hoffnungen begraben muss. Thomas ist hart und streng geworden im Kampf für die Firma, aber an sich hätte auch er Grund zum Weinen (Z. 67:„Weinen könnte man darüber, daß …“).

Man kann gar nicht entscheiden, auf welcher Seite der Erzähler steht. Er erzählt überwiegend aus der Perspektive des armen und liebenswürdigen Hanno und hat doch auch Verständnis für Thomas. Wenn er aus übergeordneter Perspektive auktorial einzugreifen und objektiv zu urteilen scheint (Z. 52: „Das war grausam …“), legt er tatsächlich nur die Hebel um, um die Beweggründe Thomas Buddenbrooks zum Ausdruck kommen zu lassen. Bestimmend in dieser Welt des Großbürgertums ist das **ethische Muss** (der moralische Imperativ), unter dessen Diktat Vater und Sohn stehen. Der Textauszug beginnt bezeichnenderweise mit dem Satz: „Der kleine Johann mußte […]“.

2. Thomas Mann zeigt im letzten Drittel der 1901 erschienenen *Buddenbrooks*, wie sehr das menschliche Vater-Sohn-Verhältnis überschattet und sogar erdrückt ist von Prinzipien der gesellschaftlichen Stellung oder den Verpflichtungen des Berufsstandes. Thomas Buddenbrook scheint seinen Sohn wie ein Felsen zu überragen, aber Thomas Mann lässt den Leser durch seine psychologisch-realistische Erzählweise und den Wechsel der Perspektive nicht nur die Not des Kindes erleben, sondern auch die des harten Vaters ahnen. **Kafka** dagegen erzählt im *Urteil* von 1912 durchgängig aus der **Perspektive des Sohnes**. Weder der Leser noch der junge Protagonist Georg Bendemann sind darauf vorbereitet, dass unversehens und mit jäher Drastik der Vater-Sohn-Konflikt aufbrechen wird. Wie das Weltgericht kommt er über den Sohn.

   Auch *Das Urteil* spielt im Kaufmannsmilieu. **Georg Bendemann** ist kein Kind wie Hanno. Er lebt zwar noch im Haus des alten Vaters, hat aber seit drei Jahren die Geschäftsführung weitgehend übernommen. Für Hanno war die Vorstellung grauenhaft, ins öffentliche Leben treten und etwa frei reden zu sollen (vgl. Z. 72). Georg Bendemann hat damit keine Probleme. Er hat Freude an seinem Beruf und ist ein tatkräftiger, dynamischer und **erfolgreicher Kaufmann**, der den Umsatz in kurzer Zeit großartig steigern konnte. Er fühlt sich so glücklich, dass er sich seines Glückes sogar schämt und den Freund mit Berichten darüber bisher verschont hat. Wäre Thomas Buddenbrook sein Vater, er könnte Gefallen finden an diesem prächtigen Nachfolger. Aber bei Kafka liegen die Dinge anders. Er erzählt von der **Rivalität zwischen Vater und Sohn**, von einem Machtkampf, der wohl schon lange unbemerkt schwelte. Der Sohn drängt nach vorne, er steigt auf und ist im Begriff, sich vom Vater zu lösen und ihn abzulösen. Die Waagschale scheint sich zu seinen Gunsten gehoben zu haben. Er hat sich verlobt und will bald heiraten und einen eigenen Hausstand gründen, während dem Vater kürzlich die Frau gestorben ist, die ihm eine Stütze war. Es ist Frühling. Georgs Schreibtisch steht in einem hellen Zimmer mit weitem Ausblick, während der Vater in einem dunklen Zimmer vor einer Mauer sitzt. Georg fühlt sich stark, während der Vater ihm schon recht hinfällig, vergesslich und auch etwas verwahrlost vorkommt. Als Georg beim Vater eintritt, macht er sich Vorwürfe, sich zu wenig um ihn gekümmert zu haben. Erschrocken bietet er ihm an, die Zimmer zu tauschen. Er nimmt sich vor, ihn mit in seinen künftigen Hausstand zu nehmen und besser zu pflegen. Im Augenblick hält er es für sinnvoll, ihn erst einmal zu Bett zu bringen. Aber da kippt die Waagschale, das Kräfte- und Größenverhältnis kehrt sich um, und als Riesengestalt und **Richter des Sohnes** steht plötzlich der Vater auf seinem Bett. Hatte Georg eben noch auf seinen Vater hinuntergesehen, so sieht er jetzt plötzlich „zum **Schreckbild seines Vaters**" auf. Bei Thomas Mann dominierten die beruflichen Erwartungen des Vaters auch die persönliche Beziehung zum Sohn. Kafkas Vater aber wirft dem Sohn vor allem **menschliche Schuld** vor. Er klagt ihn an, ein Egoist und „teuflischer Mensch" zu sein, der den Freund verraten, mit seiner obszönen Braut das Andenken der Mutter geschändet und ihn ins Bett gesteckt habe wie in ein Grab, um ungestört triumphieren zu können. Er verurteile den Sohn „zum Tod des Ertrinkens". Georg ist nicht souverän, wie er dachte. Er versucht, die Situation mit Ironie zu entschärfen, aber seine Entgegnungen verpuffen: Er vermag nichts gegen diesen gewaltigen Vater, sondern ist der von ihm abhängige Sohn geblieben. Widerstandslos nimmt er das Urteil an, stürzt aus dem Haus und springt über die Brücke in den Fluss.

Beide, Thomas Mann und Kafka, erzählen von einer patriarchalischen Gesellschaft, von übermächtig starken Vätern und schwachen Söhnen, die es den Vätern nicht recht machen können.

3. Lieber Vater,

wie oft stand ich in deinem Arbeitszimmer vor den Werken Thomas Manns und dachte an Hanno, an seinen Vater – und an uns. Ich schreibe von weit weg, aus einem Land, dessen Namen ich nicht nennen darf. Die Post wird dich auf Umwegen erreichen. Du hast über ein Jahr lang nichts mehr von mir gehört, aber ich lebe, ich denke an Mutter und dich und besonders an Heiner. Fürchte nicht, dass ich schreibe, um mit dir abzurechnen oder dir Vorwürfe zu machen. Ich bin mir sogar sicher, Vater, dass du mich nicht verurteilen wirst wie Christin. Ich schätze an dir, dass du nie vorschnell und nie leichtfertig geurteilt oder verurteilt hast, sondern stets nach gewissenhafter Prüfung der Gründe.

Warum dann aber Thomas Mann und Hanno? Nun, es ist wohl mehr als eine sentimentale Anwandlung. Du warst ein sehr strenger Vater. Deine aufrechte Haltung war für mich, deinen Sohn, manchmal furchteinflößend in ihrer Mustergültigkeit und Prinzipientreue. Manchmal sah ich tatsächlich Thomas Buddenbrook in dir, wenn ich, wie Hanno, Träumen von einem freieren Leben nachhing, las oder heimlich für mich Bilder malte wie von Inseln des Glücks. Vater, ich war ein Schwärmer, ein Träumer und Utopist und wäre gern musikalisch gewesen wie Hanno. Hannos Gemütstiefe war mir näher als die rigorose, nüchterne Herrschaft der Vernunft und der Pflicht, der Moral und des Rechts, der du dein Leben und das deiner Kinder unterworfen hast. Du warst nicht der den Sohn zermalmende Vater Kafkas, und ich schreibe nicht Kafkas Brief an den Vater noch einmal, dazu habe ich keinen Grund. Dennoch warst auch du eine Art Übervater in deiner Korrektheit und der Wucht deiner Argumente, vor denen meine Ideale plötzlich klein wurden. Mein Vater: der Schulleiter, der Beamte und loyale Diener seines Staates. Sein Sohn: der steckbrieflich gesuchte Terrorist, der, du weißt es, nach der zu Unrecht erlittenen Isolationshaft und verweigerten Rehabilitation endgültig den Unrechtsstaat im vorgeblichen Rechtsstaat erkannt hatte!

Ich bin davon überzeugt, dass eine gerechtere Gesellschaft kommen muss. Vater, wir haben uns verrannt und radikalisiert; es lag in der Zeit. Aber bist nicht auch du recht eigentlich extrem in deiner unerbittlichen Moral? Ich bin in die linksextreme Illegalität geraten (in der sich nicht wenige Lehrers- und Pfarrerkinder wiederfinden, die streng und gradlinig denken wie du und wie ich). Deine Tochter ist die Karikatur deines Legalismus geworden. Manche Leute, mit denen ich jetzt zusammen bin, propagieren laut die Gewalt gegen Menschen nach der Devise: Macht kaputt, was uns kaputt macht! Dein Sohn ist mitgegangen und mitgefangen, aber glaube mir: Wir wollten nichts anderes als eine Gesellschaft mit menschlichem Antlitz, eine bessere Welt. „Wir", das sind neben vielen auch K. und ich. K. ist meine Freundin. Mutter wird sich freuen das zu hören. K.s Fazit neulich, als wir uns zum hundertsten Mal Rechenschaft darüber gaben, wie wir in diese Drift geraten sind: ‚Menschlichkeit kann zu Unmenschlichkeit führen, Gerechtigkeitsliebe zu Ungerechtigkeit. Das ist Dialektik, Oliver, und es ist widersinnig und empörend!' Vater, eben so ist es uns geschehen.

Ich habe einen merkwürdigen Brief erhalten, der mich über mich und dich, über uns beide, hat nachdenken lassen und der der eigentliche Grund ist, warum ich jetzt schreibe. Ein evangelischer Bischof hat mir geschrieben. Er ist davon überzeugt, dass mir 1985 Unrecht geschehen ist. Er rät mir, die Illegalität aufzugeben, mich den Behörden zu stellen und alle Rechtsmittel auszuschöpfen zur Durchsetzung eines Freispruchs. Wenn aber die Gerichte ‚in dieser gebrechlichen Welt' versagen, so rät mir der fromme Mann, dann wähle den Kompromiss. – Ich soll demnach das Unrecht hinnehmen um meiner Zukunft und meiner Familie wegen und um nicht noch tiefer ins Unglück zu geraten. – Vater, ich habe mich gefragt, ob du diesem Rat folgen würdest, und ich hörte dich deutlich sagen: „Ich dulde keine faulen Kompromisse! Ich laviere mich nicht schäbig durchs Leben. Ich gehe meinen Weg mit erhobenem Haupt. Wenn die Gerichte die Wahrheit unterdrücken, sind sie korrupt. Wenn die Gerichte korrupt sind, ist dies nicht länger der Staat, für den ich einstehe." Diese Haltung ist meine Haltung. Ich habe sie von dir und bin dein Sohn, der dich liebt

Oliver

Begründung: Dem Brief liegt der Gedanke zugrunde, dass Richard Zureks Kinder gar nicht so weit vom Stamm gefallen sind, wie man vermuten möchte. Christin und Oliver kann man als Spiegel- und Zerrbilder des Vaters auffassen. Zureks Moralismus verkörpert sich in den extremen Polen der verbissen-legalistischen Schwester und der radikalen Staatsfeindlichkeit des ältesten Sohnes. Der Sohn erkennt also, dass er sich dem Vater nicht entfremdet hat, sondern ihm gleicht, obwohl auch das Träumerische des Hanno Buddenbrook in ihm ist. Zureks unnachgiebiger Rechtsstreit und Kampf nach dem Tod des Sohnes (den Vorfällen in Kleinen) stützen diese These. Die Elternhäuser Gudrun Ensslins und anderer RAF-Terroristen ähneln dem von Oliver Zurek.

Bewertung und Beurteilung

- Mit „**gut**" **(11 Punkten)** ist eine Arbeit zu beurteilen, wenn in Aufgabe 1 nach sachlicher Inhaltsangabe die Charakterisierung von Vater und Sohn und ihrer Beziehung zueinander umsichtig, differenziert und ergiebig aus dem Text heraus erarbeitet wurde. Erzählperspektive und Setting der Szene sollten berücksichtigt sein. Es müssen Versuche vorliegen, Gründe für Haltung und Verhalten des Vaters (seinen Ernst u. a.) zu finden. Es muss bemerkt sein, dass in die private Beziehung Erwartungen an die späteren Aufgaben des Sohnes hineinspielen. – Aufgabe 2 muss in bündig formulierter Überleitung zu Kafka Gemeinsamkeiten zwischen dem jeweiligen Vater-Sohn-Verhältnis und ihrem Kontext benennen, um dann, den Vergleich im Blick behaltend, die grundsätzlich andere Vater-Sohn-Konstellation im *Urteil* darzustellen und zu erläutern. Inhaltsrekonstruktionen dürfen sich nicht verselbstständigen. – Der Brief in Aufgabe 3 muss durchgängig den Adressatenbezug wahren, sich also an den Vater wenden und eine Art Zwiesprache mit ihm sein. Die Anknüpfung an Thomas Mann oder Kafka muss gedanklich unterfüttert worden, die zur Sprache gebrachten Inhalte müssen dem Roman kompatibel sein. Im Briefschreiber muss die Figur wiedererkennbar werden, die Hein im Roman entworfen hat. Was der fingierte Briefschreiber zum Ausdruck bringt, muss für seine Situation und die Beziehung zum Vater wesentlich sein und als Interpretationsleistung überzeugen.

- „**Ausreichend**" **(5 Punkte)** ist die Leistung, die über nachweislich solide Lektürekenntnisse (Kafka, Hein) verfügt, durchgängig den thematischen Fokus (Vater-Sohn-Beziehungen) wahrt und in ihrer sprachlichen Form im Allgemeinen überzeugt. Der Ausschnitt aus den *Buddenbrooks* (Material) muss insgesamt zutreffend wiedergegeben, einige relevante Züge des Vater-Sohn-Verhältnisses müssen erfasst, textbezogen dargestellt und nachvollziehbar erläutert sein. Die Bearbeitung von Aufgabe 2 ist mit Aufgabe 1 gedanklich verknüpft und grenzt die Vater-Sohn-Beziehung bei Kafka klar von der bei Thomas Mann ab. Die Lösung zu Aufgabe 3 muss der Textsorte Brief insgesamt gerecht werden. Der fingierte Briefschreiber sollte auf seine Beziehung zu den ausgewählten Figuren eingehen, sich an den Vater wenden, den Hein dargestellt hat, und etwas seine Problematik Betreffendes zu sagen haben. Mit der Begründung muss sich ansatzweise die Fähigkeit zur gedanklichen Konzentration bezeugen.

Abiturprüfung Hessen 2013 – Deutsch Grundkurs
Vorschlag C

Liebe und Verlust

Erlaubte Hilfsmittel:
1. ein Wörterbuch zur deutschen Rechtschreibung
2. eine Liste der fachspezifischen Operatoren
3. Goethe, *Faust I*
4. Fontane, *Irrungen, Wirrungen*

Aufgaben:

1. Fassen Sie das Gespräch zwischen Madame Sommer und Stella zusammen und analysieren Sie, wie beide Frauen das Gefühl der Liebe und die Auswirkungen des Verlustes beschreiben. Berücksichtigen Sie dabei auch den Sprachgebrauch. (Material) (35 BE)
2. Vergleichen Sie Stella (Material) mit Gretchen aus Goethes Drama *Faust I* bezüglich ihrer jeweiligen Lebenssituation und Liebesbeziehung. (35 BE)
3. „Madame Sommer: Männer! Männer!
   Stella: Sie machen uns glücklich und elend!" (Material)

   Überprüfen Sie, ob Stellas Äußerung auch von Lene aus Fontanes Roman *Irrungen, Wirrungen* hätte stammen können. (30 BE)

Material

Johann Wolfgang von Goethe: Stella – ein Schauspiel für Liebende (1776)

Im Mittelpunkt des Schauspiels „Stella“ stehen zwei Frauen, Madame Sommer und Stella, die beide von ihren Männern verlassen wurden und unter dem Verlust leiden. Der folgende Auszug stammt aus dem zweiten Akt des Dramas, in dem sich Stella und Madame Sommer zum ersten Mal begegnen.

STELLA. Nichts davon. Was mein Herz gesteht, bekennt mein Mund gern. Ich höre, Sie sind nicht wohl; wie ist's Ihnen? Setzen Sie sich!

MADAME SOMMER. Doch, gnädige Frau! Diese Reise in den Frühlingstagen, die abwechselnden Gegenstände und diese reine, segensvolle Luft, die sich schon so oft für mich mit neuer Erquickung gefüllt hat, das wirkte alles auf mich so gut, so freundlich, daß selbst die Erinnerung abgeschiedener Freuden mir ein angenehmes Gefühl wurde, ich einen Widerschein der goldenen Zeiten der Jugend und Liebe in meiner Seele aufdämmern sah.

STELLA. Ja die Tage! die ersten Tage der Liebe! – Nein, du bist nicht zum Himmel zurückgekehrt, goldne Zeit! du umgibst noch jedes Herz in den Momenten, da sich die Blüte der Liebe erschließt.

MADAME SOMMER, *ihre Hände fassend.* Wie groß! Wie lieb!

STELLA. Ihr Angesicht glänzt wie das Angesicht eines Engels, Ihre Wangen färben sich!

MADAME SOMMER. Ach und mein Herz! Wie geht es auf! wie schwillt's vor Ihnen!

STELLA. Sie haben geliebt! O Gott sei Dank! Ein Geschöpf, das mich versteht! das Mitleiden mit mir haben kann! das nicht kalt zu meinen Schmerzen dreinblickt! – Wir können ja doch einmal nichts dafür, daß wir so sind! – Was hab ich nicht alles getan! Was nicht alles versucht! – Ja, was half's? – Es wollte das – just das – und keine Welt, und sonst nichts in der Welt – Ach! der Geliebte ist überall, und alles ist für den Geliebten.

MADAME SOMMER. Sie tragen den Himmel im Herzen.

STELLA. Eh ich mich's verseh, wieder sein Bild! – So richtete er sich auf, in der und jener Gesellschaft, und sah sich nach mir um – So kam er dort übers Feld her gesprengt, und warf sich an der Gartentür in meinen Arm. – Dahinaus sah ich ihn fahren, dahinaus – ach, und er war wiedergekommen – war seiner Wartenden wiedergekommen – – Kehr ich mit meinen Gedanken in das Geräusch der Welt – er ist da! Wenn ich so in der Loge saß und gewiß war, wo er auch steckte, ich mochte ihn sehen oder nicht, daß er jede meiner Bewegungen bemerkte und liebte, mein Aufstehen, mein Niedersitzen! Ich fühlte, daß das Schütteln meines Federbusches ihn mehr anzog als all die blinkenden Augen ringsum, daß alle Musik nur Melodie zu dem ewigen Liede seines Herzens war: „Stella! Stella! Wie lieb du mir bist!“ [...] Ein Jahrtausend von Tränen und Schmerzen vermöchten die Seligkeit nicht aufzuwiegen der ersten Blicke, des Zitterns, Stammelns, des Nahens, Weichens – des Vergessens sein selbst – den ersten flüchtigen, feurigen Kuß, und die erste, ruhigatmende Umarmung – Madame! Sie versinken, meine Teure! Wo sind Sie?

MADAME SOMMER. Männer! Männer!

STELLA. Sie machen uns glücklich und elend! Mit welchen Ahndungen von Seligkeit erfüllen sie unser Herz! Welche neue, unbekannte Gefühle und Hoffnungen schwellen unsere Seele, wenn ihre stürmende Leidenschaft sich jeder unserer Nerven mitteilt. Wie oft hat alles an mir gezittert und geklungen, wenn er in unbändigen Tränen die Leiden einer Welt an meinem Busen hinströmte! Ich bat ihn um Gottes willen, sich zu schonen! – mich! – Vergebens – Bis ins innerste Mark fachte er mir die Flammen, die ihn durchwühlten. Und so ward das Mädchen vom Kopf bis zu den Sohlen ganz Herz, ganz Gefühl. Und wo ist denn nun der Himmelsstrich[1] für dies Geschöpf, um drin zu atmen, um Nahrung drunter zu finden?

MADAME SOMMER. Wir glauben den Männern! In den Augenblicken der Leidenschaft betrügen sie sich selbst – warum sollten w i r nicht betrogen werden?

STELLA. Madame! Da fährt mir ein Gedanke durch den Kopf – Wir wollen einander das sein, was sie uns hätten werden sollen! Wir wollen zusammen bleiben! – Ihre Hand! – Von diesem Augenblick an laß ich Sie nicht! [...] Fühlen Sie, welche Wohltat Sie mir tun, wenn Sie bleiben! O ich darf nicht allein sein! Liebe, ich hab alles getan, ich hab mir Federvieh und Reh und Hunde angeschafft; ich lehre kleine Mädchen stricken und knüpfen, nur um nicht allein zu sein, nur um was außer mir zu sehen, das lebt und zunimmt. Und dann doch, wenn mir's glückt, wenn eine gute Gottheit mir an einem heitern Frühlingsmorgen den Schmerz von der Seele weggehoben zu haben scheint; wenn ich ruhig erwache, und die liebe Sonne auf meinen blühenden Bäumen leuchtet, und ich mich tätig, munter fühle zu den Geschäften des Tages: dann ist mir's wohl, dann treib ich eine Zeitlang herum, verrichte und ordne, und führe meine Leute an, und in der Freiheit meines Herzens dank ich laut auf zum Himmel für die glücklichen Stunden.

MADAME SOMMER. Ach ja, gnädige Frau, ich fühl's! Geschäftigkeit und Wohltätigkeit sind eine Gabe des Himmels, ein Ersatz für unglücklichliebende Herzen.

STELLA. Ersatz? Entschädigung wohl, nicht Ersatz – Etwas anstatt des Verlornen, nicht das Verlorne selbst mehr – Verlorne Liebe! wo ist da Ersatz für? [...]

Aus: Johann Wolfgang von Goethe: Werke Bd. 4, Dramatische Dichtungen II, München 1998, S. 318–321.
Die Rechtschreibung entspricht der Textvorlage.

1 Himmelsstrich: von Himmelskörpern gezogene Linien am Himmelsgewölbe, veraltet für geografische Gegend

Hinweise und Tipps

Das Thema beschert Ihnen viermal Liebesleid: Vier Frauen haben den geliebten Mann verloren. Goethe war 26, als er das Schauspiel „Stella“ (der Name bedeutet „Stern“) 1775 schrieb. Ihnen liegt die Erstfassung (Druck 1776) vor. Stella ist eine Baroness von 24 Jahren. Vor acht Jahren begann ihre große Liebe, vor drei Jahren hat der Geliebte sie verlassen. Sie lebt im Herrenhaus seines (ihres gemeinsamen?) Rittergutes. Schauplatz der gegebenen Szene ist ein Salon in diesem Haus. Madame Sommer ist mit ihrer Tochter angereist, die in die Dienste Stellas treten soll.

Sie haben sich viel mit Gefühlen zu beschäftigen. Achten Sie dabei aber auf die soziale Situation aller vier Frauen und betrachten Sie sie mit etwas historischer Neugier, damit Sie erkennen, wie sich weibliche (und männliche) Mentalität und Identität im Laufe von 100 Jahren verändert hat. Aufgabe 1 dürfte keine größeren Schwierigkeiten bereiten. Gut wäre es, Beobachtungen zur Sprache in die Analyse zu integrieren, statt sie, davon losgelöst, anzuhängen. Ordnen Sie Szene und Sprache ihrer Entstehungszeit zu. Formulieren Sie im Laufe Ihrer Analyse (und Interpretation) Ergebnissätze. In Aufgabe 2 und 3 liegt die Gefahr, etwas zu inhaltlich und vage zu formulieren. Um verbindlicher argumentieren zu können, sollten Ihnen einige (wenige) konkrete Textstellen verfügbar sein. Werfen Sie also besser noch einmal einen Blick zum Beispiel auf Gretchens Lied (V. 3374 ff.: „Mein Ruh’ ist hin …“). Für den Bezug zu Lene wäre es hilfreich, sich etwa Frau Dörrs Kommentar am Ende des 16. Kapitels anzusehen, vor allem aber den Anfang des 14. und den Abschied im 15. Kapitel nachzulesen. Machen Sie sich Notizen, um zitieren zu können.

Lösungshinweise

1. Im zweiten Akt des 1776 veröffentlichten Schauspiels *Stella* von Johann Wolfgang von Goethe treffen die Titelfigur Baroness Stella und Madame Sommer das erste Mal in ihrem Leben zusammen. Madame Sommer scheint bürgerlicher Herkunft zu sein, Stella ist die gnädige Frau (Z. 3) und Herrin. Die beiden Damen haben erst wenige Worte miteinander gewechselt, aber das Gespräch wird sofort sehr persönlich. Frau Sommer ist durch eine Frühlingslandschaft angereist und deutet an, dass der Frühling jedes Mal Erinnerungen an Jugend und Liebe in ihr hervorrufe und sie erfreue, obgleich das Liebesglück verloren (abgeschieden, vgl. Z. 6) sei. Von diesem Stichwort an ist **Liebe und Liebesverlust** der einzige Gesprächsgegenstand. Die sich eigentlich noch ganz fremden Frauen fassen einander bei den Händen und gestehen sich in emphatischen Worten ihre Zuneigung. Stella ist glücklich, in Madame Sommer eine **Seelenverwandte und Schicksalsgenossin** gefunden zu haben, ein Wesen, das geliebt hat und also fähig ist, auch sie in ihrer Liebe und ihrem Liebesschmerz zu verstehen. In großer Gemütsbewegung erzählt sie, wie es war, als ihre Liebe begann, und in welchen Gesten und Zeichen sie sich äußerte (vgl. Z. 23 ff.). Madame Sommer hört im gesamten Dialog im Wesentlichen zu. Im Augenblick aber ist sie wie geistesabwesend (vgl. Z. 36 f.). Die Bilder, die Stella heraufbeschwört, lassen sie in ihre eigene Vergangenheit versinken, als hätte sich ihre erste Liebe ganz ebenso zugetragen wie bei Stella. (Anmerkung: Und so ist es: beide Frauen haben denselben Mann geliebt.) Im Anschluss an sol-

che Erinnerungen philosophiert Stella über männliche Liebesleidenschaft und Gefühlsintensität, die die Frau verwandle. Verlasse er aber die Geliebte, so habe das nun ganz ihm angehörende Geschöpf fortan keinen Ort mehr auf der Welt, und für den Verlust gebe es keinen Ersatz. Und plötzlich kommt Stella der rettende Gedanke, Frau Sommer zu ihrer Freundin zu machen, sie in ihr Haus aufzunehmen und mit ihr zusammenbleiben zu wollen, damit sie nicht mehr einsam sein muss. Sie vertraut ihr an, was sie alles unternommen und in welche Beschäftigungen sie sich gestürzt habe, um ihren leeren Tagen einen Sinn zu geben, aber nur noch selten kamen ausgeglichene und heitere Stunden für sie.

Stellas Begriff von Liebe umfasst auch ihre Vorstellungen von Mann und Frau. Zum Ausdruck kommt das Geschlechterverhältnis der Goethezeit. Der Mann ist in Stellas Augen der an Geist und Seele, Empfindungstiefe, Leidenschaft und Welterfahrung überwältigend reiche Mensch, der die Frau mit seiner Liebe **beschenkt** und sie gleichsam aus einem dunklen Zustand der Latenz erweckt, entzündet und ins Licht reißt. „Dahinaus sah ich ihn fahren, dahinaus" (Z. 25 f.), erklärt Stella Frau Sommer. Der Mann hat Aufgaben in der Welt. Die Frau bleibt. Sie ist froh, wenn er wiederkehrt. **Sie ist die Wartende** (vgl. Z. 26) und **die Abhängige**. Wenn er liebt, gibt er der Frau „Ahndungen von Seligkeit" und „neue, unbekannte Gefühle und Hoffnungen" (Z. 39 f.), und selbst sein Leid ergreift sie wie eine **Elementargewalt:** Seine Tränen ‚strömten an ihrem Busen hin' (vgl. Z. 43), „[b]is ins innerste Mark fachte er [ihr] die Flammen, die ihn durchwühlten." (Z. 44 f.) Diese sprachlichen Bilder und die Dynamisierung der an sich schon starken Verben gehören zum **Sturm und Drang**, es ist die Sprache der Geniezeit. Dass der Mann eine derartige Gewalt über Stella hat, dass er sie gleichsam erschaffen und zu einem ihm immer verbundenen Geschöpf machen kann, liegt auch an ihrem zarten Alter. Sie war noch ein Mädchen und wurde „vom Kopf bis zu den Sohlen ganz Herz, ganz Gefühl" für ihn. (Z. 45 f.) Was hätte sie ihm mit sechzehn Jahren auch an Eigenem entgegensetzen können?

Stella ist überzeugt von der Unbedingtheit und ewigen Gültigkeit der einen großen Liebe. **Liebe ist etwas Absolutes**, Schicksalhaftes und Ausschließliches. Sie habe sich nicht dagegen wehren können. Ihr Herz wollte „sonst nichts in der Welt" (Z. 20). Für die Liebende ist der Geliebte **allgegenwärtig** („überall": Z. 20), denn alles erinnert an ihn, alles spricht von ihm und alle Nervenfasern sind auf ihn konzentriert. Die verlassene Frau bleibt, nun als „unglücklichliebende" (Z. 64), zurück, denn die Stärke des Erlebten klingt nie ab und es gibt **keinen Ersatz** für das Verlorene. An Madame Sommers Schicksal – sie wurde bereits vor mindestens fünfzehn Jahren verlassen – bekundet sich, dass die Frau ein Leben lang von der Erinnerung an die „goldne Zeit" (Z. 10) der einen einzigen Liebe zehrt. Frau Sommer ist die Ältere. Sie spricht herber von den Männern, die sich, liebend, selbst betrügen und folglich auch die Frau (Z. 38 und 48 f.). Indirekt reflektiert sie, dass Männer anders lieben als Stella und sie. Dennoch ist sie sich mit Stella darin einig, dass Männer zwar glücklich, aber auch elend machen, das Glück das Elend aber aufwiege. **Das höchste Gut des Lebens** ist es, überhaupt geliebt zu haben. Wer geliebt habe, trage „den Himmel im Herzen" (Z. 22). Diese hyperbolische (gesteigerte, pathetische) Ausdrucksweise übertrifft Stella mit ihrer stürmischen und entschiedenen These: „Ein Jahrtausend von Tränen und Schmerzen vermöchten die Seligkeit nicht aufzuwiegen“ (Z. 33 f.). Sie spricht in einer leidenschaftlichen, von Gedankenstrichen (Pausen) und Ausrufezeichen zerrissenen **Sprache des Gefühls**, für die auch die assoziativen, langen Satzperioden bezeichnend sind. Ab Zeile 28 („Wenn ich so …“) entwickelt sich eine solche Periode mit drei Objekt- oder Dass-Sätzen. Ab Zeile 56 („Und dann doch, wenn …“) folgt eine noch längere temporale Dann-wenn-Sequenz.

Der **Wortschatz** ist dominiert von den Nomina „Herz“ (9 x), „Seele“ und Gefühl“. Außer dass vom „Angesicht eines Engels“ und dreimal von „Himmel“ die Rede ist (die Liebe kommt vom Himmel [Z. 9] und ist der Himmel [Z. 22]), stammt auch der Begriff der Seligkeit als Synonym für den Zustand der Liebe (Z. 34, 39) aus der **Sphäre des Religiösen** (der empfindsamen religiösen Schwärmerei).

2. Gefühlsleben und Liebesauffassung von Stella und **Margarete** in *Faust I* sind ähnlich, aber die unterschiedliche soziale Lage der beiden Frauen entscheidet über ihr Schicksal. Stella ist die adlige Dame, die in sich die Erinnerung an den Geliebten pflegt, sich die Tage mit schönen, nützlichen und wohltätigen Dingen vertreibt und weder in moralische noch in materielle Bedrängnis kommt. Gretchen dagegen, das Kleinbürgermädchen, wird zum **Opfer ihrer Liebe**. Stella und Margarete sind noch sehr jung (Faust: „Ist über vierzehn Jahr doch alt?“, V. 2627), als der großartige Mann daherkommt, dem sie verfallen. Stella und ihr Geliebter waren sozial einander ebenbürtig. Gretchen weiß wohl, dass in ihrem Milieu eine Liebe zu einem derart vornehmen Herrn keine Zukunft haben kann. Sie verbittet sich Fausts Aufdringlichkeit, sie versucht sich zu wehren und zu schützen, empfindet beunruhigt, in welch suspekter Begleitung Faust auftritt, will wissen, wie es mit seinem Christentum bestellt ist, kann nicht glauben, dass so ein Herr etwas an ihr finden kann, und erliegt ihm doch. Aber anders als die schwärmerische Stella redet sie nicht gar so viel von Herz, Seele und Gefühl, sondern sagt schlicht „Mich überläuft's.“ (V. 3 187) Als Faust schließlich drängt, der Mutter einen Schlaftrunk zu verabreichen, um in ihrer Kammer sein zu können, gibt Gretchen nach (vgl. V. 3 517 ff.). Die Liebe ist stärker in ihr als Erziehungsprinzipien, Gewissen, Instinkt und Gedanken an die Zukunft. Sie liebt **bedingungslos** wie Stella. Auch Faust wird, wie der Geliebte Stellas, als der unendlich überlegene und wunderbare Mann empfunden („Du lieber Gott! Was so ein Mann / Nicht alles, alles denken kann!“, V. 3 211 f.), an den die Frau nach dem „Augenblickchen“ des Glücks ein Leben lang zu denken Zeit haben wird (V. 3 106 f.). Als Faust zwischenzeitlich verschwindet (abgereist ist), ist auch Gretchen, nicht anders als Stella, **die Wartende**. Sie ist nun nur noch Gefühl für ihn und empfindet Unruhe und Sehnsucht: „Nach ihm nur schau‘ ich / Zum Fenster hinaus. / Nach ihm nur geh‘ ich / Aus dem Haus […]“ (V. 3 390 ff.). Der geliebte Mann ist ihr alles, ist ihr die Welt geworden. Ihre Liebesunbedingtheit lässt sie sagen: „Wo ich ihn nicht hab‘, / Ist mir das Grab“ (V. 3 378 f.). Aber das Wunder dieser **allumfassenden Liebeserfah-**

rung richtet Gretchen zugrunde. Sie wird schwanger, Faust aber ist fort. Sie wird zur Schuldigen und Sünderin vor sich und der Welt. In größter Not tötet sie ihr Kind (während Stella, die wohl auch ein uneheliches Kind geboren hat, unangefochten und von den Leuten verehrt in ihrem Herrenhaus lebt). Am Ende, zum Tode verurteilt, graut es Gretchen vor Faust. Seinen Versuch, sie zu retten, schlägt sie aus. Sie flüchtet sich seelisch zurück in die Welt, gegen die sie sich versündigt hat, und wird, wieder in ihrem Glauben geborgen, gleichsam durch Gottes Erbarmen gerettet.

In Intellektuellen- und Adelskreisen der Goethezeit und der Romantik war die freie Liebe wohl möglich, nicht aber im Kleinbürgertum. Stella kann der verflossenen Liebe Altäre bauen; sie lebt ein komfortables, privilegiertes Elend auf ihrem Adelssitz. Es wäre aber absurd, ihre Maxime, dass das Elend durch das Glück aufgewogen sei, auf eine Kindsmörderin in Ketten und im Kerker übertragen zu wollen.

3. Stella, Goethes Hauptperson in seinem gleichnamigen Schauspiel, hat nicht voraussehen können, von ihrem Geliebten verlassen zu werden. **Lene Nimptsch** dagegen, die junge Plätterin in Theodor Fontanes Roman *Irrungen, Wirrungen* von 1888, sieht es voraus. Sie macht sich nicht vor, dass in ihrem preußischen, von Standesdenken geprägten Berlin die Beziehung zwischen ihr und Baron Botho von Rienäcker Bestand haben könnte. Lebenssituation und Epoche trennen Stella und Lene voneinander. Dennoch gibt es trotz mancher Unterschiede auch Gemeinsamkeiten im Fühlen und Denken der beiden Frauen.

Stella kommt rückblickend, als Verlassene, zu der Einsicht, **dass Männer** die Frauen **glücklich und elend machen**. Ambivalentes, sehr Entgegengesetztes also wird von Männern verursacht. Stella ist sich (erstens) dessen gewiss, dass Frauen passiv, Männer aber die aktiv Handelnden in der Mann-Frau-Beziehung sind. Sie „machen", was der Frau geschieht. Ihr Satz drückt aber (zweitens) auch aus, dass sie das Liebesglück nicht widerruft, obgleich ihr gegenwärtiges Elend dessen Folge ist. Lene könnte Stella darin zustimmen, dass auch sie **glücklich und elend durch ihre Liebe** wurde. Sie würde aber Glück und Elend nicht einseitig als Werk des Mannes oder der Männer betrachten, denn sie fühlt sich ebenso verantwortlich für sich und ihre Beziehung zu Botho wie der Mann. Das Männer- und das Frauenbild haben sich gewandelt. Das Männerbild ist **nicht** mehr **überhöht** wie für Stella (und Gretchen). Menschlich sind sich Lene und Botho ebenbürtig, charakterlich ist Botho sogar schwächer als Lene, lediglich gesellschaftlich steht er ohne eigenes Verdienst über ihr. Lene ist nur darum eine „**Wartende**", die, wie Stella, den Freund am Gartentörchen empfängt (Z. 25), weil sie ihn gesellschaftlich kompromittieren würde, wenn sie zu ihm ginge.

Der Adelsspross von Rienäcker und „die kleine Bourgeoise" lassen sich auf etwas ein, was Leid bringen wird. Sie sind zu ernst zum Tändeln und haben zu viel Gemüt für eine Affäre. **Sie lieben sich von Herzen.** Wenn aber das Herz beteiligt ist, so ist es „schlimm, denn gibt es 'nen Kladderadatsch" (13. Kapitel). „Kladderadatsch" nennt man in Berlin ungefähr das, was für Stella „Elend" heißt.

Lene fühlt sich stark genug, ohne Wenn und Aber das schiere Glück des Augenblicks nehmen und genießen zu können. Wenige Monate überlässt sie sich dem, was ihr Herz ihr eingibt. Auch ihre Liebe ist also **rückhaltlos und unbedingt** wie die Stellas, und es wird – bei Fontane übrigens auch für den Mann – **die einzige Liebe** des Lebens bleiben. Als beide an einem Ausflugsort an der Spree von anderen Paaren gestört werden, erkennt Lene scharf, welche Art Umgang die Gesellschaft jungen adligen Herren und Bürgermädchen zugesteht und welche nicht. Sie weiß nun *vor* Botho, dass ihre Beziehung enden muss, obwohl sie **innerlich gebunden** sind. Tapfer und gefasst spricht sie Botho von aller Schuld frei und bejaht, wie Stella, ihr Glück und ihr Unglück: „Daß ich diesen Sommer leben konnte, war mir ein Glück und bleibt mir ein Glück, auch wenn ich von heut ab unglücklich werde." (Kapitel 14) Beim Abschied weiß sie klarer als Botho, dass es ein späteres Glück (einen Ersatz) nicht mehr geben wird. Stellas **Wort „Elend**" kommt nie aus Lenes Mund, es käme ihr (und Fontane) für sie als zu groß, zu dramatisch und pathetisch vor. Dennoch ist sie nach der Trennung so sehr elend, dass sie auf der Straße einen Zusammenbruch erleidet, als sie einmal von Weitem Botho in Begleitung seiner aristokratischen Gattin erkennt. An sich geht es über ihre Kräfte, den Freund verloren zu haben. Als sie an diesem Tag sehr angegriffen zu Hause ankommt, wiederholt die erfahrene Frau Dörr sinngemäß das „Männer! Männer!" der Madame Sommer: **„Von die Männer kommt es.** Un doch hat man sie nötig un braucht sie …" (16. Kapitel) Auch so hätte Lene nie gesprochen. In ihren Augen kommt es nicht nur ‚von die Männer', sondern ebenso von ihr selbst – und von den herrschenden Regeln und Vorurteilen der Gesellschaft.

Botho und Lene leben, jeder in seinem Stand, ruhig und **pragmatisch** weiter „ohne Glück". Lene nimmt aus Gründen des guten Rufs und der wirtschaftlichen Sicherheit einen braven älteren Mann, Botho lebt an der Seite Käthes. Für beide sind es nüchtern erwogene **Vernunftehen:** kein „Ersatz". Nicht nur Lene vermisst Botho, sondern auch Botho hängt weiter innig an ihr. Irgendwann im Laufe seiner Ehe versucht er „Ordnung" zu machen. Er verbrennt Lenes Briefe. Sein Kommentar zu dem, was übrig bleibt: „Alles Asche. Und *doch* gebunden." (22. Kapitel)

Bewertung und Beurteilung

- „**Gut**" (**11 Punkte**) ist die Arbeit, die eine sachliche, sprachlich gewandte Zusammenfassung des Gesprächs (Material) enthält und Auffassungen und Ausdrucksweise der Gesprächspartnerinnen weitgehend differenziert erarbeitet, erläutert und darstellt. Temperament und Ausdrucksweise der Gesprächspartnerinnen sollten mit der Entstehungszeit des Schauspiels (Sturm und Drang, Empfindsamkeit, Gefühlskultur) in Verbindung gebracht sein. Hinweise des Textes auf Stellas privilegierte soziale Situation müssen gesehen und in den Vergleich mit Gretchen (Aufgabe 2) eingebracht sein. Der Vergleich muss sich auf Beispiele aus dem Referenztext (Gretchen-Szenen) stützen. Gemeinsamkeiten Gretchens und Stellas und Unterschiede im jeweiligen Liebeserlebnis sind präzise und ergebnisreich herausgearbeitet. Die Erörterung (Aufgabe 3) muss vom gegebenen Textimpuls ausgehen und darauf bezogen bleiben. Von Lene Nimptsch in ihrer Beziehung zu Botho und in wesentlichen, sie charakterisierenden Empfindungen, Gedanken und Lebensentscheidungen muss ein überzeugendes Bild gezeichnet sein. Es sollte sich als tragfähige Grundlage für eine abwägende und kritische Prüfung der Stella-Maxime aus Lenes Sicht bewähren.
- „**Ausreichend**" (**5 Punkte**) ist die Arbeit, wenn der Inhalt der Szene (Material) insgesamt verstanden und weitgehend in eigenen Worten wiedergegeben wurde. Die Analyse der vorliegenden Vorstellungen von Liebe und Verlust muss so viel Zutreffendes erbringen, dass die darauf aufbauenden weiteren Teilaufgaben mit ausreichendem Erfolg gelöst werden können. Ansätze zur Sprachanalyse sollten (als Beschreibung der Sprechweise) vorhanden sein. – In den Lösungen der Aufgaben 2 und 3 muss sich die insgesamt solide Kenntnis der beiden Lektüren (*Faust I*, *Irrungen, Wirrungen*) erweisen. Inhaltliche Rückgriffe und Rekonstruktionen müssen weitgehend themenorientiert (funktional) erfolgt sein. Im Vergleich Gretchens und Lenes mit Stella muss besonders der Unterschied der jeweiligen Lebenssituation zum Ausdruck gebracht sein. In der Überprüfung des Zitats (Aufgabe 3) aus Lenes Sicht sollte sich ansatzweise Problembewusstsein zeigen.

Politik und Wirtschaft

Wirtschaft – Wirtschaftliches Handeln im Sektor Unternehmen · Wirtschaftliches Handeln im Sektor Ausland .... Best.-Nr. 84852
Wirtschaft – Wirtschaftliche Zielsetzungen in der Sozialen Marktwirtschaft · Wirtschaftliche Problemlagen · Wirtschaftspolitische Entscheidungsfelder .... Best.-Nr. 94852
Abitur-Wissen Demokratie .... Best.-Nr. 94803
Abitur-Wissen Sozialpolitik .... Best.-Nr. 94804
Abitur-Wissen Die Europäische Einigung .... Best.-Nr. 94805
Abitur-Wissen Politische Theorie .... Best.-Nr. 94806
Abitur-Wissen Internationale Beziehungen .... Best.-Nr. 94807
Abitur-Wissen Volkswirtschaft .... Best.-Nr. 94881
Abitur-Wissen Rechtslehre .... Best.-Nr. 94882
Kompakt-Wissen Abitur Volkswirtschaft .... Best.-Nr. 948501
Kompakt-Wissen Abitur Grundlagen der nationalen und internationalen Politik .... Best.-Nr. 948001
Kompakt-Wissen Abitur Grundbegriffe Politik ... Best.-Nr. 948002
Klausuren Politik Oberstufe .... Best.-Nr. 108011

Geschichte

Geschichte 1 – Industrialisierung und Soziale Frage, Nationalstaatsgedanke und Nationalismus, Kaiserreich, Imperialismus, Erster Weltkrieg, Weimarer Republik, Nationalsozialismus und Zweiter Weltkrieg ...... Best.-Nr. 84763
Geschichte 2 – Deutschland nach dem Zweiten Weltkrieg, die bipolare Welt nach 1945, der Umbruch in der DDR und die Wiedervereinigung, die europäische Einigung, Wendepunkte des 20. Jahrhunderts .... Best.-Nr. 84764
Grundlagen, Arbeitstechniken und Methoden – Geschichte .... Best.-Nr. 94789
Abitur-Wissen Die Antike .... Best.-Nr. 94783
Abitur-Wissen Das Mittelalter .... Best.-Nr. 94788
Abitur-Wissen Französische Revolution .... Best.-Nr. 947812
Abitur-Wissen Die Ära Bismarck: Entstehung und Entwicklung des deutschen Nationalstaats .... Best.-Nr. 94784
Abitur-Wissen Imperialismus und Erster Weltkrieg .... Best.-Nr. 94785
Abitur-Wissen Die Weimarer Republik .... Best.-Nr. 47815
Abitur-Wissen Nationalsozialismus und Zweiter Weltkrieg ...... Best.-Nr. 94786
Abitur Wissen Deutschland von 1945 bis zur Gegenwart .... Best.-Nr. 947811
Abitur Wissen USA .... Best.-Nr. 947813
Abitur Wissen Naher Osten .... Best.-Nr. 947814
Kompakt-Wissen Abitur Geschichte Oberstufe ... Best.-Nr. 947601
Klausuren Geschichte Oberstufe .... Best.-Nr. 107611

Landesabitur

Optimale Unterstützung für Schülerinnen und Schüler bei der selbstständigen Vorbereitung auf das **Landesabitur in Hessen:**

- Wertvolle **Hinweise** zum Ablauf des Landesabiturs.
- **Original-Prüfungsaufgaben und Übungsaufgaben im Stil des Abiturs** machen mit den Inhalten vertraut und geben Gelegenheit zum selbstständigen Üben unter Prüfungsbedingungen.
- Ausführliche, **schülergerechte Lösungen** sowie hilfreiche Tipps und Hinweise zum Lösen der Aufgaben.

Abiturprüfung Mathematik LK mit CD – Hessen Best.-Nr. 65000
Abiturprüfung Mathematik GK mit CD – Hessen Best.-Nr. 65100
Abiturprüfung Physik GK/LK – Hessen .... Best.-Nr. 65300
Abiturprüfung Deutsch LK – Hessen .... Best.-Nr. 65400
Abiturprüfung Deutsch GK – Hessen .... Best.-Nr. 65410
Abiturprüfung Englisch GK/LK – Hessen .... Best.-Nr. 65460
Abiturprüfung Französisch GK/LK – Hessen ..... Best.-Nr. 65500
Abiturprüfung Latein GK/LK – Hessen .... Best.-Nr. 65600
Abiturprüfung Biologie LK – Hessen .... Best.-Nr. 65700
Abiturprüfung Biologie GK – Hessen .... Best.-Nr. 65710
Abiturprüfung Chemie GK/LK – Hessen .... Best.-Nr. 65730
Abiturprüfung Geschichte GK/LK – Hessen ...... Best.-Nr. 65760
Abiturprüfung Politik und Wirtschaft GK/LK – Hessen .... Best.-Nr. 65800

Best.-Nr. E10485
Best.-Nr. E10484
Best.-Nr. E10479

Was kommt nach dem Abitur?

Die STARK Ratgeber helfen weiter!

Weitere STARK Fachbücher zur Studien- und Berufswahl finden Sie unter **www.berufundkarriere.de**

Alle so gekennzeichneten Titel sind auch als eBook über **www.stark-verlag.de** erhältlich.

Bestellungen bitte direkt an:

STARK Verlagsgesellschaft mbH & Co. KG · Postfach 1852 · 85318 Freising
Tel. 0180 3 179000* · Fax 0180 3 179001* · www.stark-verlag.de · info@stark-verlag.de
*9 Cent pro Min. aus dem deutschen Festnetz, Mobilfunk bis 42 Cent pro Min.
Aus dem Mobilfunknetz wählen Sie die Festnetznummer: 08167 9573-0

Lernen • Wissen • Zukunft
STARK

23_VD6